JN322622

河村英和

ナポリ建築王国

「悪魔の棲む天国」を
つくった建築家たち

鹿島出版会

写真　牧野宣彦

1　ファンザーゴ設計、セベートの噴水、17世紀半ば（本文65頁）

2　ファンザーゴ設計、ドンナンナ館、17世紀半ば（本文83頁）

3　カルロ・ヴァンヴィテッリ設計、フザーロの小屋「カジーナ・ヴァンヴィテッリアーナ」、18世紀後半（本文207頁）

4　フランチェスコ・アッタナージオ（&サンフェリーチェ?）設計、スパニョーロ館、18世紀前半（本文113頁）

5　サンフェリーチェ設計、セッラ・ディ・カッサーノ館、18世紀前半（本文１１５頁）

6　アルカンジェロ・グリエルメッツリ設計、ナポリ大聖堂内のサンタ・レスティトゥイータ聖堂、17世紀後半（本文94頁）

7 ジェノイーノ＆ディ・フィオーリ設計、無原罪のグーリア、18世紀半ば（本文59頁）

8　カルロ・ヴァンヴィテッリ設計、カゼルタ王宮の英国式庭園内の人口廃墟「ヴィーナスの浴場」、18世紀後半（本文198頁）

ナポリ建築王国

目次

はじめに

ナポリと聞いて人はまず何を思い浮かべるだろうか。明るい太陽、『オー・ソレ・ミオ』や『サンタ・ルチア』といったナポリ民謡の数々、トマトソースのスパゲッティ、ピッツァの本場、風光明媚なナポリ湾の景色、細い路地の建物にはためく洗濯物、貧しくても明るく人懐っこい少年たち、こういった古色蒼然としたプロトタイプのイメージがある一方、近年では犯罪組織カモッラやゴミ問題、放射性廃棄物の不法投棄など、ナポリの街は世俗的でカオスな印象が強く、即座にナポリと建築美のイメージが直結することは難しいかもしれない。

1995年、「スパッカナポリ」を中心とするナポリの旧市街《チェントロ・ストリコ》がユネスコ世界遺産に登録され、近年では観光客の間にもナポリの「都市美」の側面も認知されてきたが、そんなナポリのまち並みを特徴づけている「ナポリ建築」は、一体どのような歴史的変遷をたどってきたのだろうか。

輝かしいナポリ建築の絶頂期は、1861年のイタリア国家統一以前だった。つまり「ナポリ王国」が栄えていた時代に建設された建物に象徴される。13世紀来、ナポリ王国は常々外国勢力の支配下にあった。フランスのアンジュー家、スペインのアラゴン家、スペインのブルボン家、オーストリアのハプスブルク家、フランスのナポレオン軍事政権、再びブルボン家といった順であるが、なかでもナポリの街を彩る主要な建築が次々と建てられていった時期は、16、17世紀のスペイン属領時代と、18世紀のハプスブルク家とブルボン王朝期である。建築様式で言うならば、バロック（本書第Ⅰ—Ⅵ章）、ロココ（Ⅲ章）、新古典主義様式（Ⅴ—Ⅵ章）までの時代である。本書は、ナポリ王国が最も栄えた時代にあたる16世紀から18世紀に建てられた様々な種類のバロック建築に焦点を当てているが、その前の後期ルネサンス時代と、19世紀前半の王朝期の最後に流行する新古典主義建築、そしてイタリア統一後から20世紀に至るナポリの折衷様式建築についても概観的に取り上げている。

ナポリの街を華麗に飾るバロックとロココ建築が集中するのは、スパッカナポリのある旧市街とトレド通り周辺で、そこにはナポリ・バロックの代名詞ともいえる建築家ファンザーゴ（Ⅱ章）、ヴァナキュラーなロココ趣味を洗練させたサンフェリーチェ（Ⅲ章）、そしてバロックから新古典主義への橋渡しをしたヴァンヴィテッリ（Ⅳ、Ⅴ章）らの作品が目白押しだ。なお、ヴァンヴィテッリの最大の功績といえば、ナポリ近郊のカゼルタ王宮である。ヴェルサイユ宮殿を凌ぐべく意識して設計されたこの王宮と庭園は、イタリアの小中学生の遠足で最もよく訪れられる史跡でもあり、１９９７年にはユネスコ世界遺産に登録された。18世紀啓蒙の時代にふさわしい理念でつくられた、王立絹織物工場と労働者住宅のある理想都市サン・レウショと、これらの土地に水を引くためにヴァンヴィテッリが設計した水道橋も含めての登録である。

ナポリの魅力は、美しく歴史豊かな〝近郊の〟町々によっていっそう引き立てられている。すなわち「カンパーニア・フェリックス（幸せなカンパーニア）」と呼ばれるナポリを含むカンパーニア州のナポリ王国内の町々、たとえばヴェスヴィオ火山の噴火で埋もれた古代都市ポンペイとエルコラーノも、１９９７年にユネスコ世界遺産に登録されている。まさにヴァンヴィテッリが活躍した時代、ポンペイとエルコラーノ遺跡の発掘が始まり、誰もが古代美術に熱中するようになった。同時代の建築家たちは、こぞって古典的なモチーフを設計デザインに用い、建築界においても新古典主義時代が到来した。ポンペイ・エルコラーノの出土品の多くは、現在ナポリの国立考古学博物館で見ることができるが、その当時はエルコラーノの隣町ポルティチにある王宮内博物館《ムゼオ・エルコラネンセ》に展示されていて、ヨーロッパ中の知識人や貴族がここを訪れにやって来た。そしてこの付近のヴェスヴィオ山麓一帯にはナポリ貴族の別荘（Ⅳ章）が続々と建設され、ヴァンヴィテッリも設計を請け負っている。

ナポリ建築の黄金期の特徴は、二つの相対する要素からなっている。〝祝祭〟的なバロック・ロココと、〝静謐〟な新古典主義である。日常や歴史・文化的なさまざまな面からみても、ナポリは二極性をもった街だ。治安が悪く犯罪組織がはびこり、かつて「ラッザローネ」と呼ばれた下層大衆が溢れる一方、カプリ島など美しい島々が浮かぶ海の絶景が望め、イタリア一地価の高い高級住宅街があるのもナポリである。ナポリでは今でもゴミを路上にポイ捨てする習慣が根強く、〝暗く〟細い路上は不衛生でコレラを何度も発生させてきた。しかしエネルギッシュなヴェスヴィオ火山を背にするナポリの街は〝明るく〟晴れやかな太陽に照らされ、世界の人々を虜にし、ナポリ人はみな口を揃えて、世界で最も美しい街はナポリであると言う。

ナポリはしばしば「悪魔のすむ天国」と呼ばれてきた。18世紀末にナポリを訪れたゲーテが述べたと誤った俗説が広まってしまったが、ナポリの郷土史家でもある哲学者ベネデット・クローチェが調べたところ、古いイタリアの諺《ことわざ》で17世紀（ナポリ・バロックの黄金期と重なっている！）から繰り返し言われてきたフレーズだという。「悪魔」はよくも悪くも世界の常識とはひと筋縄ではいかぬナポリ人、そして「天国」は「ナポリを見て死ね」と、死ぬまでに一度は見ておくべきほど美しいと評されるナポリ湾の絶景だけはない。街を形成する個々の建物や街並みの景観美も含めて、ナポリは「天国」と呼ばれているのである。

I

ナポリ・バロックの前夜とはじまり——後期ルネサンスと反宗教改革の建築家たち

ナポリ・バロックとは

バロック建築はヨーロッパ各地で興隆したが、イタリアで特に有名なのはベルニーニやボッロミーニに代表されるローマ・バロックだ。法王庁の管轄下にあるローマでのバロックといえば、ヴァチカンのサン・ピエトロ大聖堂をはじめ、都市計画と密接に結びついた教会建築や噴水など、街の景観を大きく左右する建築物が多い。またローマは後期ルネサンス時代、主だった貴族の館はすでに建設され美的に完結していたこともあって、ローマ貴族の館のファサードはルネサンス期のまま威厳を保っていることが少なくないが、一方、ナポリの貴族の館はルネサンス時代の建物では飽き足らず、バロック期に新築あるいは大々的に改築されたケースが多い。バロック建築興隆期は、ナポリが最も栄えた時代でもあったので、ナポリではほとんどの貴族の館と教会建築が、バロックの洗礼を受けることとなった。ナポリの歴史的中心区《チェントロ・ストリコ》となる、城壁内《イントラ・モエニア》で、ナポリらしさを彩っているのがバロック時代の建物なのであり、当然ながらナポリらしい街の景観を形成した黄金期は、17世紀から18世紀に至るバロック建築の興隆期だった。これはナポリ王国とシチリア王国の全域にわたって共通する。つまりナポリをはじめとする南イタリアは、プーリア州の街レッチェやマルティーナ・フランカなどに代表されるよう、バロック建築との関係が濃い町が多く、シチリアでも南ほどその傾向が強い。たとえばユネスコ世界遺産となったノートやモディカはバロック都市として特に有名な町である。

後期バロック時代に開花するロココ様式は、ナポリでは独自に発展していった。建築史家アンソニー・ブラントは、これを「ヴァナキュラー・バロック」と呼んでいる。つまりそれぞれの街特有の嗜好が映し出されたローカルなバロック様式であり、伝統的で、地元で産出される石材を主に使うので郷土建築の一種といえる。[1]

ナポリのバロック建築の興隆期は長く、大きく分けて以下のような４つの期間に分けられるだろう。

1 16世紀後半から17世紀前半にかけての初期バロック。イエズス会の建築家たちが活躍し、デザインに後期ルネサンス時代の名残がある。

2 17世紀後半の盛期バロック。建築・彫刻ではファンザーゴ（II章参照）、絵画ではルーカ・ジョルダーノらが黄金期を築いた「ナポリ派」が興隆した。

3 18世紀前半の盛期バロック。サンフェリーチェ（III章参照）に代表される独自のロココ趣味が開花し、中庭に面して配された階段（解放階段など）や門枠を改築するのが流行した。

4 18世紀後半の後期バロック。新古典主義の要素も加わり、ヴァンヴィテッリ（IV、V章参照）などナポリ王室専属の建築家たちが、数々の宮殿やナポリの重要建築を建設した。

どの期間においても共通するのは、地元で採掘できる石材を生かしてデザインすることである。ナポリの建物でよく使用される石材は大きく分けて二つある。どちらも火山岩で、一つは濃い灰色の「ピペルノ（piperno）」、もう一つは薄い黄土色の「トゥーフォ（tufo）」である（図1）。こ

1 De Seta, Cesare, *Architettura e ambiente e società a Napoli nel '700*, Torino, 1981, p. 10.

図1 グルノーブル研究所・フランス文化会館（クリスピ通り、ナポリ）の外壁にむき出しで使用されているトゥーフォ

れら二つの石の色は、ナポリの町並み・建物をつくる基調となる〝色〟になっていて、さらにナポリでは漆喰で外壁を彩色するさいも、この2色と調和させるために、ピペルノ石を模した灰色やトゥーフォを模した淡い黄色が用いられることが多い。

濃い灰色のピペルノは、ヴェスヴィオ火山の溶岩（マグマ）が冷え固まった火成岩である。とても硬い石なので、堅牢な建物の外壁によく使用されている。たとえば「アンジュー家の要塞」と呼ばれる新しい城《カステル・ヌオーヴォ》の外壁[2]（図2）、新イエズス教会の外壁（図3）、グラヴィーナ館（図13）など一部の貴族の館の外壁、かつてナポリ旧市街を取り囲んでいた城壁、今も残る各城門、カプア門《ポルタ・カプアーナ》（Porta Capuana）[3]、ノーラ門《ポルタ・ノラーナ》（Porta Nolana／図4）などのほか、18世紀の貴族の館の門枠で好んで使用された。またピペルノ石は道路の舗装でもよく使用されていて、ナポリの街特有の〝色〟を特徴づけている。中世はれんがの舗装が一般的だったが、アラゴン家支配の初期から、石畳にピペルノ石を採用するようになり、今でもその伝統が守られているのだ。

一方、淡い黄土色の石材トゥーフォは、ときにトゥーフォ・ジャッロ（黄色いトゥーフォ）とも呼ばれる凝灰岩である。ナポリで使用されるトゥーフォは、ヴェスヴィオ火山ほかナポリ周辺の多くの火山から由来し、黄土色を薄くしたような淡い黄色で、気泡が多く軟らかい。トゥーフォはイタリア各地でも産出されるが色は地方ごとに異なり、エポメオ火山のあるイスキア島産のものは緑、ラツィオ州のものは赤みがかった色で、ナポリのトゥーフォはこの淡い黄色が特徴的である。

ナポリの西側にあるフレグレイ平野で産出されるトゥーフォは、この地域で最も大きい町ポッ

2　13世紀末の要塞をアンジュー家のシャルル1世が、フランスの建築家ピエール・ド・ショル（Pierre de Chaule）を起用して城に改築させた。スペイン・アラゴン家のアルフォンソ副王の統治時代にできたルネッサンス様式の凱旋門は、暗い色調のピペルノ石とは対照的に明るい白い大理石で、王の凱旋風景を描写したレリーフの傑作。

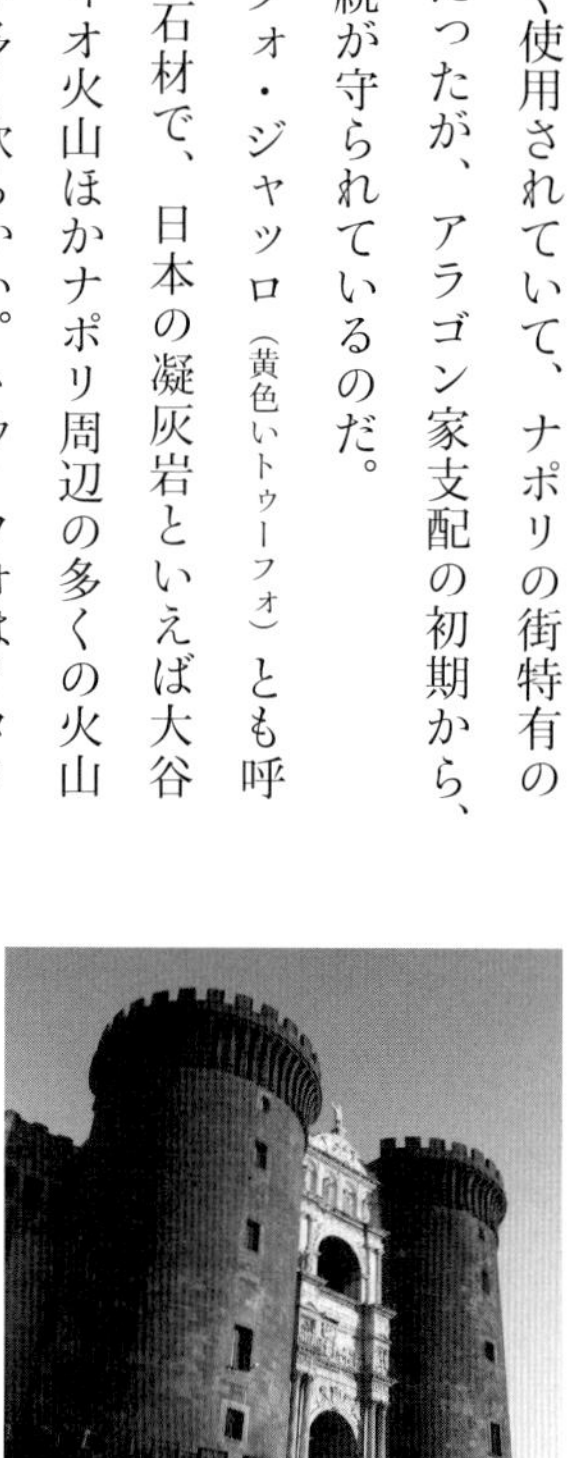

図2　ピペルノ石で造られたナポリの「新しい城」、別名「アンジュー家の要塞」

3　門枠の大理石レリーフ部分は、1484年、ルネッサンス時代の彫刻家ジュリアーノ・ダ・マイアーノの作。

図3　新イエズス教会の外壁に使用されているピペルノ

ツオーリの名をとって、「ポッツォラーナ（ポゾラン）」とも呼ばれている。トゥーフォは、ナポリ市内の山肌や地下からも多く採掘されたので、ナポリの丘や地中は空洞だらけである。ナポリにある初期キリスト教時代の地下墓地「聖ジェンナーロのカタコンベ」も、かつての石切り場の採掘後の穴を利用したものである。

　トゥーフォは軟らかく摩耗しやすいので、外壁に使用したときはその上に漆喰を塗って仕上げ、素地を見せないことがほとんどであるが、あえてトゥーフォの素地を外壁に見せた建物もある。たとえば城塞では卵城[4]やサンテルモ城[5]、ゴシック時代の教会（次節参照）、19世紀の建築では、ナポリ美術アカデミーや、グルノーブル研究所（フランス文化会館）の建物（図1）がそうである。なお18世紀末、英国人風景画家のト

図4　ピペルノ石を使用しているナポリの城門の一例、ノーラ門

4　1128年に建設されたノルマン王朝時代の要塞で、14世紀より「卵城」と呼ばれるようになった。

5　16世紀、スペイン副王ドン・ペドロ・デ・トレドの治世に建った、ヴァレンシア出身の建築家ピッロ・ルイージ・スクリバ（Pirro Luigi Scribà）の手になる城塞。

マス・ジョーンズ（Thomas Jones 1742–1803）は、ナポリのトゥーフォに魅了され、ナポリ市内にあるトゥーフォの崖や山肌、トゥーフォがむき出しになっている庶民の住宅の外壁をクローズアップした風変わりな風景画を描いている（図5）。当時はまったく評価されていなかったが、トマス・ジョーンズは20世紀後半になってから評価が高まった画家のひとりとなった。

ルネサンス建築とデ・ドミニチの「ナポリ芸術家列伝」

具体的にナポリのバロック建築をみていく前に、その前の時代であるゴシックからルネサンス期の建築についても少し触れておく。13世紀から14世紀のナポリはフランスのアンジュー王朝に支配されており、教会建築の設計にはフランス人建築家がしばしば起用されていた。当時フランスはゴシック様式の全盛期で、ナポリでも数々のゴシック様式の教会が建設された。代表的な教会は以下のとおり。サンタ・キアーラ教会（Basilica di Santa Chiara／図6）、サン・ロレンツォ・マッジョーレ教会（Basilica di San Lorenzo Maggiore）、サンタ・マリア・ドンナレジーナ・ヴェッキア教会（Chiesa di Santa Maria Donnaregina Vecchia）、サンテリジョ・マッジョーレ教会（Chiesa di Sant'Eligio Maggiore）、サン・ドメニコ・マッジョーレ教会（Chiesa di San Domenico Maggiore）、サン・ピエトロ・ア・マイエッラ教会（Chiesa di San Pietro a Majella）、サン・ジョヴァンニ・ア・カルボナーラ教会（Chiesa di San Giovanni a Carbonara／図7）、そして当然ながら街で最も重要な大聖堂

図5　トマス・ジョーンズ《ナポリの壁》、油彩、1782年、ロンドン・ナショナルギャラリー

図6　ゴシック様式のサンタ・キアーラ教会の内部

(Duomo) もゴシック建築で建てられた。これらの教会は、外壁にトゥーフォをそのまま使用したシンプルなファサードとなっていることが多い。しかし17世紀以降ナポリでバロック様式が流行すると、こうしたゴシック教会は時代遅れとなりバロック様式に改築され、ゴシック装飾の内装やファサードが失われたため、ナポリでは純粋なゴシック建築はほとんど残っていない。サンタ・キアーラ教会の内装もバロック様式に改装されたが、第二次世界大戦中の爆撃で破壊、再建する際は複雑なバロック装飾の復元は財政的に難しかったため、当初のゴシックの内装を復元するかたちで再建された。

ナポリでは15世紀から16世紀のルネサンス様式の建物が少ない。これらもバロックの流行によって、その多くが改築されて

図7　サン・ジョヴァンニ・ア・カルボナーラ教会、カルボナーラ通り

しまったからである。ナポリの初期ルネサンス建築のファサードは、フィレンツェ風のルネサンス様式が主流で、外壁の積み石の溝が強調された「線で描いた」ようなデザインである。今でも残っている代表例を挙げれば、ペンネ館（1406）やコモ館（1464–90）といった貴族の邸宅だ。[6]

ペンネ館（Palazzo Penne／図8）の外壁は、ナポリ近郊で産出されるピペルノ石をふんだんに使っているもの、積み石のデザインはトスカーナ風、門枠はスペイン・カタロニア風である。設計は彫刻家のアントニオ・バボッチョ・ダ・ピペルノ（Antonio Baboccio da Piperno 1351–1435）といわれている。[7]こういったカタロニア風の門枠は、ナポリにわずかに残る15世紀の建物によくみられるもので、途中に区切りのある太く低めの門枠上部に半円に満たないアーチがあるのが特徴で、ラッファエーレ・ダンブラの豪華な大判カラーイラスト本『いにしえのナポリ』（1889）では、ペンネ館、ブランカッチョ館（Palazzo Brancaccio）、パッパコルダ館（Palazzo Pappacoda）など、ほかにも数多く紹介されているが、今は失われてしまったものも多い。[8]

コモ館（Palazzo Como／図9）は、カプア門のレリーフ（図10）の制作を手がけたトスカーナ出身の彫刻家兼建築家のジュリアーノ・ダ・マイアーノ（Giuliano da Maiano 1432–90）の設計で、石材はピペルノ石であるが、フィレンツェ風の荒々しい切り石積みのファサードが特徴的だ。19世紀後半に行われた大聖堂《ドゥオーモ》通りの建設で解体の危機にあったが、この通り（20番地）に面するように移築され、１８８８年より、フィランジエーリ博物館として使用され今に至っている。[9]

ルネサンス建築では、ファサードの玄関を飾る門枠も線的な装飾で、平たく薄いレリーフが直線的な額縁の中に彫り込まれているのが特徴だ。例を挙げれば、ディオメデ・カラーファ館

6 詳しくは、Pane, Roberto, *Architettura de Rinascimento in Napoli*, Napoli, 1937. を参照。

図8 カタロニア風の門枠が残るペンネ館、撮影 IlSistemone

7 モンティチェッリ広場24番地にある。Attanasio, Sergio, *Palazzi di Napoli. Architetture e interni dal Rinascimento al Neoclassico*, Napoli, 1999, p. 62.

8 D'Ambra, Raffaele, *Napoli Antica*, Napoli, 1889; 1999.

9 Attanasio, *op. cit.*, p. 57.

図9　フィレンツェ風の荒々しい切り石積みのファサードが特徴的なコモ館

図10　現在のカプア門

(次節を参照 1466／図11)、旧オルシーニ館(16世紀より教会[10]に転用／1471)、デ・スコルチャティス館(Palazzo De Scorciatis 1482)、カプア門(1484／図10)、ポンターノ家の礼拝堂[11](Cappella dei Pontano 1492)にみられるように、どれも白大理石の浮き彫りレリーフつきの額縁状の門枠となっている。立体的に凝ったものには、当時王宮として使われていた新しい城の凱旋門型の門枠(1453–79／図2)があるが、やはり白大理石のレリーフという点で一致している。

15世紀のルネサンス期から18世紀前半までのバロック芸術の立役者となったナポリの主要な建築家たちは、デ・ドミニチ(Bernardo de' Dominici 1683–1759)の著した『ナポリの画家、彫刻家、建築家たちの生涯』(1742–43／全4巻)にリストアップされている。[12] フィレンツェ・ルネサンスを彩ったヴァザーリの『芸術家列伝』のナポリ版ともいえる書物である。

作者のデ・ドミニチ自身もナポリで活躍した画家で、バンボッチャータと呼ばれる小型(キャビネットサイズ)の風俗・風景画を専門としていた。歴史家として、ナポリで活躍した有名芸術家たちについて描いたこの本を執筆した功績で後世に名を残したが、やはり建築家よりも画家についての記述が特に多い。最終巻の第4巻の最後に取り上げられた芸術家は、画家のフランチェスコ・ソリメナ(Francesco Solimena 1657–1747)であるが、[13] この中にソリメナの友人であった建築家サンフェリーチェ(II章参照)について多くのページが割かれているので、建築家で最後に登場するのはサンフェリーチェとなっている。

第1巻で取り上げられているのは、15世紀に活躍したルネサンス時代の芸術家たちである。この巻に登場する建築家で、特に有名なのはチッチョーネ、[14] フィオーレ、[15] モルマンドだ。[16]

10 現サンタ・マリア・デル・リフージョ教会(Chiesa di Santa Maria del Rifugio)。

11 人文学者ジョヴァンニ・ポンターノ(Giovanni Pontano 1429–1503)とその家族のための墓所のある個人の礼拝堂で、建築家ジョヴァンニ・ジョコンド(Giovanni Giocondo 1433–1515)の設計により、１４９２年に建設された。

12 De Dominici, Bernardo. *Vite dei Pittori, Scultori, ed Architetti Napolitani*, voll. 3, Napoli, 1742. １８４０–46年版も全４巻。

13 ソリメナは３巻でも取り上げられている。

14 De Dominici, *op. cit.*, vol. 1, pp. 87–96.

15 *Idem.*, pp. 168–171.

16 *Idem.*, pp. 71–77.

アンドレア・チッチョーネ（Andrea Ciccione 1388–1455）は、フィレンツェ生まれであるがナポリで活躍した建築家兼彫刻家だった。アンドレア・ダ・フィレンツェとも呼ばれ、サン・ジョヴァンニ・ア・カルボナーラ教会内のナポリのアンジュー家の王ラディスラオ1世の墓（1432）など、要人たちの墓碑彫刻を得意とした。

チッチョーネの弟子アンジェロ・アニエッロ・フィオーレ（Angelo Aniello Fiore 15c.–1500頃）も、建築と彫刻の両分野で名を馳せるようになった人物で、第1巻に登場する。ナポリ生まれのフィオーレのナポリでの主な仕事は、サン・ドメニコ・マッジョーレ広場にあるペトルッチ館（Palazzo Petrucci）の門枠や、13世紀のディオメデ・カラーファ館[17]（Palazzo Diomede Carafa）の改築（1470）で、後者は黄色と灰色のトゥーフォの切り石を交互に積んだ、珍しいカラフルなデザインの外壁が特徴だ（図11）。ディオメデ・カラーファ家は、古代遺物のコレクションをこの館の中庭に飾っていた（図12・13）。壁に設けられた壁龕《へきがん》内部には古代の立像、台座には巨大なブロンズの馬の頭部像が置かれていて、グランドツアーの時代には、この馬の像を見るのを目的にやって来る旅行者も多く、ゲーテやサド侯爵も訪れている。[18]馬の像は1809年、当時の所有者であったコルブラーノ公が考古学博物館（現・ナポリ国立考古学博物館）に寄付してしまったので、現在はテラコッタ製のレプリカが置かれている。[19]

第1巻に登場するジョヴァンニ・フランチェスコ・モルマンド（Giovanni Francesco Mormando 1449–1530）が設計した代表的な館は、以下のとおりである。サン・ドメニコ・マッジョーレ広場にあるサルッツォ・ディ・コリリアーノ館[20]（Palazzo Salluzzo di Corigliano 1506）、サン・グレ

17 スパッカナポリのサン・ビアージョ・デイ・リブライ通り8番地にある。

図11　ディオメデ・カラーファ館、サン・ビアージョ・デ・リブライ通り（註17参照）

18 Marchese di Sade, Donatien-Alphonse-François, *Viaggio in Italia*, Torino, 1995, p. 256.

19 Attanasio, *op. cit.*, p. 58.

20 1734–41年に、鏡の間などにロコ趣味の内装が施され、19世紀半ばに宮廷建築家ガエターノ・ジェノヴェーゼが改築している。現在はナポリ東洋（オリエンターレ）大学として使用されている。*Idem.*, p. 56.

図12　1697年のサルネッリによるナポリ案内書の掲載版画にみるディオメデ・カラーファ館の中庭、右手に馬の頭像がみえる

ゴーリオ・アルメーノ通りの自邸（Palazzo Mormando 1507）、アトリ通り37番地のアックアヴィーヴァ・ダトリ館[21]（Palazzo Acquaviva d'Atri 1509）、サン・ビアージョ・ディ・リブライ通り39番地のマリリアーノ館[22]（Palazzo Marigliano 1531）などで、いずれの建物も年月を経て改築されているが、モルマンドによるルネサンス時代の痕跡は、とりわけピペルノ石でできた門枠や階を区切るコーニス（マルカピアーノ）などによく表れている。

図13　現在のディオメデ・カラーファ館の中庭、中央奥に馬の頭像がみえる

21　1773年に建築家ジュゼッペ・アスタリータによって改築された。

22　1745年に建築家フェリーチェ・ボッティリエーリが改築し、大広間のフレスコ画はフランチェスコ・デ・ムーラが担当した。Attanasio, *op. cit.*, p. 62.

第2巻で紹介されるナポリのルネサンス建築の名品を残した主な建築家は、メルリアーノ、[23]ダニョロ、[24]マンリオだ。[25]有名なピッロ・リゴーリオ（Pirro Ligorio 1513–83）も同じ第2巻に登場するが、彼はナポリ生まれでも活躍の場はナポリ以外の都市で、主にローマとフェッラーラなので本書では取り上げない。[26]デ・ドミニチの本は、ナポリで活躍した芸術家だけでなく、ナポリの〝外〟で名声を博した〝ナポリ王国内生まれ〟の芸術家も登場する。たとえば第3巻に出てくるアントニオ・ヴェッリオ（Antonio Verrio 1636頃–1707）は、レッチェ生まれでイギリスの宮廷で活躍した画家である。

第2巻に出てくる彫刻家で建築家でもあるジョヴァンニ・メルリアーノ（Giovanni Merliano 1488–1558）は、ナポリ近郊の町ノーラの出身であることから、ジョヴァンニ・ダ・ノーラ（Giovanni da Nola）とも呼ばれている。ナポリの要人たちの壮麗な墓碑や、[27]教会の祭壇での大理石彫刻を得意としてた。[28]建築家としての作品は、ナポリ貴族の邸宅、ジュッソ館（Palazzzo Giusso）の改築[29]（1549）やサングロ・ディ・サンセヴェーロ館（III章を参照 16世紀）がある。

同じく第2巻に登場するガブリエーレ・ダーニョロ（Gabriele d'Agnolo 生没年不詳）は、16世紀初頭にナポリで活躍したナポリ生まれの建築家で、代表作はグラヴィーナ公爵フェルディナンド・オルシーニの館（Palazzo Orsini di Gravina／図14）である。外壁はピペルノ石で、1階はフィレンツェ風の切り石積み、2階は天井の高いメインフロアとなる「高貴な階《ピアノ・ノビレ》」で、薄い線的な付け柱を備え、柱頭はコリント式になっている。門枠、[30]窓枠、窓の上のオクロスとその中の頭像、1階と2階を区切るコーニス（マルカピアーノ）には白い大理石を使用し、外壁の濃い灰色

23 De Dominici, *op. cit.*, vol. 2. pp. 1–33.

24 *Idem.*, pp. 65–70.

25 *Idem.*, pp. 95–101.

26 *Idem.*, , pp. 168–173.

27 サン・ドメニコ・マッジョーレ教会内のフランチェスコ・カラーファの墓、サン・ジャコモ・デリ・スパニョーリ教会内のドン・ペドロ・デ・トレドの墓、サン・ジョヴァンニ・ア・カルボナーラ教会内のカラッチョロ家の墓、サンティ・セヴェリーノ・エ・ソッシオ教会内のアンドレア・ボニファッチョの墓など。

28 ジョヴァンニ・ダ・ノーラはヴァザーリの「芸術家列伝」にも登場する。

29 29サン・ジョヴァンニ・マッジョーレ広場30番地にある。現ナポリ東洋大学。Attanasio, *op. cit.*, p. 61.

30 ただし門枠は18世紀に、マリオ・ジョッフレード（IV章参照）の設計によってつけられたものである。

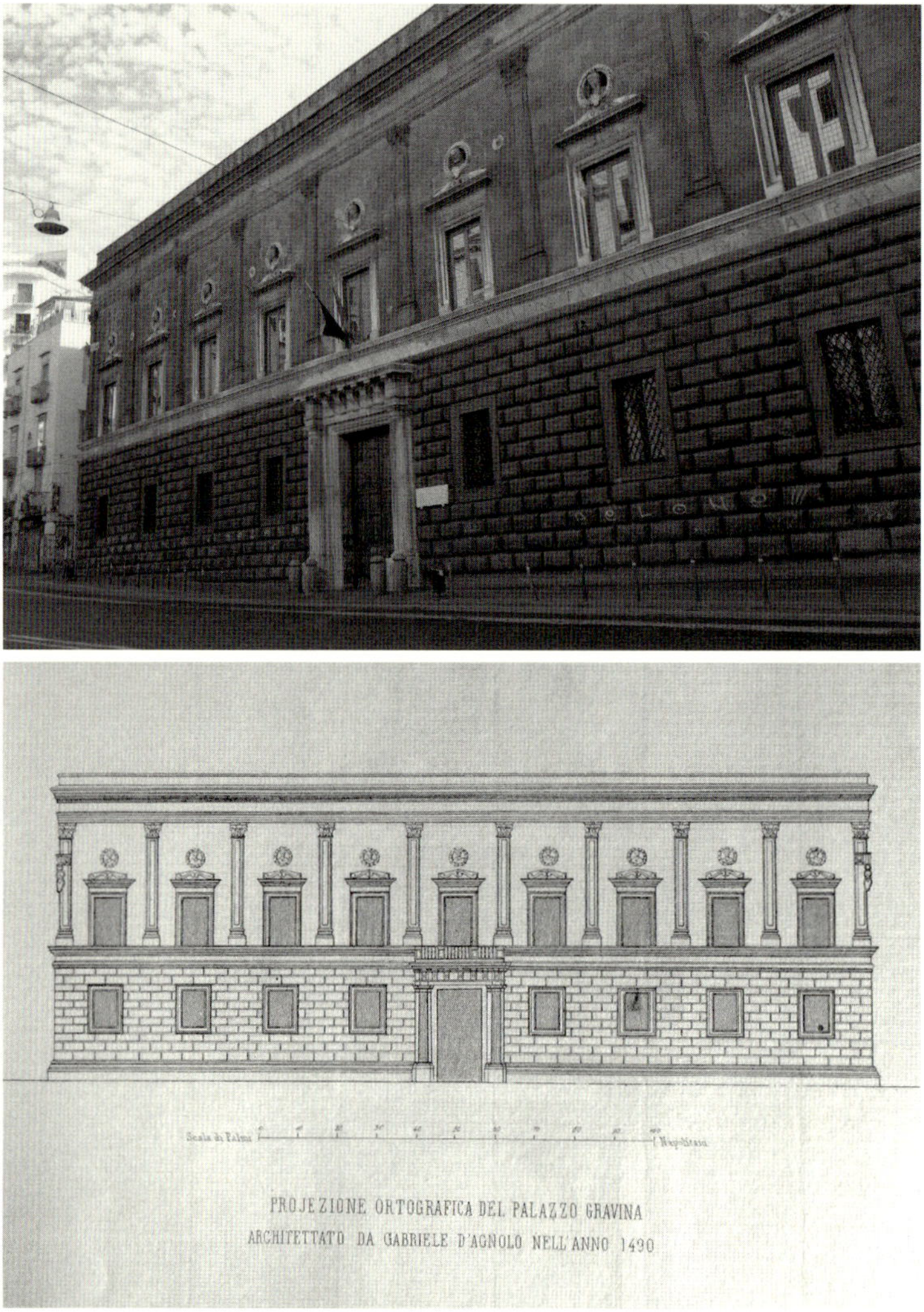

図14　上：グラヴィーナ館、現ナポリ・フェデリコ2世大学建築学科（旧・同学部）、モンテオリヴェート通り3番地　下：グラヴィーナ館――カミッロ・ナポレオーネ・サッソ著『モニュメンタルなナポリ』1858年より

のピペルノ石と濃淡のアクセントがつけられている。この館はイタリア統一後、19世紀末より郵便局として使用されていたが、のちにナポリ・フェデリコ2世大学建築学科（旧同学部）のキャンパスとして使用され、現在に至る。

重要な公共建築を担ったのは、ナポリ生まれの建築家フェルディナンド・マンリオ（Ferdinando Manlio 1499頃–1572）で、カプア城《カステル・カプアーノ》[31]を司法裁判所へ転用するための設計も行った。何よりも彼の最大の功績は、都市計画家として、ナポリの目抜き通りである「トレド通り（Strada Toledo）」を設計したことだ。

16世紀のナポリを支配していたのはスペインのアラゴン王朝だった。ナポリの副王ドン・ペドロ・デ・トレド（Don Pedro de Toledo 1484–1553）は、着任した翌年の1533年から47年にかけて大々的なナポリの都市改造を行った。ナポリの街の建物は、屋台やガイージ（Gaisi）と呼ばれるナポリ特有の覆われたバルコニー[32]をはじめ、雑多な突出構造物がごちゃごちゃ付随していることが多く、景観破壊の原因となっていて、副王ドン・ペドロ・デ・トレドは1534年、これらを一掃するよう命じた。[33]さらに副王は、城壁の拡張や下水道を整備・清掃し、衛生問題も改善させている。通称「スパッカナポリ」で知られる旧市街の直線道路を丘陵部までつながるように、さらに長く延伸させたのも彼だった。この長く細い直線道路が、ナポリの街を二分するかのように見えるので、「割る」というイタリア語の動詞「スパッカーレ（spaccare）」から、「ナポリを割る＝スパッカナポリ（Spaccanapoli）」という名が派生した。当時の街の中心となる現在の旧市街は、古代ギリシャ・ローマ時代の碁盤の目状の都市区画のグリッド上にあり（図

31 ノルマン人、ホーエンシュタウフェン家の支配期のナポリの牙城。アンジュー家、アラゴン家にも引き継がれて使用されていた。

32 ナポリ方言では「ガッフィオ（Gaffio）」とも呼ばれる。

33 Russo, Giuseppe, *Napoli come città*, Napoli, 1966, p. 40.

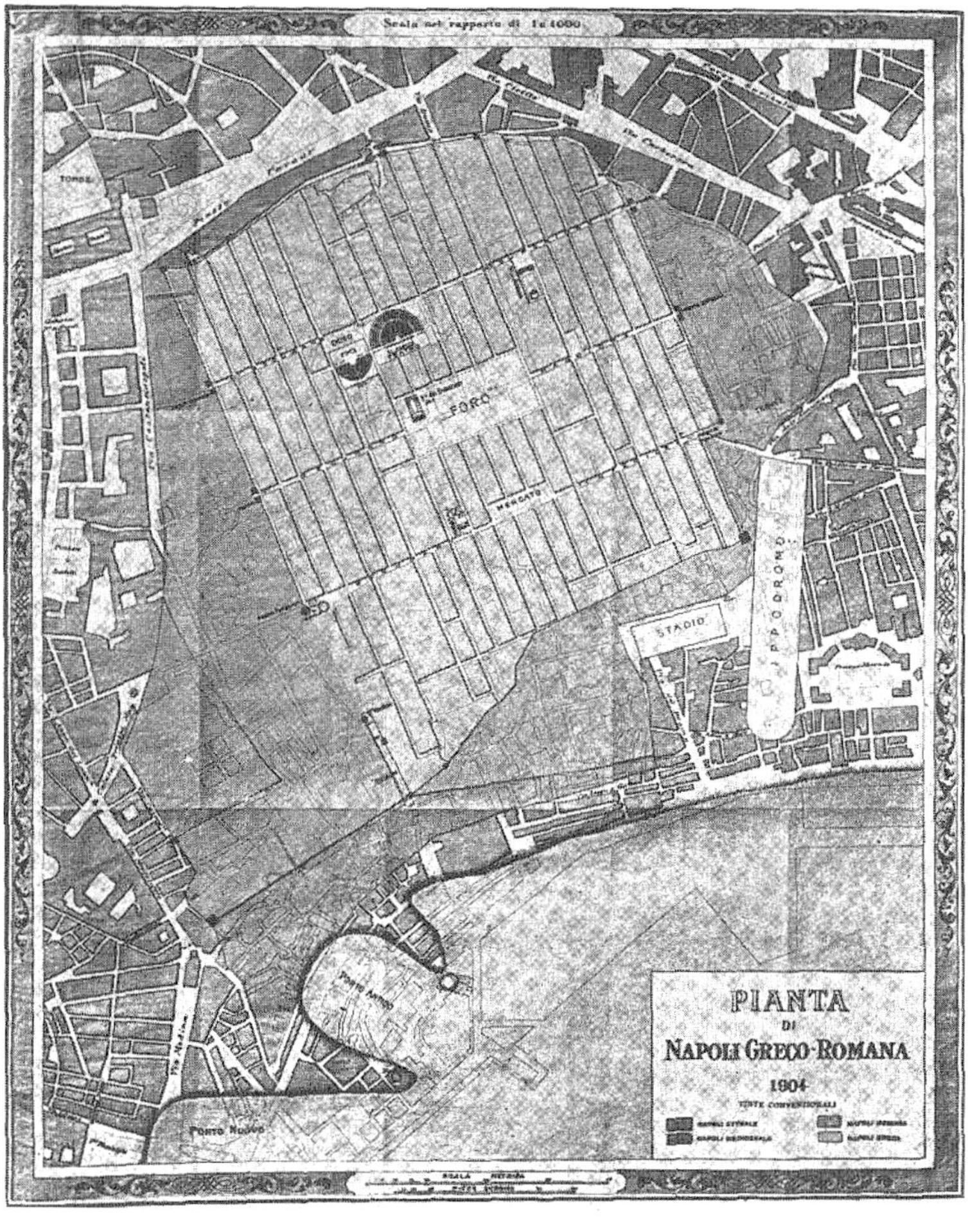

図15　バルトロメ・カパッソ著『ギリシャ・ローマ時代のナポリ』１９０５年に掲載された古代のナポリの都市図

15）、東西を走る直線道路をデクマヌス（Decumano）、南北を走る直線道路をカルド（Cardo）と呼ぶが、「メイン・デクマヌス（Decumano maggiore）」は、現在のトリブナーリ通りに相当し、これに並行する一つ上（北）の通りを「上デクマヌス（Decumano superiore）」、一つ下（南）の通りを「下デクマヌス（Decumano inferiore）」と呼び、この「下デクマヌス」が、ドン・ペドロ・デ・トレドによってさらに拡張されて「スパッカナポリ」が形成されたのだ[34]（図16）。

ドン・ペドロ・デ・トレドによって、ナポリの新しいメインストリート、トレド通りも誕生した。設計をマンリオに委ね、もちろんその名は副王の出身地トレドからとったものだ。トレド通りは城壁外にあるもの、ナポリ唯一の美しい直線の大通りとなったため、ここに貴族や裕福な商人の館が立ち並ぶようになった。トレド通りではれんがの舗装も魅力的で、その敷き方は「魚の骨式（a spina di pesce）」と呼ばれるよう、れんがを魚の骨が広がるように見立てて交互に斜め2方向に並べたものだった。トレド通りに接する丘陵側には「スペイン地区（Quartieri Spagnoli）」と呼ばれるスペイン人兵舎の密集区があり、当時は通りの安全性も確保されていた。これもマンリオの都市設計によるものだった。しかしスペイン支配の終焉と貴族の没落とともに、スペイン地区は貧民街へと転落した。ここでは、ナポリ名物でもある満艦飾はためく洗濯物の風物詩が見られるが、観光客が通るには治安が悪く危険な場所となっている。

3巻以降は本書のテーマとなるバロック時代の芸術家についてである。ただし第2巻に出てくるヴァレリアーノ、カヴァーニャ、ネンチョーニ・ディ・バルトロメオらは、ルネサンスからバロックへの橋渡しとなった建築家なので、次節以降にあらためて述べる。第3巻で

34 古代ギリシャ・ローマ時代のナポリの都市計画については、Capasso, Bartolomeo, *Napoli greco-romana*, Napoli, 1905; 1978. を参照。

図16 サンテルモ城からみたスパッカナポリ、その奥には丹下健三設計の中央官庁区「チェントロ・ディレツィオナーレ」の高層ビル群がそびえている

登場するのは、ファンザーゴ、ヴァッカーロ父子（ロレンツォとドメニコ・アントニオ）といったビッグネームで、第4巻で取り上げられるのは、再びロレンツォ・ヴァッカーロ、ピッキアッティ、グリエルメッツリ、サンフェリーチェ（ただしソリメナの章の中で）である。以上、ここでは名前を挙げるのにとどめ、次章以降でこれらの建築家について個別に説明していく。

反宗教改革の建築――新イエズス教会

初期のナポリ・バロックは、とりわけ教会建築において華々しい事例が多く残されている。聖職者でありかつ建築家でもあった人物が多く輩出されているのも、ナポリ・バロックの特徴だ。たとえばイエズス会士のジュゼッペ・ヴァレリアーノ（Giuseppe Valeriano 1526–96）、テアティーノ会の神父のフランチェスコ・グリマルディ（Francesco Grimaldi 1543–1613）、ドメニコ会の神父ジュゼッペ・ヌーヴォロ（Giuseppe Nuvolo 1570–1643）らは、皆、建築家としてナポリの重要な初期のバロック教会を設計している。

ルターの宗教改革によって広まったプロテスタンティズムに対抗しようと、カトリック教会は宗教建築のなかに「反宗教改革《コントロリフォルマ》」の精神を盛り込もうと考えた。いわゆる「反宗教改革の建築」の推進は、1551年にイグナチオ・デ・ロヨラによって創設されたイエズス会が中心になって行われていた。ナポリの初期バロック建築を象徴する傑作は、ほかでもないイエズス会

図17 新イエズス教会、ジェス広場

派の新しい教会である「新イエズス教会《ジェス・ヌオーヴォ》（Chiesa del Gesù Nuovo 1584）となった（図17）。その建設の中心になった建築家がイエズス会士のジュゼッペ・ヴァレリアーノである。[35] ヴァレリアーノは、デ・ドミニチの「列伝」の第2巻目に登場するが、[36] 生まれはアブルッツォ州のラークイラで、ナポリのほかにもイタリア各地でイエズス会の教会建設に尽力している。

新イエズス教会はスパッカナポリにあるジェス広場に面しており、「反宗教改革」を標榜した教会建築としてすでにローマに建設されていたイエズス教会《ジェス》（1568 ヴィニョーラ設計）をモデルにつくられた。この教会は、トレントの公会議（1545）で取り決められた手法に従って設計されていて、初期キリスト教のバジリカで必ずつけられる「拝廊《ナルテックス》（nartece）」（教会内部の玄関ホール）を排除し、入り口から即座に本堂に入らせて、信者が礼拝により深く集中できるように配慮されている。これはのちにカトリックの教会建築の基本の設計法として全ヨーロッパに波及し、こうしたことから16世紀から17世紀ナポリの教会では「中央式平面計画《ピアンタ・チェントラーレ》（pianta centrale）」が多くなった。

中央式平面計画とは、身廊《ナヴァータ》と翼廊《トランセット》が同じ長さとなり、「ギリシャ十字（Croce greca）」型となることが多いが、左右上下対称あるいはそれに近い形となるものはどれも中央式平面計画に属する。たとえば、正方形、円形、六角形、八角形や楕円形の平面も中央式平面計画に含まれるのだ。一方それとは対照的なのが、「縦長式平面計画《ピアンタ・ロンジトゥディナーレ》（pianta longitudinale）」である。これは主に、身廊が長く、翼廊が短くなる「ラテン十字（croce latina）」を模した形の平面となるものだ（図18）。

ナポリの新イエズス教会も、もちろん、反宗教改革の理念に基づき、信者の信仰心をさらに

35 ヴァレリアーノともうひとりのイエズス会士の建築家ピエトロ・プロヴェーディ（Pietro Provedi 1562–1623）との共同設計である。

36 De Dominici, *op. cit.*, vol. 2, pp. 168–173.

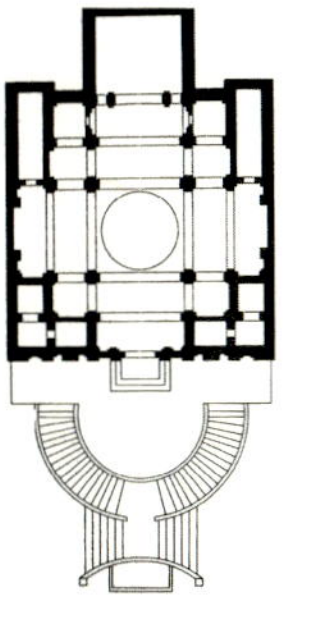

図18 ナポリ・キアイア地区にあるサンタ・テレーザ教会（II章参照）は、ギリシャ十字型をした典型的な中央式平面計画

強化させるため、礼拝に集中しやすい空間設計になっている。そのため、中央式平面計画と呼んでも差し支えないだろう（図19）。完全なギリシャ十字型ではないものの、平面の形は長細い一般的な十字架のラテン十字ではなく、上下左右対称のギリシャ十字にかなり近いのだ。つまり縦横の長さが同じギリシャ十字と見紛うほどに、ラテン十字の縦長部分が横の長さと大差がないため、礼拝時は教会のどの場所にいても、ほぼ同様にミサに集中できる環境が保てるようになっているのだ。

設計者のヴァレリアーノの特異な功績は、敷地に選ばれた場所に建っていたサンセヴェリーノ館（Palazzo Sanseverino）を取り壊さずに、その外壁と門枠を利用しながら教会にデザインし直したことにある（図17）。サンセヴェリーノ館は、サレルノ公ロベルト・サンセヴェリーノが、1470年、同郷の建築家ノヴェッロ・ダ・サン・ルカーノ（Novello da San Lucano 1435–1516）に設計を依頼して建てた屋敷である。[37] 外壁は、ピペルノ石を「ダイヤモンドの先状（a punta di diamante）」と呼ばれる切り方で、ピラミッド状に鋭角カットした、とても迫力のある石積みだ。[38] 正面玄関の浮き彫りレリーフで飾られた白大理石の門枠も含めて、館はフィレンツェ風ルネサンス様式だった。ヴァレリアーノは、このサンセヴェリーノ館時代の外壁と門枠を取り壊さずにそのまま保存したのだ。今日見るような門枠の上にあるバロック装飾（ブロークンペディメントや天使像、イエズス会の紋章の彫刻など）は、[39] 1693年につけ加えられたものである（図20）。

この新イエズス教会のように、ルネサンス時代の門枠を保存したままバロックの外観に改築する例は、ナポリでは他にもいくつかある。たとえば、サンタンジェロ・ア・ニーロ教会

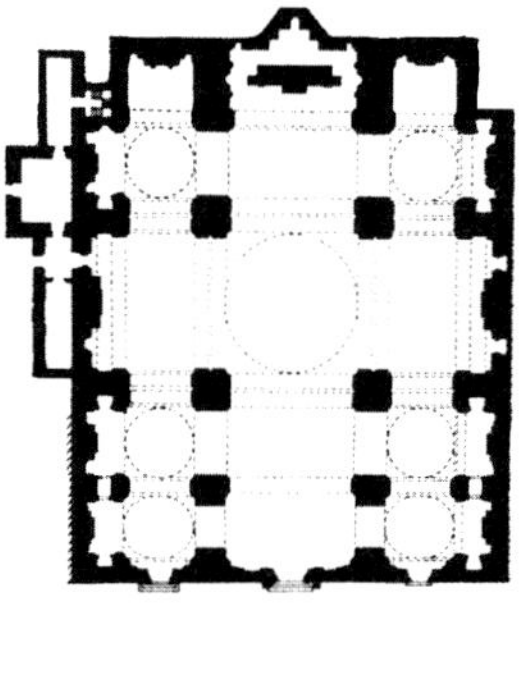

図19　新イエズス教会の平面図

37　ノヴェッロ・ダ・サン・ルカーノは、デ・ドミニチの「列伝」第2巻（De Dominici, *op. cit.*, pp. 65–70）で紹介されている。

38　ダ・サン・ルカーノはグレゴリオ聖歌の作曲家でもあったので、この石に刻んである暗号のような傷跡は、アラム語でつづったグレゴリオ聖歌の楽譜であることが、近年解明された。

39　カッラーラ出身の彫刻家の兄弟バルトローメオ Bartolomeo（?–1708）とピエトロ・ゲッティ Pietro Ghetti（?–1726）による。

図20　新イエズス教会のルネッサンス様式の門枠と、バロック様式のブロークン・ペディメント

（Chiesa di Sant'Angelo a Nilo）の白大理石に刻まれたレリーフのある額縁のような門枠もルネサンス時代のもので、これを保存したまま1709年、アルカンジェロ・グリエルメッリによって、付け柱や壁龕、花の彫刻などがつけ足されて、バロック様式にデザインし直されたのだ[40]（図21）。

新イエズス教会の内部は、様々な時代のバロック装飾で埋め尽くされている。ドーム屋根が建設されたのは、ヴァレリアーノの死後の1614年から32年。[41]しかし1639年、教会は火災に遭ってドームなどが焼け崩れ、大々的な修復を担当したのが、ナポリ・バロックの黄金期を代表する建築家コジモ・ファンザーゴ（II章参照）であった。彼は建築家であると同時に彫刻家であるため、大理石象嵌細工《マルミ・コンメッシ》（marmi commessi）にも長けており、1630年、新

40　内部もバロック様式で、ゲッティ兄弟が制作したバロック様式の墓もあるが、ブランカッチ枢機卿の墓（Sepolcro del cardinale Rainaldo Brancacci 1426–28）は、フィレンツェ・ルネサンスの巨匠ドナテッロとミケロッツォ作である。

図21　ルネッサンス様式の門枠を残すバロック様式のサンタンジェロ・ア・ニーロ教会

41　このドームは1688年の地震で壊れ、1693–95年に建築家アルカンジェロ・グリエルメッリによって再建されたが、1774年に再び崩れ、このドームは現存しない。Cantone, Gaetana, *Napoli barocca*, Roma-Bari, 1992, p. 46.

上：図22　新イエズス教会のイグナチオ・デ・ロヨラに捧げられた礼拝堂（撮影IlSistemone）　下：図23　新イエズス教会の正面玄関裏内部壁にあるフランチェスコ・ソリメナのフレスコ画《ヘリオドロスの追放》

イエズス教会の床や柱を、得意の多色大理石の象嵌細工の花や唐草模様で優雅に飾り、教会の内部を一新させた。特にこの教会で重要な部分である、イエズス会の創設者イグナチオ・デ・ロヨラにささげられた礼拝堂（左翼廊 Cappella di S. Ignazio）の象眼細工も[42]、ファンザーゴによるデザインで、壁龕内に置かれたダヴィデ像（左）と預言者エレミア像（右）も、ファンザーゴによって彫刻されたものである（図22）。教会の内部の壁画も、バロック時代の一流画家たちの筆によるもので、たとえば正面玄関裏内部壁《コントロファッチャータ》にある《ヘリオドロスの追放》（1725）は、フランチェスコ・ソリメナの作品である（図23）。

聖職者の建築家——フランチェスコ・グリマルディとジュゼッペ・ヌーヴォロ

フランチェスコ・グリマルディは、1543年にオッピオ・ルカーノ（バジリカータ州）に生まれ、31歳のときにテアティーノ会に入信、建築家としては、1580年から90年代にローマのサン・タンドレア・デッラ・ヴァッレ教会やヴァチカンのサン・ピエトロ大聖堂の建設に携わった。後年ナポリに拠点を移し、数々の教会を設計した。グリマルディは、バロックでも後期ルネサンス様式の影響を色濃く受けた建築家で、たとえば知の聖母教会《サンタ・マリア・デッラ・サピエンツァ》[43]（Chiesa di Santa Maria della Sapienza 1625）のファサードでは、灰色のバルディリオ石と白い大理石のコントラスト

42 この礼拝堂の前の床の部分には、貴族出身の作曲家カルロ・ジェスアルド（1566?–1613）の墓がある。彫刻家ジローラモ・サンタクローチェ（Girolamo Santacroce 1502–37）作の墓碑は、サン・マルティーノ修道院の教会内にあったが、17世紀半ばにファンザーゴの監督下でドンネ教会（Chiesa delle Donne）に移され、墓碑は18世紀にタリアコッツィ・カナーレ（III章参照）によってリニューアルされた。現在はサン・マルティーノ国立美術館に収蔵されている。

43 のちにジャコモ・ディ・コンフォルト、ヤコポ・ラッザリ、ディオニジオ・ラッザリ、コジモ・ファンザーゴの手も加わっている。

で線的なデザイン効果を出し、ルネサンス建築を思わせる（図24）。グリマルディのナポリでの代表作は主に教会の内部にみられ、サン・パオロ・マッジョーレ教会（1581–83）、ピッツォファルコーネのサンタ・マリア・デリ・アンジェリ教会（1587–1610）、サン・ジェンナーロの礼拝堂（1608／II章参照）、サンティ・アポストリ教会（1610–26）が挙げられる。

グリマルディの最初の大きな仕事となったテアティーノ会派のサン・パオロ・マッジョーレ教会（Basilica di San Paolo Maggiore／図25）は、ラテン十字型の平面で、身廊と翼廊があるオーソドックスな縦長式平面計画だ。中央式平面計画の流行は、イエズス会の新イエズス教会の建設以降に起こるので、サン・パオロ・マッジョーレ教会の建設期はちょうど直前の時代にあたる。立地は、古代ギリシャ・ローマ時代、ネアポリス（ナポリ）の行政の中心となる最も重要な広場、アゴラ（イタリア語でフォーロ、英語でフォーラム）のあったところだ。旧市街のトリブナーリ通りの中心の広場に相当し、かつてその場所には「ディオスクロイの神殿」が建っていた。[44]今も教会のファサードの手前に残っているコリント式の柱頭のついた２本の柱は、「ディオスクロイの神殿」のファサードのプロナオスに使用されていた本物の古代の柱である。この神殿は、８世紀に、聖パオロの名を冠したキリスト教会に転用されたときでも、古代のファサードはその姿をとどめたままだった。当時の図面は、古代ローマ建築を研究したパッラーディオの『建築四書』（1570）にも掲載されている。

１５８０年代、グリマルディがこのサン・パオロ・マッジョーレ教会を設計する際も、この古代の神殿は取り壊さず、後方に教会を建てることとなり、１５８９年には次節で述べる

図24　知の聖母教会、コンスタンティノーポリ通り

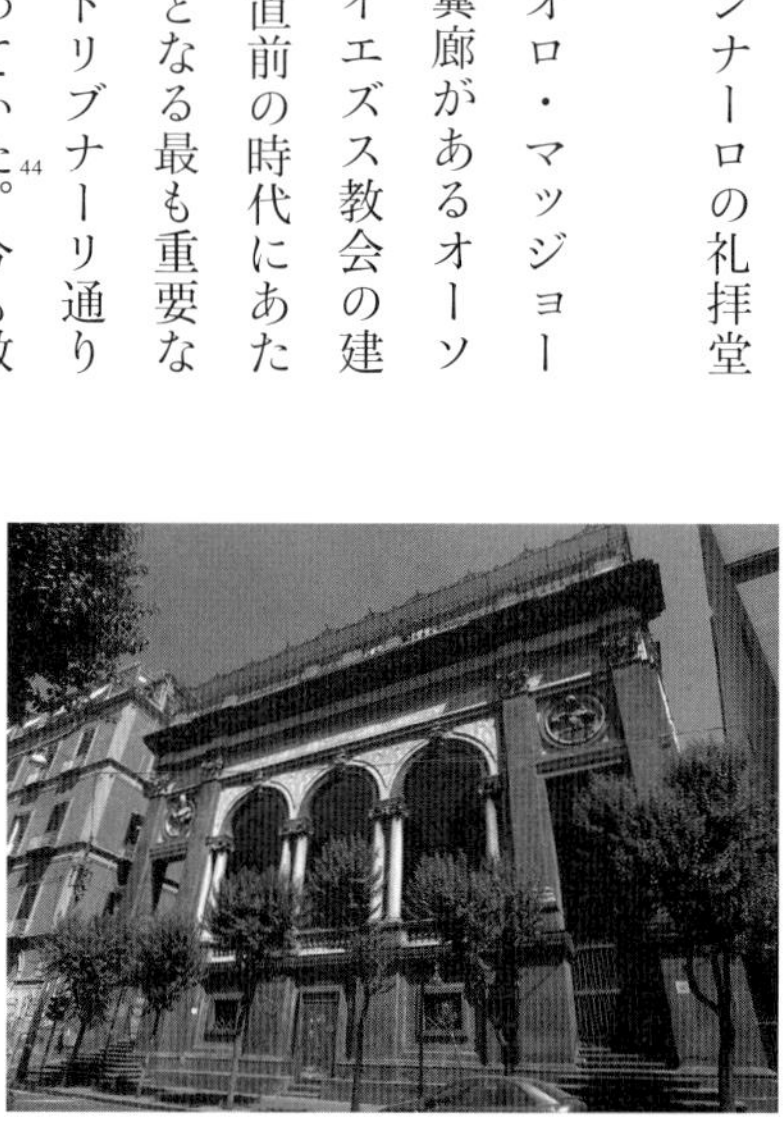

44　ギリシャ神話に登場する双子の兄弟カストルとポリュデウケスを奉る神殿で、紀元前5世紀頃に建立された。

図25　サン・パオロ・マッジョーレ教会、手前の2本の柱は古代神殿時代のもの

二人の建築家ジョヴァン・バッティスタ・カヴァーニャ（身廊担当）とジョヴァンニ・ジャコモ・ディ・コンフォルト（側廊担当）がグリマルディの設計を引き継いだ。1671年、テアティーノ会の聖人であるサン・ガエターノの列聖式の年、建築家ディオニジオ・ラッザリ（II章参照）が、神殿と教会を接続するヴォールト屋根をつけた。おそらくこの構造物が災いし、1688年の地震の際、神殿は倒壊してしまい、先に述べた2本の柱だけを残すこととなった（図26）。1696年の改築工事時には、ファサードがアルカンジェロ・グリエルメッリ（III章参照）によって完成した。[45] 18世紀に内装がリニューアルされ、見事な大理石象嵌細工の主祭壇（1775／図27）は、フェルディナンド・フーガ（VI章参照）のデザインで、正面玄関裏内部壁には、建築を

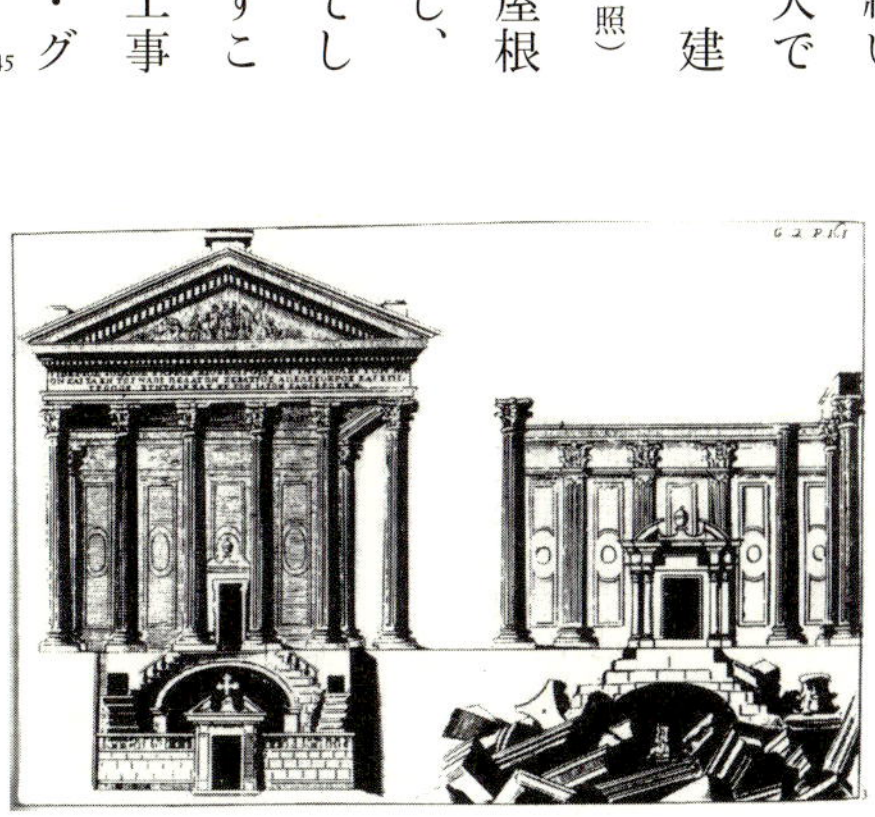

図26　「ディオスクロイの神殿」のファサードを、1688年の地震の前と後で比較——カルロ・チェラーノ著『ナポリの町の興味深い古典と美に関する情報』1725年より

45　さらに1773年にも、サン・パオロ・マッジョーレ教会は、ジュゼッペ・アスタリータ（Giuseppe Astarita 1707–75）によって改築されている。

描くの得意とした画家ジョヴァンニ・バッティスタ・ナターリ（Giovanni Battista Natali 1698–1768）の筆による『ソロモンの神殿』（1737）が描かれた。

次なるグリマルディの大作、ピッツォファルコーネの丘にあるサンタ・マリア・デリ・アンジェリ教会（Basilica di Santa Maria degli Angeli a Pizzofalcone）も、３つの身廊をもつラテン十字型の平面計画となっている。この教会の建つモンテ・ディ・ディオ地区は、貴族の館も多く、立地としては当時の〝山の手〟の一区画として重要な場所であった。ファサードは18世紀後半に改築されているので、グリマルディの設計は内部しか残っていない。この内部は、グリマルディがすでに設計に携わっていたサン・パオロ・マッジョーレ教会や、ローマのサンタンドレア・デッラ・ヴァッレ教会とよく似ている。[46] なおギリシャ十字を描く中央型平面計画は、グリマルディ晩年の作となったサン・ジェンナーロの礼拝堂（II章参照）や女子修道会の聖三位一体教会[47]（Chiesa della Santissima Trinità delle Monache 1607）で採用されている。

１６２６年、グリマルディの死後に完成したサンティ・アポストリ教会[48]（Chiesa dei Santi Apostoli）も、ラテン十字平面の縦長式平面計画である。身廊の天井を筒形ヴォールトで覆ったもので、ピッツォファルコーネのサンタ・マリア・デリ・アンジェリ教会と同じ類型に属するといえる。サンティ・アポストリ教会は、ファサードが極めて地味である一方、それとは対照的に内部は後年、バロック芸術の傑作で埋め尽くされた（図28）。１６３０年から38年、グリマルディから仕事を引き継いだ建築家は、ジョヴァンニ・ジャコモ・ディ・コンフォルト（次節参照）とバルトロメオ・ピッキアッティ（II章参照）で、「フィロマリーノ家の礼拝堂」の主祭壇

図27　フェルディナンド・フーガがデザインしたサン・パオロ・マッジョーレ教会の主祭壇

46　Blunt, Anthony, *Architettura barocca e rococò a Napoli*, Milano, 2006, p. 59.

47　のちにディ・コンフォルトとファンザーゴが引き継いで１６２６年に完成された。

図28　サンティ・アポストリ教会の内部

（1647）は、かのボッロミーニの設計による（図29）。正面玄関裏内部壁は、ジョヴァンニ・ランフランコの筆になる『ベセスダの池』[49]（1644）、背景の列柱などの建築部分は、建築奇想画《カプリッチョ・アルキテットニコ》を得意としたヴィヴィアーノ・コダッツィ（Viviano Codazzi 1606頃–70）が担当した。そのほかのフレスコ画の多くはランフランコとソリメナによって描かれている。地下聖堂《クリプタ》のフレスコ画（1636頃）はベリサリオ・コレンツィオによるもので、ここにはバロック期ナポリを代表する詩人、ジョヴァンニ・バティスタ・マリーノ（Giovan Battista Marino 1569–1625）の墓もある。この教会の内部について、１７７６年に訪れたサド侯爵は「美しい身廊で、悪趣味に侵されていないナポリの教会の一つ」と、辛辣ながらも称賛している。[50]

ヴァレリアーノ、グリマルディに続く聖職者の建築家で特筆すべきは、フラ・ヌーヴォロ（ヌーヴォロ神父）ことジュゼッペ・ヌーヴォロである。[51] ナポリに生まれ、生涯ナポリで活躍しながら、バロック建築を先取りした楕円形の中央型平面計画を追求した。楕円形平面のバロック建築といえば、ベルニーニの設計したサンタンドレア・アル・クイリナーレ教会（1658）やサン・ピエトロ大聖堂前の広場の回廊（1656）がよく知られているが、それよりもフラ・ヌーヴォロのほうが早かったのだ。

フラ・ヌーヴォロの初期の建築作品、コンスタンティノーポリ通りのサンタ・マリア教会[52]（Chiesa di Santa Maria di Costantinopoli 1603／II・III章参照）は、１５７５年のペストの収束を記念して建てられた教会であるが、ここではまだ凡庸なラテン十字型の平面で設計されていた。しかしその後のフラ・ヌーヴォロの教会建築では、楕円型平面のデザインが主流となる。彼の代表作

48　テアティーノ会のサンティ・アポストリ教会付属の修道院は、１５９０年、グリマルディのナポリでのデビュー作だった。Sasso, Camillo Napoleone, *Storia de' monumenti di Napoli e degli architetti che gli edificavano dallo stabilimento della monarchia sino ai nostri giorni*, vol. 1, Napoli, 1856, p. 233.

図29　サンティ・アポストリ教会にあるボッロミーニがデザインしたフィロマリーノ家の礼拝堂

49　イエルサレムの聖アンナ教会にある池（プール）で、ここでイエスが病人を治癒したと伝えられている。

50　Marchese di Sade, *op. cit.*, p. 242.

図30　サニタ地区のサンタ・マリア教会

となったサン・カルロ・アッアレーナ教会[53]（Chiesa di San Carlo all'Arena 1621）とサン・セバスティアーノ教会[54]（Chiesa di San Sebastiano 1631）に、楕円形平面が採用されているのだ。フラ・ヌーヴォロは、教会本堂の平面だけでなく、付属の修道院の回廊部分も楕円形にデザインすることを好み、聖トマス・アクイナス修道院（Convento di San Tommaso d'Aquino 1620頃）の回廊と、[55] サニタ地区のサンタ・マリア教会（Basilica di Santa Maria della Sanità 1602／図30）の付属修道院の回廊でも、[56] 楕円形平面を採用している。なおこの教会では、反宗教改革的な設計に従い、ギリシャ十字の形をした中央型平面計画になっていて、平面内にはいくつもの円が描けるようにデザインされ、ヴァチカンのサン・ピエトロ大聖堂をモデルにしたという。

一方、フラ・ヌーヴォロはヴァナキュ

51　長年ジュゼッペ・ドンゼッリと同一人物との説が有力だったが、近年の研究では異なる人物であることがわかっている。Cantone, *op. cit.*, p. 110.

52　建設が始まったのは１５７５年だが、現在みられるスタイルは17世紀のフラ・ヌーヴォロの介入後のデザインもの。

53　フラ・ヌーヴォロのクーポラの着工は１６２３年、完成は１６８０年。*Idem.*, p. 114.

54　建設時はファンザーゴが現場監督にあたった。１９４１年に倒壊、第二次大戦後に解体され、現存しない。

55　ファシズム期のカリタ地区の都市計画で取り壊された。

56　この回廊は、19世紀初頭、コルソ・ナポレオーネ大通りの建設時に取り壊され、部分的にしか現存していない。

ラーなローカル色を生かした装飾も得意とした。つまり地元の名産品であるマヨルカ焼きのタイルを使い、教会のドームの屋根をカラフルにデザインすることに長けていたのだ。フラ・ヌーヴォロによって、緑と黄色のマヨルカ焼きタイルをモザイク模様に組み合わせたドーム屋根は、サン・ピエトロ・マルティレ教会[57]（Chiesa di San Pietro Martire 1609）や、先に述べたサニタ地区のサンタ・マリア教会でもみることができる。

初期バロックの建築家たち――カヴァーニャ、ディ・コンフォルト、コーラ・ディ・フランコ、ネンチョーニ・ディ・バルトロメオ

ナポリの初期バロックは、後期ルネサンス建築で取り入れられたマニエリスムに沿ったものが多い。前節までに取り上げた建築家たちと同様、言及すべきナポリの初期バロックの建築家には、他にジョヴァン・バッティスタ・カヴァーニャ（Giovan Battista Cavagna 1545頃–1613）がいる。カヴァーニャは建築家でありながら技師《エンジニア》で、画家でもあった。ローマに生まれローマで活躍したが、ナポリに長期にわたって滞在（1572–77と1591–1605）し[58]、主要な作品はナポリに多く、デ・ドミニチの「列伝」第2巻で取り上げられている。[59]

カヴァーニャの代表作は、サン・グレゴリオ・アルメーノ通りにあるサン・グレゴリオ・アルメーノ教会（Chiesa di San Gregorio Armeno）で、この教会はその名のとおり、アルメニアの司教

57 教会の創設は1294年に遡り、現在はナポリ・フェデリコ2世大学人文学科（旧・文哲学部）の教会として使用されている。

58 Blunt, *op. cit.*, p. 62.

59 De Dominici, *op. cit.*, vol. 2, pp. 95–101.

の聖グレゴリウスにささげられた教会で（図31）、１５７４年から80年にかけて、カヴァーニャとジョヴァンニ・ヴィンチェンツォ・デッラ・モニカ（Giovanni Vincenzo Della Monica 1560頃–?）の共同設計で建設された。[60]縦長式平面計画が採用されたが、一つの身廊の両脇に礼拝堂が並ぶ形になっていて、翼廊がないため、信者が礼拝に集中できやすく、反宗教改革の理念が反映されているが、天井は格天井になっていて後期ルネサンス様式の流行にのっとっている。ファサードの1層めはピペルノ石の切り石積み、2層めは付け柱と窓枠にピペルノ石が使用されている。教会内部に入る前に、スレンダーな柱で奥行きのあるポルティコが配されているのは、ナポリの教会建築の特徴であり、ルネサンス後期からバロック初期にかけて流行していた。例えば、サンタ・マリア・デッラ・ステッラ教会（Chiesa di Santa Maria della Stella 1587 ドメニコ・フォンターナの設計）[61]、サンタ・マリア・レジナ・チェーリ教会（Chiesa di Santa Maria Regina Coeli 1594 デッラ・モニカらの設計、図32）、ジエス・デッレ・モナケ教会（Chiesa del Gesù delle Monache 1582 ルネサンス様式のファサードの設計者は不詳）、サンティ・マルチェリーノ・エ・フェスト教会（Chiesa dei Santi Marcellino e Festo 1595 デッラ・モニカ、ディ・コンフォルトらの設計）、サン・ジュゼッペ・デイ・ルッフィ教会（Chiesa di San Giuseppe dei Ruffi 1604–32 ネンチョーニ・ディ・バルトロメオの設計）のファサードには、ポルティコが埋め込まれている[62]（図33）。これらの教会はいずれも外観は後期ルネサンスの様式でも、内部は17世紀から18世紀のバロック様式で当代一流の建築家によって内装が施されている。

カヴァーニャのもう一つの代表作は、モンテ・ディ・ピエタ館（Palazzo del Monte di Pietà）と付属礼拝堂（1597）である。モンテ・ディ・ピエタは、１５３９年に数名のナポリ貴族たちによっ

図31　サン・グレゴリオ・アルメーノ教会の平面図

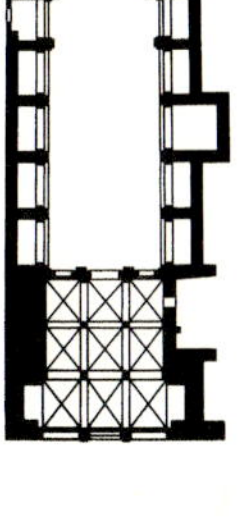

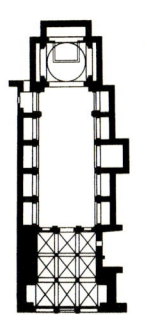

60　付属の修道院と回廊はデッラ・モニカの設計で、デッラ・モニカは、デ・ドミニチの「列伝」第2巻に登場する。*Idem.*, pp. 95–101.

61　のちにフォンターナの弟子のバルトロメオ・ピッキアッティが引き継ぎ、１７３４年にドメニコ・アントニオ・ヴァッカーロによって完成された。

図32　サンタ・マリア・レジナ・チェーリ教会、サン・ガウディオーゾ小路

図33　サン・ジュゼッペ・デイ・ルッフィ教会、サン・ジュゼッペ・デイ・ルッフィ広場

て設立された慈善施設で、貧しい人々のために利息なしでお金が借りられるようにした非営利の金融機関である。のちにナポリ銀行の母体の一つとなり、現在もなおこの場所にはナポリ銀行の支店が置かれている。

カヴァーニャは、のちに述べる二人のナポリ人建築家ディ・コンフォルトとコーラ・ディ・フランコと共同で、このモンテ・ディ・ピエタ館を設計した。外観はバロック様式ではなく、後期ルネサンスのマニエリスムで、館のドーリス式の門枠と礼拝堂のファサードの付け柱にはピペルノ石が用いられている。礼拝堂のイオニア式の付け柱の上部には三角破風がつけられ、古典趣味的なデザインだ。付け柱の間には左右一つずつ壁龕が設けられ、その中には慈善的な銀行業を象徴する「慈悲《カリタス》」(左)と、「安心《セクリタス》」(右)を擬人化した女性像が置かれている(図34)。いずれもジャン・ロレンツォ・ベルニーニの父親である、彫刻家のピエトロ・ベルニーニ(Pietro Bernini 1562–1629)の作である。礼拝堂内部の天井フレスコ画『受難のキリストの物語』(1610–18)は、マニエリスムの画家ベリサリオ・コレンツィオ(Belisario Corenzio 1558–1643)の筆になる。大理石細工の床のデザイン(1603)はカヴァーニャによるもので、オッターヴィオ・アックアヴィーヴァ枢機卿の墓の彫刻(1618)はファンザーゴ(II章参照)の作品だ。

当時のナポリは、スペイン副王フェッランテ・ルイス・デ・カストロの治世で、新しい王宮建設のプロジェクトが進行しており、カヴァーニャは意欲的に王宮の設計を練っていたのだが、宮廷から許可が下りずに、法王庁の建築家ドメニコ・フォンターナ(Domenico Fontana 1543–1607)の設計案が採用されてしまった。ドメニコ・フォンターナは、ローマで輝かしい経歴の持ち

62 Cantone, *op. cit.*, p. 68 e p. 202.

図34 モンテ・ディ・ピエタ館の礼拝堂、スパッカナポリ

図35　現在のナポリの王宮、プレビシート広場

主であったが、[63]パトロンであったローマ教皇シクストゥス5世の死去後、次の教皇クレメンス8世からは思うような庇護を受けることができず、1594年、活動拠点をナポリに移し宮廷建築家となり、[64]王宮[65]（Palazzo Reale 1602）の設計を担当したのだ（図35）。

それに納得のいかぬカヴァーニャは、ファンターナの設計案の難点を指摘する抗議文を発表したもの、1605年に失意のうちにナポリを去った。その後カヴァーニャは、聖母マリアを奉るイタリア最大の聖地ロレートの一連の宗教施設「聖なる家（Santa Casa）」の現場監督に就任、ロレートでその生涯を閉じ、この大聖堂に眠っている。[66]一方ドメニコ・フォンターナは、その後もナポリで数々の建築設計に携わり、残りの生涯をナポリで終えた。彼の墓はサン

63　ローマの数々の教会建築、噴水、ヴァチカン図書館、フェリーチェ水道の設計ほか、ネロ帝の競技場にあった巨大な古代エジプトのオベリスクをヴァチカンの中心であるサン・ピエトロ広場への移動を行った。

64　Blunt, *op. cit.*, p. 52.

65　18世紀の拡張工事では、フェルディナンド・サンフェリーチェが設計にあたり、引き継いだ建築家ガエターノ・ジェノヴェーゼは新古典主義様式で内装した。

66　Blunt, *op. cit.*, p. 65.

タンナ・ディ・ロンバルディ教会（Chiesa di Sant'Anna dei Lombardi／図36）にある。

ナポリでカヴァーニャの後の地位を継いだのは、カヴァーニャの共同設計者であるジョヴァンニ・ジャコモ・ディ・コンフォルト（Giovanni Giacomo Di Conforto 1569–1630）だった。彼もカヴァーニャ同様、ヴィニョーラの流れをくむマニエリスムのデザインを得意としながら、バロック様式への過渡期を形成した建築家である。

ディ・コンフォルトは教会建築ばかりでなく住宅設計も行っていて、サン・ポティート通りにある自邸のディ・コンフォルト館[67]（Palazzo Di Conforto 1610）、画家のファブリツィオ・サンタフェーデ（Fabrizio Santafede 1560–1634）や詩人のジョヴァンニ・バッティスタ・マンゾ（Giovanni Battista Manso 1569–1645）といった著名な文化人の邸宅も設計した。

とはいえ、ディ・コンフォルトのメインの仕事はやはり教会建築であった。初期のものからみていくと、カルメル会のサンタ・テレーザ・デリ・スカルツィ教会[68]（Chiesa di Santa Teresa degli Scalzi 1603–12）では、ラテン十字平面で一つの身廊の両側に礼拝堂がついたプランとなっている。ディ・コンフォルトが礼拝堂のアーチとアーチの間に付け柱を2本つけたのは、当時としてはとても斬新だった。それ以外はほとんどディ・コンフォルトの痕跡は残っておらず、ファサードは１６５２年のファンザーゴによるデザインである。

ディ・コンフォルトが同じ頃設計に携わっていたもう一つの教会もカルメル会派で、サンタゴスティーノ・デリ・スカルツィ教会[69]（Chiesa di Sant'Agostinio degli Scalzi 1612）である。１６８８年と94年の地震の後に、アルカンジェロ・グリエルメッツリが修復したが、この教会にはディ・

図36　サンタンナ・ディ・ロンバルディ教会にあるドメニコ・フォンターナの墓

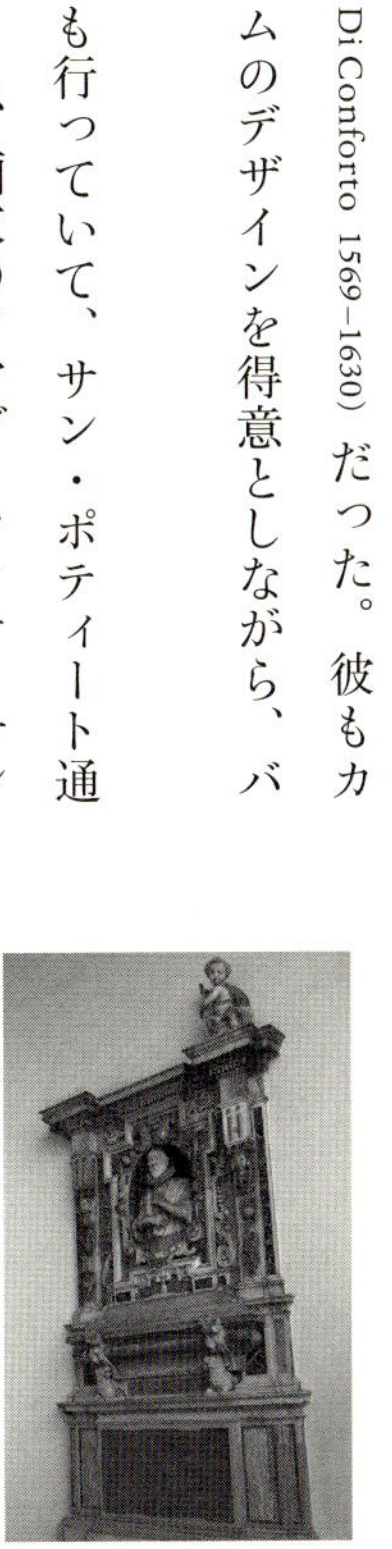

67　のちに所有者が変わり、現在は18世紀の所有者の名をとってテッララヴォーロ館（Palazzo Terralavoro）と呼ばれている。テッララヴォーロ家の依頼によって、１７３４年、建築家ルーカ・ヴェッキオーネが改築を行った。

68　学問研究所（当時の大学、現・考古学博物館）に近いことから「学問の」サンタ・テレーザ教会（Chiesa di Santa Teresa agli Studi）とも呼ばれている。

69　別名、真実の聖母マリア教会（Chiesa di Santa Maria della Verità）とも呼ばれている。

コンフォルトのデザインしたレリーフ装飾が施された円筒ヴォールトがよく残っている。[70]

ディ・コンフォルトのデザインした外観がよく残されているのは、サンタ・マリア・デル・カルミネ・マッジョーレ教会（Baslica di Santa Maria del Carmine Maggiore）の鐘楼（1615–27）である。[71] 平面が正四角形の塔状になっていて、１層めはピペルノ石の切り石積み、２層めはドーリス式、３層めはイオニア式、４層めはコリント式のピペルノ石の付け柱が、ディ・コンフォルトの特徴であるダブルになってついている（図37）。この塔の上には、さらに８角形平面の塔屋が載せられ、その頂点に立つピナクルは、モザイク模様に組んだマヨルカ焼きのタイルで張られた尖塔で、この部分は、その分野を得意とした建築家フラ・ヌーヴォロ（前節参照）の作（1631）である。こうしてこの鐘楼は、全長75メートルの当時のナポリで最も高い建物になった。

ディ・コンフォルトは、ほかにもイエズス会の聖フランシスコ・ザビエル教会（Chiesa di San Francesco Saverio 1636–41）の基本設計を行っている。この教会は、現在のサン・フェルディナンド教会（Chiesa di San Ferdinando）で、一つの身廊の両側に礼拝堂がつくラテン十字型の平面計画になっている。

後年、１６６０年頃に、ファンザーゴが教会の完成工事を引き継いだので、ファンザーゴのデザインのファサードが実現したと考えられていたが、近年発見されたコンフォルトの図面とほとんど同じデザインなので、ファンザーゴはほとんど改変しなかったようだ。[72] ペトリーニの版画（1718）には当初のファサードが描かれているが、上層部が新古典主義様式で１７３８年から59年につくられ、[73] ディ・コンフォルト（もしくはファンザーゴ）のデザインはピペルノ石で組積さ

70 Blunt, *op. cit.*, p. 68.

71 この教会は13世紀のゴシック様式で建てられたが、18世紀にバロック様式に改築され、１７９９年のパルテノペ（ナポリ）革命で処刑された著名な文化人や貴族が埋葬されている。

72 Blunt, *op. cit.*, p. 279.

73 *Idem.*, p. 89.

図37　サンタ・マリア・デル・カルミネ・マッジョーレ教会、カルミネ広場

上：図38　現在のサン・フェルディナンド教会の玄関部分　下：図39　パオロ・デ・マッテイスの筆になるサン・フェルディナンド教会の円蓋部分の天井壁画

れた下層部のみである（図38）。ラテン十字平面の中心の天井に位置する円蓋《クーポラ》は、パオロ・デ・マッテイス（Paolo De Matteis 1662–1728／図39）、主祭壇の背後の絵『受胎告知』は、チェーザレ・フランカンザーノ（Cesare Fracanzano 1605–51）といった当代一流のナポリ派の画家によって描かれ、教会内部にはナポリ・バロックを代表するヴァッカーロ父子による彫刻作品『ダヴィデとモーゼ』もある。

ディ・コンフォルトとジョヴァンニ・コーラ・ディ・フランコ（Giovanni Cola di Franco 生没年不詳）が共同で設計した煉獄の魂の聖マリア教会（Chiesa di Santa Maria delle Anime del Purgatorio ad Arco 1616）では、縦長式平面計画で、翼廊がなく一つの身廊の両側に礼拝堂がついたシンプルな設計となっているが、１６６９年に内部の主要な部分の装飾をディオニジオ・ラッザリ（III章参照）が行い、豪華な大理石細工のナポリ・バロックらしい空間となっている。ファサードの１層め部分は、17世紀半ばにファンザーゴがデザインしたが、細かい彫刻装飾の部分がそうであって、ピペルノ石でできたコリント式の付け柱は、おそらくディ・コンフォルトのデザインであろう（図40）。ファンザーゴは教会の名のとおり、煉獄の魂を表す骸骨の形をした彫刻を、ファサードの付け柱の柱頭の間や玄関前の手摺部などに盛り込んだのだ（図41）。

ディ・コンフォルトの共同設計者であったジョヴァンニ・コーラ・ディ・フランコも、[74] マニエリスムを踏襲した初期のナポリ・バロックの建築家だ。彼の代表作はサンタ・マリア・ラ・ノーヴァ教会（Chiesa di Santa Maria la Nova）の再建（1596–99）で、そのファサードデザインは、１層めをピペルノ石で覆い、２層めは白漆喰壁にピペルノ石の薄い付け柱でラインを描いたルネ

図40　煉獄の魂の聖マリア教会の内玄関部

74
ディ・コンフォルトとは、煉獄の魂の聖マリア教会のほか、サンタ・マリア・ドンナレジーナ・ヌオーヴァ教会（1617）も共同設計している。

サンス様式の平面的・線的なものである。内部の天井も、後期ルネサンス時代に流行した格天井であるが、のちの１６６３年、ファンザーゴの手が加わって、主祭壇などがバロック様式で装飾された。

「列伝」第２巻に登場する建築家、ディオニジオ・ネンチョーニ・ディ・バルトロメオ（Dionisio Nencioni di Bartolomeo 1559–1638）はフィレンツェ出身で[75]、ナポリのジロラミーニ教会（Chiesa dei Girolamini）の建設（1591–1619）のため、１５８４年よりナポリに移住した。ジロラミーニ教会は、同じくトスカーナ出身のドジオ（II章参照）との共同設計で、特に教会内部の列柱の設えに、彼らの出身地フィレンツェの建築家ブルネレスキの影響が強く表れている。[76] 度重なる改築によって、後期ルネサンス時代のファサードは残っていないが、ナポリ・バロックの黄金期を象徴する教会の一つとなった。

そしてネンチョーニは、初期バロックから盛期バロックへ至る、ナポリ・バロックの黄金期の代名詞となる二つの建築の設計に携わっている。サン・ジェンナーロの礼拝堂（1607）とサン・マルティーノ修道院（1631）である（次章を参照）。

図41　ファンザーゴによる煉獄の魂の聖マリア教会のファサードの壁龕上部の装飾

75　De Dominici, *op. cit.*, vol. 2, pp. 95–101.

76　Cantone, *op. cit.*, p. 30.

II

ナポリ・バロック黄金期——聖と祝祭の建築家ファンザーゴ

サン・ジェンナーロ信仰とバロック建築

ナポリの街を守る守護聖人サン・ジェンナーロ（聖ヤヌアリウス）は、ナポリのバロック建築を理解する上で欠かせない存在だ。サン・ジェンナーロ（San Gennaro 272–305）は紀元後3世紀の実在の人物で、ナポリから北東100キロメートルにある町ベネヴェントに生まれ、司教になった。しかしキリスト教を弾圧するディオクレチアヌス帝に迫害され、ナポリ近郊の港町ポッツオーリにある古代の円形闘技場《アンフィテアトロ》で、猛獣に食い殺される刑を受けたもの、奇蹟が起こりライオンは猫のようにおとなしくなり、最終的には斬首刑で絶命させられた。サン・ジェンナーロの遺体は、死後から1世紀ほど後の4世紀、ナポリのカポディモンテの丘の近くにあるカタコンベ（初期キリスト教時代の地下墓地）に埋葬され[1]（I章参照）、831年に生誕地のベネヴェントへ移してしまったので、今ここに残っているのは、遺体のない墓穴跡と、5世紀にフレスコで描かれた最古の肖像画である。

サン・ジェンナーロの血液は、聖遺物としてガラス容器に収められ、ナポリの大聖堂《ドゥオーモ》に保管されている。毎年サン・ジェンナーロの命日である9月19日はサン・ジェンナーロの記念日となり、大聖堂ではサン・ジェンナーロの血を融解させる儀式が、大司教によって執り行われる。凝固した血液の入った容器をゆっくり回すように振るうちに溶解し、この奇跡よってこの一年はナポリがあらゆる厄災（噴火、地震、疫病など）から、サン・ジェンナーロによって守られると信じられるようになった。

1 この「サン・ジェンナーロのカタコンベ」は、戴冠聖母の大聖堂（Basilica dell'Incoronata Madre del Buon Consiglio）の裏手にある敷地の地下にある。

ナポリの大聖堂は、ナポリの街の守護聖人サン・ジェンナーロを奉った教会なので、言うまでもなくナポリで最も重要な教会である。この大聖堂の建立は13世紀にさかのぼるが、内部は様々な時代の建築様式と装飾が入り交じっていて、正面ファサードは門構えにある14世紀の彫刻を除くと、19世紀後半の正面道路の建設に伴ってつくり直されたものである[2]（図1）。内部で特に重要となる場所は、他でもないサン・ジェンナーロの礼拝堂であり、ここはナポリのバロック芸術の粋を尽くした内装となっている（図2）。

1607年、サン・ジェンナーロの礼拝堂（Reale Cappella del Tesoro di San Gennaro）の設計コンペが行われ、当時の名だたる建築家が応戦した。おもに前章で登場した建築家たちである。グリマルディ、カヴァーニャ、ディ・コンフォルト、コーラ・ディ・フランコ、ネンチョーニ・ディ・バルトロメオだ。前章で触れなかった建築家では、父と同じく建築家になったドメニコ・フォンターナの息子ジュリオ・チェーザレ・フォンターナ（Giulio Cesare Fontana 1580–1627）とミケランジェロ・ナッケリーノ（本章後述）が参加した。

コンペに入選したのはグリマルディとコーラ・ディ・フランコで、翌年1608年から彼らの監督下で工事が始まったが、完成したのは1670年頃で、約60年もの歳月がかかっている。平面計画は、一見ギリシャ十字型のようにもみえるが、正方形の角を面取りした八角形型の中央型平面計画《ピアンタ・チェントラーレ》となっている（図3）。

1776年にナポリを訪れたサド侯爵は、サン・ジェンナーロの礼拝堂の入り口部分について、次のように述べている。「大聖堂の中で最も美しい装飾があるのが、このサン・ジェン

2　エンリコ・アルヴィーノのデザインしたネオゴシック様式となっている。

図1　19世紀に再構築されたナポリの大聖堂のファサード

図2　1713年のサルネッリによるナポリ案内書に掲載されたサン・ジェンナーロの礼拝堂の祭壇部分

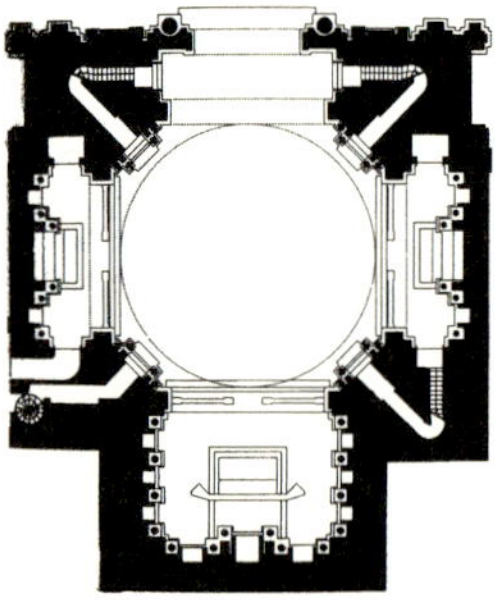

図3　サン・ジェンナーロの礼拝堂の平面図

図4　1718年のペトリーニの版画にみるサン・ジェンナーロの礼拝堂の玄関部分

ナーロの礼拝堂である。玄関部分は雄大で、コリント式の柱の両脇には壁龕があり、サン・ピエトロとサン・パオロの像が置かれている」[3]（図4）。

サン・ジェンナーロの礼拝堂の入り口の真鍮製の門は、ナポリ・バロックを代表する建築家で彫刻家でもあるファンザーゴの作品である。この門の制作だけでも45年（1623–68）もかかっている。中心上部にはサン・ジェンナーロの像が据えられ（図5）、門格子の部分は金具でたたくと、それぞれ違う音階が鳴り鉄琴の代わりとなる細工まで施された。というのも、ここはスカルラッティ、チマローザ、パイジエッロといったナポリ楽派の有名作曲家たちが、指揮をとって音楽を披露する大切な場所にもなったからだ。

礼拝堂内部の壁と床は総大理石で、19体のブロンズ像、34体の銀製の胸像が置かれた。祭壇画や天井フレスコ画などの装飾に抜擢された画家たちは、誰もが当代きってのビッグネームばかりであっ

3　像は彫刻家ジュリアーノ・フィネッリ（Giuliano Finelli 1601–57）の作。Marchese di Sade, *op. cit.*, p. 248.

図5　サン・ジェンナーロの礼拝堂の玄関扉の上部に据えられた、ファンザーゴによるサン・ジェンナーロ像

た。サン・ジェンナーロの礼拝堂のコンペを行った建設運営委員会はローマに本部があり、ナポリの地元の画家よりも、まず当時イタリア至高の画家とされていたボローニャ派のグイード・レーニ（Guido Reni 1575–1642）を召喚した。これは数々のナポリの教会で仕事をこなしてきた画家ベリサリオ・コレンツィオの嫉妬と恨みを買った。噂によればコレンツィオの奸計でレーニは暗殺されそうになったが、下手人が間違えてレーニの世話係を殺してしまい、危うくレーニは一命を取りとめたものの、気を悪くしてナポリの仕事を断ってしまったという。その次に抜擢されたドメニキーノ（Domenico Zampieri detto Domenichino 1581–1641）も、ローマで高い評価を受けていたボローニャ派に属していたため、またしてもナポリの地元の画家たちの反感を買い、ドメニキーノは描いたばかりの部分を傷つけられたり消されたりといった嫌がらせを受けた。そのため一旦ナポリを離れて１６３４年にローマ近郊フラスカティに避難したが、委員会からはやく仕事を行うようにと、ナポリに呼び戻された。しかしナポリの地元の画家たちからの反感は収まらず、過度のストレスのためか、もしくは噂が本当ならば毒を盛られたせいで、ドメニキーノはこのナポリ滞在中に死んでしまった。[4]

サン・ジェンナーロの礼拝堂の天蓋《クーポラ》の穹隅部《ペンデンティヴ》のフレスコ画は、そのドメニキーノの筆によるものだ（図6）。一方、ドームの部分はジョヴァンニ・ランフランコが描いた『天国』である（図6）。礼拝堂の向かって右側の祭壇画は、ナポリ在住のスペイン人画家ホセ・デ・リベーラ（José de Ribera 1591–1652）の『窯から無傷ででてくるサン・ジェンナーロ』（1645）だ（図7）。反対側にはマッシモ・スタンツィオーネ（Massimo Stanzione 1585頃–1656頃）の『憑《と》りつかれた女を解放す

4 Sigismondo, Giuseppe, *Descrizione della città di Napoli e suoi borghi*, tomo I, Napoli, 1788, p. 31.

図6　サン・ジェンナーロの礼拝堂の天蓋のフレスコ画

るサン・ジェンナーロ』（1643）が一時期は置かれたものの、最終的にはドメニキーノの作品に落ちついた。

1631年のヴェスヴィオ火山の大噴火、そして1656年のペストの蔓延によって、17世紀後半から18世紀にかけ、ナポリはサン・ジェンナーロ信仰がどんどん高まっていった。それに伴い、バロック期には、サン・ジェンナーロの名を冠したいくつかのモニュメントがナポリの都市を飾るようになったのだ。

1656年のペストの鎮静化の奉納物《エクスヴォート》としてつくられたのが、街の北側にある城壁門「サン・ジェンナーロ門（Porta San Gennaro）」で、ここには当代一流の画家マッティア・プレーティ（Mattia Preti 1613–99）の筆になるフレスコ画で、聖人たちがペストの収束を懇願する様子が描かれ、今

図7　サン・ジェンナーロの礼拝堂の右祭壇に架けられたホセ・デ・リベーラ筆《窯から無傷ででてくるサン・ジェンナーロ》

日も保存状態よく残っている（図8）。

1708年にはナポリの東側にあるカプア門《ポルタ・カプアーナ》の近くに、「サン・ジェンナーロの祠（Edicola di San Gennaro）」が建てられた。[5] サン・ジェンナーロがあらゆる厄災からナポリを守ってくれたことを感謝するために設置されたもので、その設計はバロック後期の建築家フェルディナンド・サンフェリーチェ（III章参照）による（図9）。灰色のピペルノ石と白大理石のコントラストが美しく、祠の中心部に置かれたサン・ジェンナーロの胸像は、1708年、彫刻家ヴァッカーロ父子（III章参照）が手がけている。

広場を彩るバロック・モニュメント「尖塔《グーリア》」

建築家で彫刻家でもあるファンザーゴの作品の一つに、サン・ジェンナーロの尖塔《グーリア》（Guglia di San Gennaro 1637–60）というのがある（図10）。「グーリア」とは、オベリスクまたは尖塔の形をした宗教的なバロック時代のモニュメントで、南イタリアに多い。宗教祭事で使う本来は「そのとき限り《エフェメロ》」[6]の張り子の神輿《みこし》を、大理石でつくって恒久的に広場を飾る塔状のモニュメントとしたのがグーリアである。[7]

ナポリには3つのグーリアが残っている。その一つがこのサン・ジェンナーロのグーリアで、1631年のヴェスヴィオ火山噴火の奉納物《エクスヴォート》としてつくられた。この噴火のときの溶岩が

図8　カヴール広場からみた現在のサン・ジェンナーロ門

5　エンリコ・デ・ニコラ広場（Piazza Enrico De Nicola）にある。

図9　サン・ジェンナーロの祠、エンリコ・デ・ニコラ広場

ナポリまで押し寄せてこなかったのは、聖人サン・ジェンナーロのおかげと人々は信じ、特に1631年以降、ナポリではサン・ジェンナーロ信仰がさらに過熱していった。

このグーリアは、大聖堂のすぐ近くにあるモンテ・デッラ・ミゼリコルディア教会（III章参照）前の小さな広場に置かれた。この小さな広場の中心に据えられたグーリアの正面には、宗

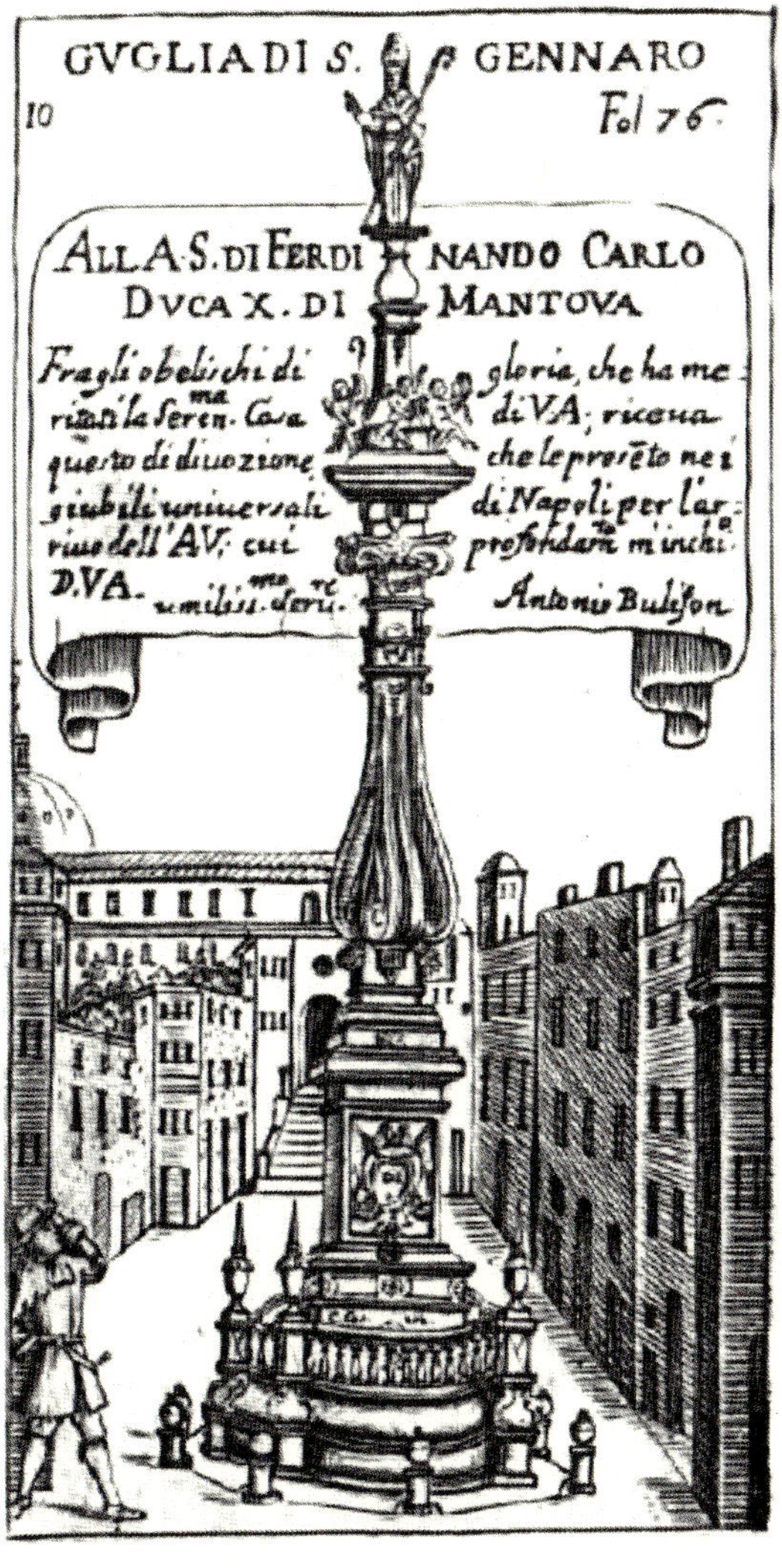

図10　1697年のサルネッリによるナポリ案内書に掲載されたサン・ジェンナーロのグーリア

6　イタリア語のエッフィメロ（effimero）は、バロック時代の祝祭用の仮設構造物を指す。

7　Cantone, Gaetana, *Guglie e fontane di Cosimo Fanzago (I°)*, Napoli Nobilissima, volume XIII, fascicolo II, Napoil, 1974, pp. 41–58.

図10　サン・ジェンナーロのグーリア、リアーリオ・スフォルツァ広場

教施設ピオ・モンテ・デッラ・ミゼリコルディアがあり、グーリアの背後は大聖堂《ドゥオーモ》の真横の位置でよく計算された場所に置かれている。ファンザーゴの当初のデッサンでは、他のヨーロッパの町の聖人記念碑でよく見られるタイプのデザインで、イオニア式の柱の柱頭の上に、サン・ジェンナーロの立像をのせていただけのものだった。しかし実現したのは、柱頭はファンザーゴらしく果物の房で装飾され、柱の部分の四方にはバロック的な曲線で波打った突出装飾を加えた祝祭的なデザインへと昇華された。サン・ジェンナーロ像にも台座がつき、その四方には一人ずつ天使が舞っていて[8]、祭典の神輿《みこし》を彷彿とさせる。ナポリの近郊の町ノーラでは、グーリアと酷似した尖塔型の神輿を今もなおつくり続けている。毎年6月22日、町の守護聖人パオリーノの日に行われる「百合祭り（Festa dei Gigli）」（2013年にユネスコ無形文化遺産に指定）で、〝ジーリ〟と呼ばれる木と紙でつくられる張り子のグーリア型の神輿をつくって祝うのだ。

ナポリに現存するもう一つのグーリアが、サン・ドメニコ・マッジョーレ広場に置かれた「聖ドメニコのグーリア（Guglia di San Domenico）」である（図11）。これは1656年のペストの奉納物《エクスヴォート》としてつくられた。いわゆるペスト塔で、ウィーンにもグラーベン通りに有名な「ペスト塔（Pestsäule）」（1679）がある。ナポリ版ペスト塔といえる聖ドメニコのグーリアは、当初ファンザーゴが設計する予定であったが、ファンザーゴは別の仕事に忙殺されていたため、1658年、フランチェスコ・アントニオ・ピッキアッティ（II章参照）の手に委ねられ、古典的なオベリスクの形をした原型にバロック装飾が施された。白大理石と、バルディリオ（bardiglio）と呼ばれる白と灰色が交互に波打ったように配色される大理石を用いて、陰影がつ

8 Sigismondo, Giuseppe, *Descrizione della città di Napoli e suoi borghi*, tomo I, Napoli, 1788, pp. 53–54.

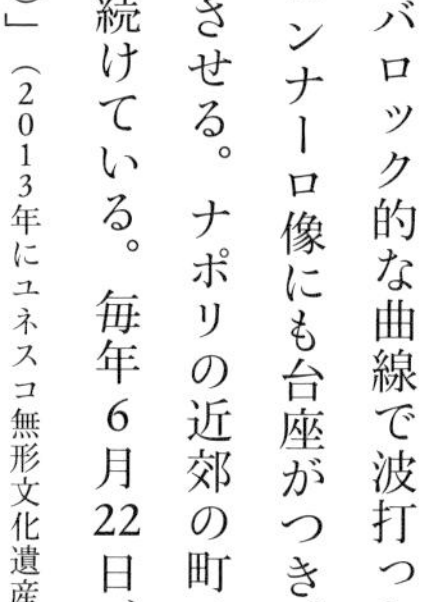

図11　聖ドメニコのグーリア、サン・ドメニコ・マッジョーレ広場

くかのような効果が出されている。細部の彫刻部分は、1737年、ドメニコ・アントニオ・ヴァッカーロ（III章参照）が担当した。このグーリアが設置された位置は、この広場に面する4件の主要な建物（サン・ドメニコ・マッジョーレ教会、サングロ・ディ・カサカレンダ館、コリリアーノ館、ペトルッチ館）のファサード玄関部からのびた垂直軸線上の交点になるよう工夫されている。

同じく1656年のペストの鎮静化を記念するため、サン・ガエターノ広場にもオベリク型の「聖ガエターノのグーリア（Guglia di San Gaetano）」を、ファンザーゴが建てる予定であったが、実現したのは今日も見られるような、聖人サン・ガエターノ像（1657–75）だった。[9] ナポリで没したテアティーノ会の司祭ガエターノ（Gaetano da Thiene 1480–1547）は、1629年に聖人に列せられていて、その後に起こったペストの蔓延と鎮静化を経て、ガエターノもナポリの民衆の間で人気のある聖人となった。それは今でもナポリ男性の名にジェンナーロはもちろんのこと、ガエターノも非常に多いことにも証明されている。

ナポリ市内に3つ残ったグーリアのうち、最もバロック曲線が多用されて華やかなのは、ジェス広場にある「無原罪《インマコラータ》のグーリア（Guglia dell'Immacolata）」（1747–58）である（図12、口絵7）。今までみてきたグーリアより建設期が1世紀ほどのちでロココ様式（III章参照）である。いわゆるペスト塔で、1743年のペストの鎮静化を記念して建てるために1747年にコンペが行われ、マリオ・ジョヨッフレード（IV章参照）も参加したが落選した。入選したのは、建築家ジュゼッペ・ジェノイーノ（Giuseppe Genoino）とジュゼッペ・ディ・フィオーリ（Giuseppe Di Fiori）のデザインであった。グーリアの頂上に置かれたのは、無原罪の聖母マリア像である。施主はこ

図12　無原罪のグーリア、ジェス広場

9　Cantone, *op. cit.*, pp. 218–219.

の広場に面する新イエズス教会《ジェス・ヌオーヴォ》と同じくイエズス会であり、このグーリアにはイエズス会出身の聖人4名の大理石彫刻がある。イグナチオ・デ・ロヨラ像とフランシスコ・ザビエル像は、マッテオ・ボッティリエーリ（Matteo Bottiglieri 1684–1757）が、もう2名のサン・フランチェスコ像はフランチェスコ・パガーノ（Francesco Pagano）が制作した。[10] 5段構成になっており、1段目（台座）の4方にある花の彫刻、2段目の4つ角の柘榴の彫刻、5段目（最上部）の柱のカーブの施し方などには、ファンザーゴの影響がよく表れている。

道路を飾るバロック・モニュメント「噴水《フォンターナ》」

前節では、バロック都市を祝祭空間のように飾る装置として誕生した尖塔《グーリア》をみてきたが、「噴水《フォンターナ》」の建設もまた同じくバロック期に流行した。そもそも当時の有能な建築家は皆、舞台美術家的な技能も要求され、宗教祭事や王侯貴族の冠婚葬祭のデコレーションデザインの仕事も任されていた。つまり建築的な「祝祭装置（macchina da festa）」をつくって祭事を盛り立てたのである。17世紀後半から18世紀半ばにかけ、ナポリでは宗教祭事が非常に盛んで、カーニバルのときや、「クワラントーレ（Quaranto'ore）祭り」「4つの祭壇（Quattro Altari）祭り」では、派手に飾った神輿や仮設構造物《エフィメロ》が使用された（図13）。グーリアはこの時代の要請に答えたバロックの祝祭的な構造物である。

10 Checchetelli, Giuseppe, *Memorie della storia d'Italia considerata nei suoi monumenti raccolte*, vol. 1, Roma, 1841–43, p. 220.

図13　クワラントーレ祭の神輿、サン・ドメニコ・マッジョーレ教会

最も豪華な祝祭用の仮設構造物《エフィメロ》は、王と王妃の誕生日などの祭典で使われる「クッカーニャ[11](Cuccagna)」と呼ばれる祝祭装置である。ナポリ一広い王宮前の広場が会場で、文字通り舞台装置のような飾りで、毎回趣向を凝らし違う形でデザインされた。ナポリが、ハプスブルク家出身の神聖ローマ皇帝カール6世の支配下の時代、とくに派手に行われていた。クッカーニャは、本物の果物や肉類でも飾られていて祭典が終わると、民衆たちはそれらを持って帰ることができたので、そのたびに奪い合いの乱痴気騒ぎや喧騒が起こり、次のブルボン家のカルロ3世の時代にさらに激化したため1760年代には廃止されてしまった。[12]

このような祝祭装置で用いられたデザインのパターンには、オベリスク・尖塔型、神殿型、山型、教会のファサードのような形、凱旋門型などがあり、凝った凱旋門型では、水槽と組み合わされて噴水《フォンターナ》の役割も果たすこともあった。凱旋門型の祝祭装置はまさに祝い事を彩るにふさわしいが、木材や張り子でつくられている仮設構造物なので、祭りの終了後は取り壊された。

そのような時代背景と流行を踏まえて、バロック期のナポリでは凱旋門型の噴水を石造でつくって恒久的なものとして、主要な通りや広場を飾るようになっていった(図14)。これらの噴水は今もナポリに多く残っているが、そのほとんどが当時の設置場所から移築されて、別の場所に置かれている。以下、代表的なバロック時代の噴水を時代順に挙げていく。

建設当時はサンタ・ルチア通りに設置されていた「サンタ・ルチアの噴水(Fontana di Santa Lucia)」(1606)(図15)は、19世紀末に市民公園に移築されて今に至っている。一つの開口アーチのある凱旋門型の噴水《フォンターナ》で、副王ファン・アロンソ・ピメンテル・デ・ヘッレラ(Juan Alonso

11　いわゆる桃源郷を表現したもので、もしくはコッカーニャ(Coccagna)と呼ばれている。

12　詳しくはAA.VV., *Capolavori in festa: effimero barocco a Largo di Palazzo, 1683–1759*, Napoli, 1997. を参照。

図14　ナポリの噴水各種、1707年のコロネッリの版画より

図15　サンタ・ルチアの噴水、ナポリ市民公園

Pimentel de Herrera ?–1621）の命により、建築家で彫刻家ミケランジェロ・ナッケリーノ（Michelangelo Naccherino 1550–1622）の設計でつくられた。[13] 軽快な浮き彫りで飾られ、後期ルネサンスのマニエリスムの名残りあるデザインとなっている。ナッケリーノはフィレンツェ出身、ジャンボローニャの弟子で、1573年にナポリに移り住んでいた。教会内の彫刻作品の制作が多く、モンテ・ディ・ピエタ（I章参照）の礼拝堂ファサードの三角破風内部のピエタ（聖母マリアが死せるイエスを抱くモチーフ）像の作者でもある。

現在、パルテノペ通りのホテル・エクセルシオール前にある「巨人《ジガンテ》の噴水（Fontana del Gigante）」（17世紀）は、ナッケリーノとピエトロ・ベルニーニの共作で、大理石彫刻でできた3連開口アーチのある凱旋門型である（図16）。真ん中のアーチが、両

13　デ・ドミニチは、副王ドン・ペドロ・デ・トレドの命と、誤って記述している。さらにデ・ドミニチは作者も彫刻家ジョヴァンニ・ダ・ノーラ（Giovanni da Nala 1488–1558）と間違えて書いているため、当時はジョヴァンニ・ダ・ノーラの噴水とも呼ばれていた。

図16　巨人の噴水、別名インマコラテッラの噴水、パルテノペ通り

側のアーチよりも幅が広く高くなっていて、その上部にはオベリスク、壺、ナポリ副王家の紋章などが置かれている。当時は巨人像が置かれていた王宮近くの「ジガンテの坂道（現チェザレオ・コンソレ通り）」に置かれていたが、1815年、港にあるインマコラテッラ館[14]（Palazzo dell'Immacolatella）の近くへ移動された。その後は噴水の名称も、その近くの建物からとって「インマコラテッラの噴水（Fontana dell'Immacolatella）」とも呼ばれるようになり、1906年に現在の場所に移動された。

現在市役所前にある「ネプチューンの噴水（Fontana del Nettuno）」（1629）は、かつて置かれていたメディーナ通りの名をとって「メディーナの噴水（Fontana Medina）」とも呼ばれるが、完成時には「宮殿の大きな空き地」と当時呼ばれていた王宮の前の広場（現プレビシート広場）に設置され、極めて重要な場所にあった。この噴水は、王宮の設計者ドメニコ・フォンターナ（I章参照）の下絵に従って彫刻家のジョヴァンニ・ドメニコ・ダウリア（Giovanni Domenico D'Auria ?–1573）が制作したものだが、像の部分はピエトロ・ベルニーニ（4体の怪物像）とナッケリーノ（メインのネプチューン像と2体のサテュロス像）が担当した。その後、ナポリの都市整備によってこの噴水は移転を繰り返した。1634年にキアタモーネ広場（現サンタ・ルチア通り）、1639年にインコロナータ広場（現メディーナ通り）に移築され（図17）、そのつど、ファンザーゴが階段や手すりや紋章を持つライオン像などを加えていき、現在みられるような形になった。[15] 1776年にナポリを訪れたサド侯爵は、このメディーナ噴水について「とりわけ人目をひく」と前置きながら、ローマにある噴水などに比べたら大したことないという辛辣な感想を残している。[16]

14 1740年代、晩年のドメニコ・アントニオ・ヴァッカーロ（III章参照）が、カルロ7世（のち3世）の命によって設計した。

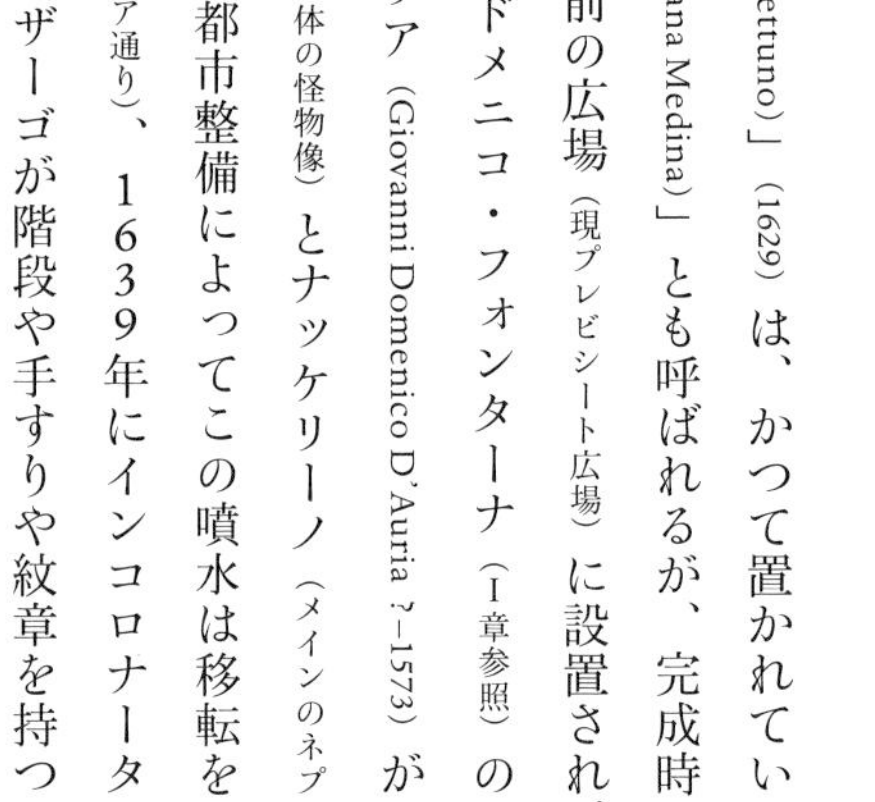

図17 メディーナの噴水、メディーナ通り、2015年より市役所広場に移転

15 Cantone, *op. cit.*, p. 230. さらにこの噴水は1898年にボヴィオ広場に移築されていたが、2001年よりメディーナ通りに戻された。

現在メルジェッリーナ港付近にある「セベートの噴水（Fontana del Sebeto）」（1635–58）は、1635年、当時のスペイン副王マヌエル・デ・アセヴァド・イ・ズニガ（Manuel de Acevedo y Zúñiga 1586–1653）の命により、ファンザーゴがデザインしたものだ（図18、口絵1）。しかし実際の制作を行ったのは息子のカルロ・ファンザーゴで、当時設置された場所は、サンタ・ルチア地区に近いチェザリオ・コンソレ通りで、20世紀初頭に現在ある場所に移築された。単一アーチの凱旋門型で、両脇にはオベリスクが1本ずつ立っている。貝殻の形をした彫刻装飾の部分は現存していないのでシンプルな形となっている。セベートとは、古代のナポリ（ネアポリス）の水源だったセベート川のことで、アーチの中央に横たわる男性像は、セベート川を擬人化したものだが、モーゼのような風貌をしている。アーチの両脇には1体ずつテラモン（男像柱）がついていて、これはファンザーゴがサンティッシマ・トリニタ・デッレ・モナケ教会（本章後述）の玄関階段の手すり両脇にも使用された彼好みのモチーフだ。[17]

　ナポリ国立古文書館の前にある「セッラーリアの噴水（Fontana della Sellaria）」（1649–53／図19）は、当時のナポリ副王アラゴン家のイニゴ・ヴェレス・デ・ゲヴァラ（Iñigo Vélez de Guevara 1597–1658）の命で、1649年、ナポリ生まれの建築家オノーフリオ・アントニオ・ジゾルフィ（Onofrio Antonio Gisolfi ?–1656）が設計した。[18] 濃い灰色のピペルノ石と白大理石を使用し、明暗色のコントラストが織りなす一開口アーチの凱旋門型の噴水で、マサニエッロの反乱の収束後にできたナポリ共和国（1674）を記念するためにつくられた。噴水の名の由来となったセッラーリア広場（ペンディーノ地区）に設置されたが、19世紀末のナポリの都市大改造《リザナメント》のときにこの広場は取り壊さ

16 Marchese di Sade, *op. cit.*, p. 219.

図18　セベートの噴水、メルジェッリーナ通り

17 Cantone, *op. cit.*, p. 232.

図19　セッラーリアの噴水、グランデ・アルキーヴィオ広場

れたので、現在の場所に移築された。

「モンテオリヴェートの噴水（Fontana di Monteoliveto）」（1668／図20）は、モンテオリヴェート通りにあるためそう呼ばれているが、「小さな王の噴水（Fontana del Re Piccolo）」とも呼ばれている。それはわずか7歳の幼少のナポリ王、ハプスブルク家出身のカルロ2世（1661–1700）の像を頂上に備えた噴水であるためだ。像の部分はファンザーゴのデザインだが、制作したのは別の彫刻家で、像が完成した1673年、そのとき王は12歳になっていたが、彫刻家には18歳を想定した姿で彫るように要請されていたという。[19] なお台座や水桶の部分は、ディオニジオ・ラッザリ（III章参照）が設計している。

尖塔《グーリア》が広場の中心を飾るのに対し、噴水《フォンターナ》（特に凱旋門型のもの）は広場よりも道路を飾る傾向があったが、いずれにしても恒久的に祝祭空間にすべく、ナポリの街を華やかに彩ったバロック・モニュメントとなった。

バロックの殿堂——サン・マルティーノ修道院

サン・マルティーノ修道院（Certosa di San Martino）は、ナポリ・バロック芸術の粋を集めたその黄金期を象徴する存在だ。当代一流の彫刻家、画家、建築家たちによって、サン・ジェンナーロの礼拝堂とほぼ同じ時期につくられた。立地は旧市街を見下ろすヴォメロの丘で、ナポリで

18 ジゾルフィは、ナポリのカリタ地区のサン・ニコラ教会 Chiesa di San Nicola alla Carità（1647）の設計者であるが、引き継いで完成（1682）に導いたのはファンザーゴだった。この教会には、ナポリ派の有名画家ソリメナ、フランチェスコ・デ・ムーラ、パオロ・デ・マッテイスのフレスコ画ほか、画家ベルナルド・カヴァッリーノの墓もある。

図20 小さな王の噴水、モンテオリヴェート通り

19 Cantone, *op. cit.*, p. 238.

最も標高の高い場所に建ったばかりの要塞、ベルフォルテ城（のちのサンテルモ城）の真横である。

サン・マルティーノ修道院は、アンジュー家のナポリ王ロベルト1世（1277–1343）の統治下、長男のカラブリア公カルロ（1298–1328）によって1325年に創設された。フランスの王家の支配期であったため、フランス・トゥールの町の司祭だった聖人マルティヌス（サン・マルタン）を奉ったカルトジオ会の修道院で、1368年、フランス風のゴシック様式で完成した。そのときはアンジュー家のナポリ女王ジョヴァンナ1世（1327–82）の治世だった。しかし16世紀末から17世紀にかけ、反宗教改革《コントロリフォルマ》の理念に沿った改築に迫られた。当時の流行にのっとったバロック様式に化粧直しするべく、ほとんど新築といってよい大々的な建設工事が行われ、当初のゴシック様式で装飾された箇所は、天井の一部などを除き、ほとんど残されてない（図21）。

サン・マルティーノ修道院をはじめ、ナポリの初期バロックから盛期バロック建築の設計に関わった建築家と彫刻家には、北イタリア出身者、特にトスカーナ生まれが多い。ゴシック期のサン・マルティーノ修道院の彫刻部分を担当したのもシエナ出身のティーノ・ディ・カマイーノ（Tino di Camaino 1285–1337）で、ナポリの他の建物も多く手掛けている。1589年、バロック様式の改築で最初に指揮をとった建築家は、トスカーナ州サン・ジミニャーノ生まれのジョヴァンニ・アントニオ・ドジオ（Giovanni Antonio Dosio 1533–1611）だった。ドジオはアンマナーティの弟子でもあり[20]、フィレンツェとローマで活躍していた建築家で、外観の面ではまだバロック前夜、後期ルネサンスのマニエリスムを採用しているが、ナポリ・バロック様式の土台をつくったといえる。というのもナポリ・バロック教会の内装の特徴は、祭壇、床、柱、壁

20 トスカーナ出身のマニエリスムの建築家バルトロメオ・アンマナーティ（Bartolomeo Ammanati 1511–92）。

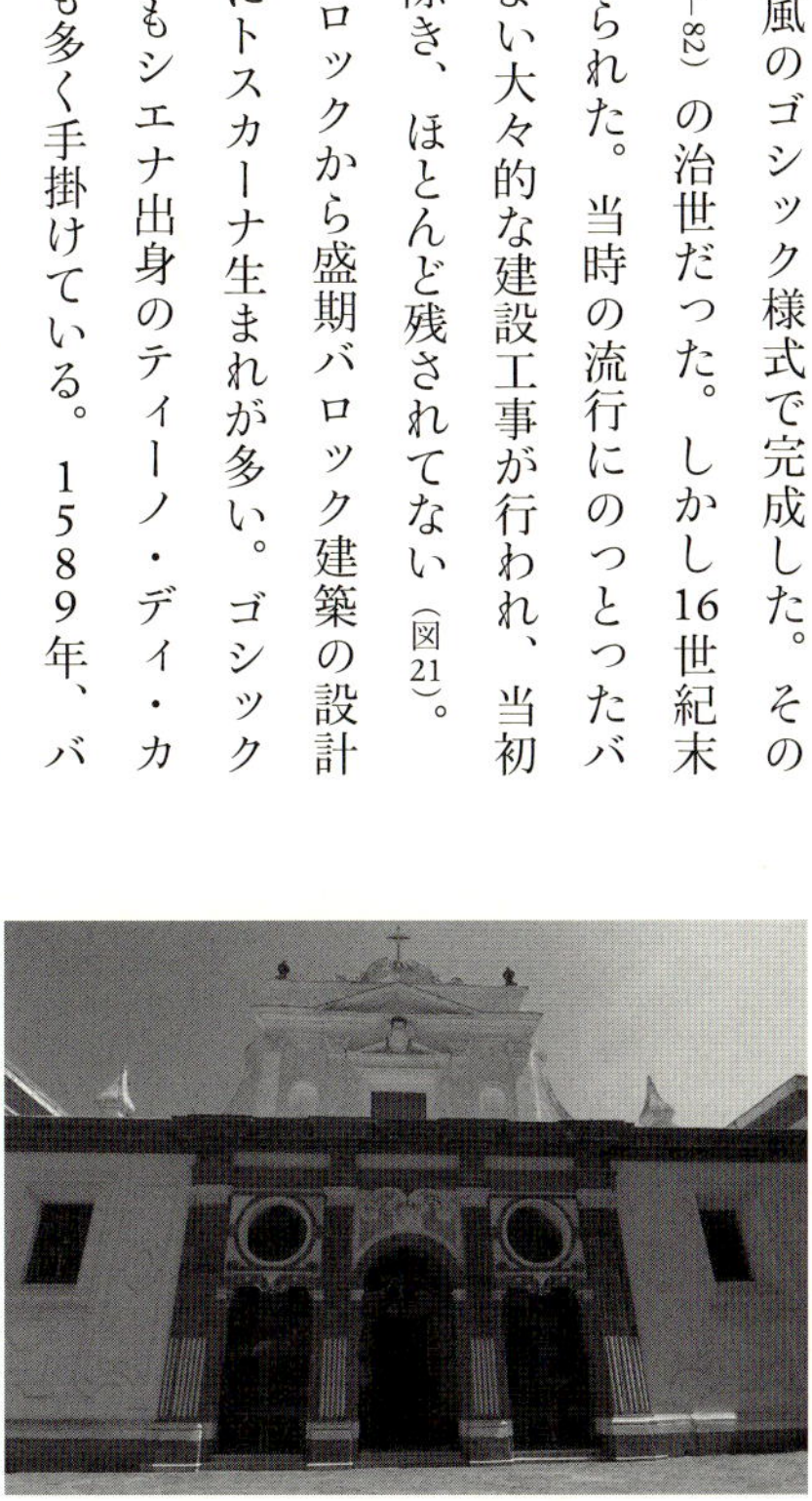
図21 サンマルティーノ修道院附属教会のファサード

などを、多色大理石をふんだんに使用した象嵌細工《マルミ・コンメッシ》で飾ることであるが（図22）、これを最初にナポリへ持ち込んだのは、このドジオであったからだ。[21] 彼が活躍していたフィレンツェでは大理石象嵌細工《マルミ・コンメッシ》が盛んであり、今でも大理石象嵌細工でつくった宝石箱や絵などは、フィレンツェの特産品だ。

サン・マルティーノ修道院でドジオの作風がみられる箇所は、教会の基本設計と代理人の回廊（Chiostro dei Procurtori 1591）、大回廊（Chiostro Grande）の大理石の井戸のプテアーレ（puteale 16世紀末）と呼ばれる枠組みだ（図23）。代理人の回廊は、正方形の平面で、1階がトスカーナ式の柱頭のあるポルティコで囲まれていて、大回廊もほぼ正方形に近い平面となり、基本的なデザインは、ミケランジェロとブルネレスキの影響を受けたマニエリスム様式となっている（図24）。なおドジオのナポリで行なった他の主な仕事には、ジロラミーニ教会の小回廊（1592）、サンティッシマ・アヌンツィアータ・マッジョーレ教会のテゾーロ礼拝堂の門枠（1597）、大聖堂のブランカッチョ礼拝堂（1598）がある。[22]

サン・マルティーノ修道院の建設に携わった、他の建築家や彫刻家たちにも北イタリアの出身者は多い。彫刻家ピエトロ・ベルニーニも、フィレンツェ近郊の町セスト・フィオレンティーノ出身だったが、サン・マルティーノ修道院のほか、[23] 先にみた二つの噴水（本章前節）など、ナポリでの重要な仕事をいくつも請け負っていた。ピエトロ・ベルニーニのナポリ時代に誕生したのが、のちの偉大な彫刻家ジャン・ロレンツォ・ベルニーニである。フィレンツェ生まれの彫刻家・大理石職人のヤコポ・ラッザリ（Jacopo Lazzari 1574–1640）も、サン・マルティー

図22　ジロラミーニ教会の柱に施された多色大理石による象嵌細工（マルミ・コンメッシ）

21
Wittkower, Rudolf, *Arte e architettura in Italia 1600–1750*, Torino, 1972; 1993, p. 258.

図23　サン・マルティーノ修道院の大回廊と大理石の井戸

図25　サン・マルティーノ修道院付属教会の大理石象嵌細工で装飾された床

ノ修道院の改築でナポリにやって来て、[24]ここで将来有名な建築家となる息子ディオニジオ・ラッザリ（III章参照）が生まれている。そして少し時代は下るが、サン・マルティーノ修道院の聖堂内部の見事な大理石象嵌の床装飾（1666）も、ボローニャ出身だがナポリ王国で活躍した建築家ボナヴェントゥーラ・プレスティ（Bonaventura Presti –1683）の作である（図25）。

ドジオは1609年まで、サン・マルティーノ修道院の建設の総監督を任されたが、彼の死後は彼の弟子、次に1618年から29年の間の設計にあたったのはナポリの建築家ディ・コンフォルト（I章参照）、そしてディ・コンフォルトの死後に総監督となり1656年の完成へと導いたのは、ロンバルディア出身の建築家コジモ・ファンザーゴであった。

図24　サン・マルティーノ修道院の代理人の回廊

22　Cantone, *op. cit.*, p. 55.

23　ピエトロ・ベルニーニ作の聖母子像（台座はコジモ・ファンザーゴ）など。

24　ヤコボ・ラッザリは、聖ウーゴと聖アンセルムスの礼拝堂（1622年）をデザインした。

ファンザーゴがサン・マルティーノ修道院の改築現場に参入したのは1623年、建築家としてだけでなく彫刻家としても活躍し、担当したのは主に彫刻と大理石細工の装飾である。ファンザーゴがデザインした大理石張りの教会の玄関《プロナオス》（1639／図21）は、トスカーナでよく用いられるセルリアーナ開口のポルティコが設けられ、フィレンツェ風ルネサンス様式の影響がみられる。

彫刻作品的な仕事では、教会内の4つの助修士の内陣（Coro dei Conversi）にある聖水盤（1631）、大回廊の大理石装飾（1623–40年代）では、回廊の角の扉の上部には聖ブルノーネ、聖ウーゴ、ベアート・ニコロ・アルベラーティの胸像を制作し（図26）、回廊の一角にある修道僧の墓地（図27）の装飾では、囲いの手すりの上にがい骨の頭部の彫刻置き、手すりの柱までも骨壷の形にするなど、ファンザーゴらしい細部へのこだわりをみせたデザインだ（図27）。漆喰彫刻の仕事では、聖ジェンナーロ礼拝堂（1632）を担当している[25]（図28）。

ファンザーゴの特色は何よりも、艶やかな多色使いの大理石象嵌細工で、サン・マルティーノ修道院の教会内部の柱や壁はもちろん、聖ブルーノの礼拝堂の壁にある楕円形の白い額縁に収められた花模様の多色大理石による象嵌装飾（1631–56）は、特に凝った彼らしい作品である。[26] 様々な色の大理石を駆使して、絵画的表現を施すのはフィレツェの伝統工芸であるが、ナポリの各バロック教会ではとりわけ、ファンザーゴを中心にして、曲線的な唐草模様、植物や花柄に焦点を絞って独自に発達していった。こういったモチーフがナポリ・バロックで多用されるのには、社会文化的な背景も一つある。

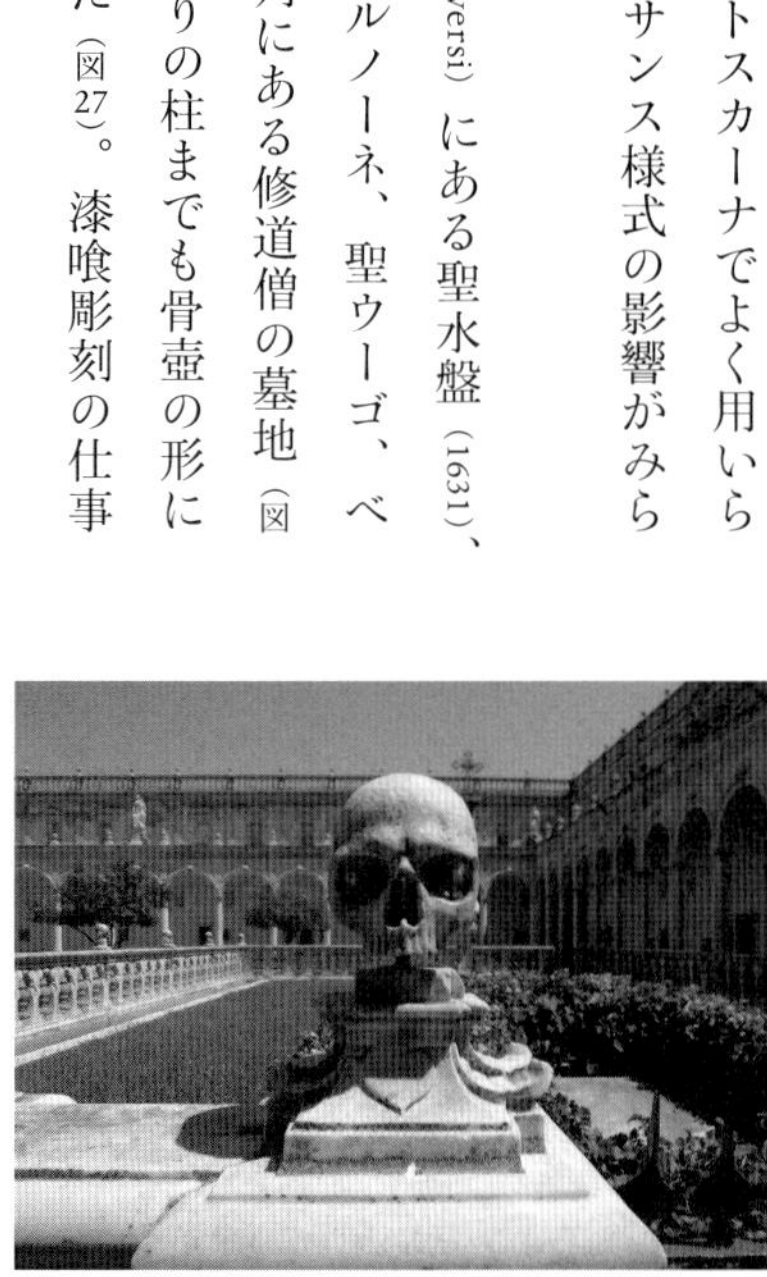

図27　修道僧の墓地の手摺の上に置かれた骸骨の彫刻

25　サン・ジェンナーロ礼拝堂の大理石象嵌部（1620）はディ・コンフォルト、絵画部分（1632）はバッティステッロ・カラッチョロ、大理石彫刻部（1709）はドメニコ・アントニオ・ヴァッカーロが担当した。

26　サン・ブルーノ礼拝堂の大理石彫刻部（1705）はロレンツォとドメニコ・アントニオ・ヴァッカーロ、絵画部分（1633–37）はマッシモ・スタンツィオーネが担当している。

図26　サン・マルティーノ修道院の大回廊のファンザーゴによる大理石装飾

図28　サン・マルティーノ修道院内の
サン・ジェンナーロ礼拝堂

図29　フェッランテ・インペラート邸内の自然史博物館——フェッランテ・インペラート『自然史』（1599）より

当時のナポリでは自然学研究が盛んに行われており、聖職者や貴族の関心を集めいていた。ナポリの植物学者フェッランテ・インペラート（Ferrante Imperato 1550–1631）が書いた代表作『自然史』（1599）が反響をよび、[27]この書物は17世紀末にも版を重ねている。彼の自邸があるグラヴィーナ館（I、IV章参照）に設置された「自然史博物館」（図29）は、様々な動物の剥製が所狭しと並べられ、ヨーロッパ有数の自然史博物館として名をとどろかせた。インペラートは貝殻や海洋生物の収集にも余念なく、のちの後期バロックのロココ趣味で登場する「歪んだ真珠」を意味する「ロカイユ装飾」の流行へと引き継がれるのであろう。

　ナポリのバロック建築全般についてもそうだが、17世紀までのサン・マルティーノ修道院の建設に関わったのは、北イタリ

27　Imperato, Ferrante, *Dell'historia naturale libri XXVIII nella quale ordinatamente si tratta della diversa condition di miniere e pietre*, Napoli, 1599. 息子のフランチェスコ・インペラートも自然学についての著書を残している。Imperato, Francesco, *Discorsi intorno a diverse cose naturali*, Napoli, 1628.

ア出身の建築家・彫刻家たちが多かったが、18世紀に行われたさらなる改築では、ようやくナポリ人建築家と彫刻家たちが重要な役を担ってくるようになる。

1720年より、二人の重要なナポリ出身の建築家、ドメニコ・アントニオ・ヴァッカーロ[28]とニコラ・タリアコッツィ・カナーレ（いずれもIII章参照）が監督にあたった。ドメニコ・アントニオ・ヴァッカーロは「宗教」を表す寓意像、聖ルカ像、聖マタイ像などや、各礼拝堂の様々な彫刻部位を担当し、タリアコッツィ・カナーレは、大理石象嵌細工《マルミ・コンメッシ》の主祭壇前の手すり（1761）などをデザインした（図30）。これはロココ趣味の、複雑な曲線と大理石で織りなされた傑作で、手すりの上には、大きなラピスラズリが白大理石のロカイユで額装され置かれている。制作にあたったのはナポリ生まれの彫刻家ジュゼッペ・サンマルティーノ（Giuseppe Sanmartino 1720–93）で、彼は有名なサンセヴェーロ礼拝堂にある『ヴェールのキリスト』（1753）の作者として知られる鬼才で、サン・マルティーノ修道院では他にもいくつかの彫刻やプレゼピオ（キリスト生誕の場面を表したジオラマ）用の人形《パストーリ》の作品を残している。主祭壇のデザインは、建築家でもあった画家フランチェスコ・ソリメナによるものである。

サン・マルティーノ修道院の内装に関わった画家については、常にナポリ派の面々が優勢だった。ホセ・デ・リベーラ、マッシモ・スタンツィオーネ、ベリサリオ・コレンツィオ、ジョヴァンニ・ランフランコ、パオロ・デ・マッテイス、ルーカ・ジョルダーノ、フランチェスコ・ソリメナ、アンドレア・ヴァッカーロらで、たとえばデ・リベーラの作品には宝物礼拝堂（Cappella del Tesoro）の祭壇画『ピエタ』（1637）や、教会内陣の壁にある油彩『使徒たちの聖

28
父のロレンツォ・ヴァッカーロも彫刻家としてサン・マルティーノ修道院の現場に参加していた。

図30　サン・マルティーノ修道院付属教会の祭壇前の手摺

体拝領』(1651)があり、[29] ランフランコ(Giovanni Lanfranco 1582–1647)は、教会身廊の天井フレスコ画『栄光のキリスト』(1639)、デ・マッテイスは薬局の間の天井フレスコ画『病気の人類のために奉仕する聖母マリアを援助する聖ブルーノ』(1699)、ルーカ・ジョルダーノ(Luca Girodano 1634–1705)は宝物礼拝堂の天井フレスコ画『ユディトの栄光』(1704)を描いている。

こうしてサン・マルティーノ修道院は、すでに17世紀末ごろからグランドツーリストたちも訪れる観光名所となっていった。そして18世紀後半のブルボン王朝期、ナポリ王国の軍事費を調達するために一部の宝物が売却されたもの、イタリア統一後は修道院ごと国有財産となり、１８６６年から国立美術館として公開されている。

コジモ・ファンザーゴ――ナポリ・バロックの立役者

サン・マルティーノ修道院の改築で最も重要な建築家で、前章から本章の前節までにわたって何度も言及したコジモ・ファンザーゴ(Cosimo Fanzago 1591–1678)こそ、ナポリ・バロック建築の黄金期を象徴する芸術家である(図31)。ファンザーゴは、ブロンズ鋳造や時計の製造などに関わってきた家系の出身で、[30] クルゾーネ(ロンバルディア州ベルガモ県)に生まれた。ナポリにやって来たのは１６１２年ごろ、まず彫刻家として腕を鍛えつつ、やがて建築家としての頭角も現すようになった。

29 内陣の壁にはグイード・レーニ筆の『キリストの賛美』(1641)もある。

図31 サン・ジェンナーロのグーリアに施されたファンザーゴのレリーフの自画像、国立サン・マルティーノ美術館

30 Blunt, *op. cit.*, p. 83.

すでにみてきたよう、ファンザーゴは、ナポリ・バロックの教会建築の内部装飾を特徴づける大理石象嵌細工《マルミ・コンメッシ》を得意とし、曲線を多用しながら様々な色の大理石を組み合わせ、豪華絢爛な「多色性《ポリクローム》」の流行を先導した張本人であった。

ファンザーゴの多色大理石を使った象嵌細工の仕事では、新イエズス教会《ジェス・ヌオーヴォ》（I章参照）とサン・マルティーノ修道院が有名だが、ファンザーゴのデザインによる大理石象嵌細工の主祭壇がある教会には、サン・ドメニコ・マッジョーレ教会（図32）、サン・ピエトロ・ア・マイエッラ教会、サンタ・マリア・ラ・ノーヴァ教会（いずれもI章参照、図33）、サンティ・セヴェリーノ・エ・ソッシオ教会[31]（Chiesa di Santi Severino e Sossio）、コスタンティノーポリ通りの聖マリア教会[32]（I章参照）などがある。

教会内の礼拝堂のデザインでは、先にみた大聖堂内のサン・ジェンナーロの礼拝堂、ジェス・ヌオーヴォ教会やサン・マルティーノ修道院内の主要な礼拝堂のほか、サンタ・テレーザ・デリ・スカルツィ教会（I章参照）内のサンタ・テレーザ・ダヴィラ礼拝堂（Capella di Santa Teresa d'Avila）、サン・ロレンツォ・マッジョーレ教会内のカカーチェ家の礼拝堂（Cappella Cacace／図34）、聖アントニオ大礼拝堂（Cappellone Sant'Antonio）などで、得意の多色大理石象嵌や主要な彫刻装飾を施し、ときおり天使像を使ってシンメトリー性を強調させることを好んだ。[33]

初期の教会建築では、サン・マルティーノ修道院の建築現場に参加しはじめた年である1623年、サンティッシマ・トリニタ・デッレ・モナケ教会（Chiesa della Santissima Trinità delle Monache）の設計を先代の建築家ディ・コンフォルト（I章参照）から引き継いだ。この教会設計

図32　サン・ドメニコ・マッジョーレ教会の主祭壇

31　1490年にモルマンド（I章参照）とのちに引き継いだディ・パルマが基本設計を行い、17世紀から18世紀にかけてバロック様式に改築された。

32　この教会内部の壁面にある大理石彫刻『ジローラモ・フレーリオ（Girolamo Flerio）の肖像』（1620）もファンザーゴの作品。

33　Cantone, *op. cit.*, p. 97.

図33　1697年のサルネッリによるナポリ案内書に掲載されたサンタ・マリア・ラ・ノーヴァ教会の主祭壇

図34　1713年のサルネッリによるナポリ案内書に掲載されたサン・ロレンツォ・マッジョーレ教会内のカカーチェ家の礼拝堂

において、ファンザーゴは半円形の階段をファサード玄関前に用いたのだが、[34] 以降ファンザーゴは教会のファサード玄関前に、半円形もしくはカーブした階段をつけることをよく行うようになり、これは他の建築家に大きな影響を与え、ナポリの教会建築でよく普及した（図35）。たとえばファンザーゴ設計のピッツォファルコーネ地区にあるエジプトの聖母教会《サンタ・マリア・エジツィアカ》（Basilica di Santa Maria Egiziaca a Pizzofalcone 1648）にも、ファサードにカーブ状の階段がある。[35] なおこの教会は、ギリシャ十字型を基本にした平面計画であるもの、のちにドメニコ・アントニオ・ヴァッカーロが好んだ百合型平面《ビアンタ・ジリアータ》（III章参照）によく似ていて、内部の柱を線で結ぶと八角形になる均

図35　1718年のペトリーニの版画にみるサンティッシマ・トリニタ・デッレ・モナケ教会

整のとれた形となっていて、ファンザーゴはローマのサンタニェーゼ・イン・アゴーネ教会（1672　ボッロミーニ設計）から着想を得たらしい。[36]

教会設計においてファンザーゴは、ギリシャ十字型平面、すなわち反宗教改革の理念に沿った、中央式平面《ピアンタ・チェントラーレ》計画を好み、他にもサン・ポティート地区のサン・ジュゼッペ・デイ・ヴェッキ教会[37]（Chiesa di San Giuseppe dei Vecchi a San Potito 1634–56）、サン・ジョルジョ・マッジョーレ教会（Chiesa di San Giorgio Maggiore）の改築[38]（1640）、サンタ・マリア・マッジョーレ・アッラ・ピエトラサンタ教会（Chiesa di Santa Maria Maggiore alla Pietrasanta 1653–78）で、ファンザーゴはギリシャ十字型平面を採用している。[39]

キアイア地区にあるサンタ・テレーザ教会（Chiesa di S. Teresa a Chiaia 1662）も、ファン

34　*Idem.*, p. 202.

35　のちにのフランチェスコ・アントニオ・ピッキアッティ（1665）とアルカンジェロ・グリエルメッリ（1691）が改築していて、アンソニー・ブラントはファンザーゴの設計ではないと推測している。Blunt, *op. cit.*, p. 88.

36　Cantone, *op. cit.*, p. 131; Cantone, Gaetana, *Il complesso conventuale di S. Maria Egiziaca a Pizzofaolcone*, in Napoli Nobilissima, volume VIII, Napoli, 1969, pp. 93–106.

37　Cantone, Gaetana, *Il complesso conventuale di S. Giuseppe dei Vecchi a S. Potito*, in Napoli Nobilissima, volume IX, fascicolo I–II, Napoli, 1970, pp. 44–52.

38　1702年にアルカンジェロ・グリエルメッリによって完成。右側の身廊部分は、19世紀末の都市開発リザナメントによるドゥオモ（大聖堂）通りの建設のため、解体された。

39　Wittkower, *op. cit.*, p. 252 e p. 258.

図36　1718年のペトリーニの版画にみるキアイア地区のサンタ・テレーザ教会

ザーゴ設計のカーブ状の両方向からアクセスできる階段があるが、19世紀に教会全面にできた大通り（ヴィットリア・コロンナ通り）の建設時にオリジナルの階段は解体されてしまっている。ファサードには当初ピペルノ石を使用する予定であったが、今日みられるように漆喰で装飾したものとなった。当時のファサードはペトリーニの版画（1718）から偲ぶことができる[40]（図36）。

　カーブの階段のほか、ファンザーゴらしい外観の特徴にポルティコの使用がある。ポルティコは、ナポリの後期ルネサンスの教会建築でも流行していたが（I章参照）、ファンザーゴをはじめとし、バロック時代の建築家にも継承され、教会ファサードデザインによく使われていた。ファンザーゴ設計のキアイア地区にある昇天教会（Chiesa dell'Ascensione a Chiaia 1645）も内部はギリシャ

40　Cantone, *op. cit.*, p. 208.

図37　キアイア地区の昇天教会、アッシェンシオーネ広場

十字型平面で、外観にはポルティコがついている（図37）。ピペルノ石の付け柱で区切られた3つのアーチの開口があるポルティコで、その両脇は壁龕で飾られている。なおそれ以前にファンザーゴが改築（1638–41）に関わっていた知の聖母《サンタ・マリア・デッラ・サピエンツァ》教会（I章参照）のファサードにも、これと似たようなポルティコがついているが、こちらは3つのアーチの両脇に長方形の開口もある5連開口のポルティコだった（I章図23）。

ファンザーゴが設計したサンタ・マリア・イン・ポルティコ教会（Chiesa di Santa Maria in Portico 1682）のファサードにも、その名が示すとおり、ポルティコがある。この教会の基本設計はファンザーゴであるが、死後グリエルメッリが引き継いだ。ポルティコ両脇のアーチ2つが埋められたのは19世紀になってからだが、ポルティコ部分にはセルリアーナ（serliana）と呼ばれる、中心がアーチで両脇は長方形の3連開口のモチーフが使われていた。

セルリアーナ開口をポルティコの応用型として用いたのが、ファンザーゴが改築を担当したサンタ・マリア・デリ・アンジェリ・アッレ・クローチ教会（Santa Maria degli Angeli alle Croci 1639）[41]で、中央のアーチの両側にあるべき開口は現在閉じられて壁となっているが（図38）、ペトリーニの版画（1718）では、ファンザーゴのデザインどおりのセルリアーナ型ポルティコの外観をみることができる。

このセルリアーナ開口のように、アレンジされたポルティコがあるファンザーゴの教会設計例は、まだ他にもある。ポンテコルヴォ地区のサン・ジュゼッペ・デッレ・スカルツェ教会（Chiesa di San Giuseppe delle Scalze a Pontecorvo）の改築（1643–60）で、この教会は1619年に建てられ

41 現在この教会付属の修道院だった建物は、ナポリ・フェデリコ2世大学の獣医学科（旧同学部）として使用されている。

図38 サンタ・マリア・デリ・アンジェリ・アッレ・クローチ教会、ヴェテリナリア通り

図39　ポンテコルヴォのサン・ジュゼッペ・デッレ・スカルツェ教会、サリータ・ポンテコルヴォ

た貴族の邸宅、スピネッリ館（Palazzo Spinelli）を転用させたものだが、ファサードのポルティコは、セルリアーナ開口によく似ている[42]（図39）。セルリアーナは中央のアーチの両脇が長方形の開口だが、ここでは中央のアーチの高さの分だけ低いアーチがついている。ポルティコ内部には階段があり、両側から教会の玄関にアクセスできるよう、左右対称に二つの階段が配されている。なおこの教会の内部も、やはりファンザーゴの好んだ中央式平面計画《ピアンタ・チェントラーレ》となっている。

名声を欲しいままにした建築家ファンザーゴのもとには、当然ながら、多くの貴族から自邸の改築の注文も舞い込んできた。以下、ファンザーゴが手掛けた貴族の館《パラッツォ》の代表的な例を挙げていく。

トレド通り185番地にあるコロンナ・ディ・スティリアーノ館（Palazzo Colonna di Stigliano）は、1637年、ファンザーゴがオストゥーニ公ジョヴァンニ・ゼヴァロスのために設計した館である。ファンザーゴのデザインの痕跡が今もはっきりと残っているのは、象嵌石細工の門枠《ポルターレ》だ（図40）。中央上部にはゼヴァロス家の紋章の彫刻が掲げられ、その下からはザクロが絡むリボン状の飾り《フェストーネ》が垂れている。ピペルノ石でできたイオニア式の付け柱は、ダイヤモンドのようにカットされた白大理石をはめ込んだ幾何学的な模様で飾られ、ピペルノ石のコーニスの上には壺の形をした彫刻が置かれている。ファンザーゴのデザインする柱頭は、この館の例にもみられるような彼独自の複合型である。イオニア式に似た渦巻き部分があるが、それは豊穣を象徴するたわわに実るザクロの飾り《フェストーネ》で結合され、その上部には館を見張っているかのような力強い男性の顔《マスケローネ》が鎮座している。ファンザーゴは教会建築でこの複合型の柱頭をよく用いる

42 Cantone, Gaetana, *Chiesa e convento di S. Giuseppe delle Scalze*, in Napoli Nobilissima, volume VI, fascicolo III–IV, Napoli, 1967, pp. 144–152.

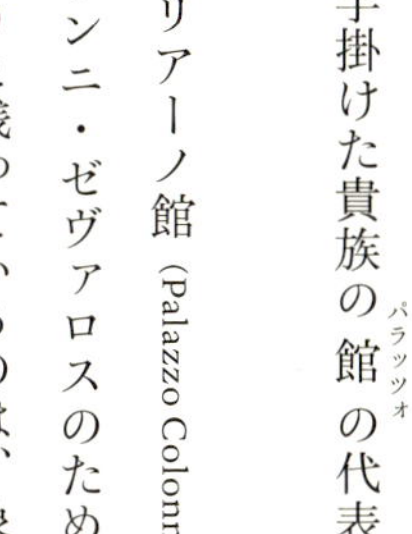

図40　コロンナ・ディ・スティリアーノ館（通称ゼヴァロス・スティリアーノ館）の玄関の門枠

が、そのときは天使の顔を中央に置いている。

このコロンナ・ディ・スティリアーノ館は、1653年、相続した息子が財政難に陥ったため、フランドル出身の商人ジョヴァンニ・ファンデネイデンに売却された。裕福なファンデネイデン家は、息子フェルディナンドの代にもわたって絵画のコレクションに勤しみ、[43] 美術コレクターの友人ガスパール・ローマー（Ⅳ章参照）からの相続品も合わせて、美しく豪勢に400点近くもの美術品を館内に飾った。[44] 館を相続したフェルディナンドの娘ジョヴァンナが、スティリアーノ公ジュリアーノ・コロンナと結婚したので、そのことが館の名前の由来となった。1898年、イタリア商業銀行が、この館の1、2階を購入し、かつての中庭部分は、ステンドグラスの天井を張って銀行窓口の並ぶ大ホールとなった（図41）。近年までイタリア商業銀行として使用されていたが、[45] 現在はカラヴァッジョやガスパール・ファン・ウィッテルの絵画コレクションを展示する美術館となっている。

マッダローニ通り6番地にあるカラーファ・ディ・マッダローニ館（Palazzo Carafa di Maddaloni）は、16世紀末に建てられたヴァスト侯爵チェーザレ・ダヴァロスの館を、ファンザーゴが17世紀後半の所有者マッダローニ公爵ディオメデ・カラーファに依頼され、改築した館である。[46] この館でのファンザーゴらしさも、やはりよくデザインされた門枠《ポルターレ》にみることができる（図42）。さきにみたコロンナ・ディ・スティリアーノ館のときのように、ピペルノ石の付け柱がダイヤモンドのようにカットされた切石積みになっていて、高さは3階の高さまでのび、ブロークンペディメントで閉じられている。モニュメンタル性の強い門枠で、中庭に入ると左

43 ナポリの丘陵地ヴォメロにあるヴィラ・カラーファ・ディ・ベルヴェデーレ（Villa Carafa di Belvedere）は、フェルディナンド・ファンデネイデンによって、1673年に建築家ボナヴェントゥーラ・プレスティの設計で建てられたものである。

44 Attanasio, *op. cit.*, p. 42.

図41 コロンナ・ディ・スティリアーノ館（通称ゼヴァロス・スティリアーノ館）のかつての中庭部分

45 Doria, Gino, *I Palazzi di Napoli*, Napoli, 1992, p. 214.

図42　1709年のド・ロジサールによる版画にみるカラーファ・ディ・マッダローニ館の玄関の門枠

図43　カラーファ・ディ・マッダローニ館の中庭からみるピアノ・ノビレのテラスと回廊

手上方に、「高貴な階《ピアノ・ノビレ》」と呼ばれるメインフロアから張り出しのテラスがついた回廊のアーチが見え（図43）、内部はフェデーレ・フィスケッティ（Fedele Fischetti 1734–89）をはじめとする有名画家のフレスコ画で飾られた。近年は老朽化が激しく、修復の進行も滞っているが、館の一部はB＆B式のホテルとなっている。

ファンザーゴの設計した郊外の邸宅で最もロマンチックなものは、ドンナンナ館（Palazzo Donn'Anna）である（図44、口絵2）。この館は、ナポリの中心から離れた西部ポジリポの丘の途中の位置から、海に突出する岩礁の上にある。ここに16世紀に建設されていた建物を、ファンザーゴが1642年、スペイン副王グスマンの妻アンナ・カラーファ[47]（Anna Carafa 1607–40）の邸宅として改築した。しかし全ての計画を実現するの

46　17世紀半ばにフランドルの銀行家ガスパール・ローマーが、ナポリ近郊バッラにある館（IV章参照）と引き換えに購入したが、すぐに館の名前の由来となるマッダローニ公爵ディオメデ・カラーファに売却した。Attanasio, *op. cit.*, p. 47.

図44　現在のドンナンナ館、ポジリポ通り

47　興味本位な民間伝承では、別人のアンナであるアンジュー家の女王ジョヴァンナの館で、ここに彼女が数々の愛人を連れ込んだところとして、しばしば誤って伝えれるようになった。

は、彼女の死によってかなわず、未完のままとなった。そのためトゥーフォをむき出しにした廃墟のような外観となっていて、それは図らずも詩情をそそる結果となった。１６９２年のカルロ・チェラーノ（Carlo Celano 1625–93）のナポリのガイドブックには、「おそらくナポリはおろかヨーロッパ中で、もっとも美しく、優雅で、風変り《ビザール》な住宅のひとつだろう」と紹介されている。[48]

幅の広いメインファサードは海に面していて、ここからはヴェスヴィオ山とナポリ湾の絶景が望める。ピアノ・ノビレの外壁は、窓と窓の間に、大理石像を置いて飾るためのアーチのある壁龕があり、その上には円形窓《オクロス》もつけられている。建物は岩礁の上にあるため、両サイドのファサードも海にせり出していて、館そのものが海に浮かんでいる戦艦かのような装いだ。この館には、海に面した劇場も備えていて、海からボートでアクセスできる入り口もある。

１６４７年、ドンナンナ館は「マサニエッロの乱」で荒らされ、さらに１６８８年の大地震の被害もあってどんどん荒廃していった。海に浮かんだ廃墟を思わせるロマンチックな外観は、ロマン主義時代のナポリ風景版画の恰好のテーマの一つとなった（図45）。そのころのドンナンナ館はガラス工場に使われていて、19世紀後半から20世紀初頭までは館の一部がホテルとなった時期もあったが、現在は住宅と事務所に使われている。

48 Celano, Carlo, *Delle notizie del bello, dell'antico et del curiosa della città di Napoli*, 4. ed., vol. 9, Napoli, 1792, p. 300.

図45　１８２２年のイザベイの版画に描かれたドンナンナ館

III

ナポリ流バロックとロココ——奇抜《ビザール》な建築家サンフェリーチェなど

ヴァナキュラーなナポリ流バロックとロココ

17世紀後半から18世紀前半にかけてのナポリ・バロックは、曲線が前世紀よりも妖艶な印象を与えるようになり、装飾に創造性も加味されるロココ趣味へと変化していく。ナポリではルネサンスから盛期バロック期の建築界をリードしてきたのが、主にトスカーナ出身者たちであったのに対し、後期バロックとロココの繁栄期は、ナポリ生まれ（もしくはカンパーニア州内の出身）の建築家たちが主役となっていった。ヴェスヴィオ火山に由来する、イタリア南部らしい情熱を象徴するピペルノ石といった土地の材料の使用はもちろんのこと、彼らのデザインには、さらにナポリ特有のヴァナキュラーなローカル色が滲み出てくる（図1）。

ナポリの後期バロックはおもに二つの流派に分かれていた。一つはファンザーゴのスタイルを踏襲した建築家たちで、ディオニジオ・ラッザリをはじめ、ヴィナッツチャ、グリエルメッツリといった彼の弟子たちだ。どちらの流派についても詳しくは本章の次節以降で述べるが、もう一つの流派は〝古典趣味的な〟バロック様式で、フランチェスコ・ピッキアッティが筆頭となった建築家だ。ピッキアッティは古代遺物《アンティック》を蒐集、偏愛していたため、シンプルな古典建築的なモチーフを好み、曲線的なロココ様式を取り入れる際も、独自の簡素化されたデザインを行った。ディオニジオ・ラッザリとフランチェスコ・アントニオ・ピッキアッティは、二人ともナポリで同年（1617）に生まれており、ほぼ同じ時期にナポリでは、ラッザリ率いるファンザーゴ流バロック（図2）と、ピッキアッティの古典趣味バロックが共存していた。

図1　ピペルノ石と白大理石を使用したファンザーゴのデザインによる、知の聖母教会（I章参照）の玄関上部の装飾

ピッキアッティが導入した古典趣味の入ったバロックは、はⅣ、Ⅴ章で述べる古典的なバロック建築（アスタリータ、メドラーノ、カネヴァーリ、フーガ、ヴァンヴィテッリら）を先取りし、18世紀後半より姿をみせ始めた新古典主義建築（ニッコリーニ、ビアンキ、ジェノヴェーぜら、Ⅵ章参照）へと脈々と受け継がれていく。1760年代、古代ローマ都市エルコラーノ遺跡の発掘（Ⅳ章参照）現場に赴き、報告書をまとめたヴィンケルマンが[1]、「高貴な単純さと静謐な偉大さ」と評して、古代ローマを前提にしつつ古代ギリシャ（南イタリアは「大ギリシャ」でギリシャ的要素も強い）の古典芸術を賛美したのと連動する質実剛健な新古典主義建築は、すでにバロックの時代にピッキアッティによって予兆されていたのだ。

ラッザリとピッキアッティによる「過渡的なバロック」の次にやって来たのが、装飾過多なバロックの最終段階であるロココの到来であるが、ここで花開いたロココ建築を担ったのは、皆ナポリで出まれ育った者たちであったので、ヴァナキュラーなローカル色あふれるナポリ独自のスタイルとして熟成していった。建てられた立地は主に旧市街地とその近くの細い路地に面したところが多く、日当たりも限られるので、ナポリ特有の暗さと情熱が、妖艶に表現されることとなった。

そんなナポリのロココ建築界の大御所建築家は、ドメニコ・アントニオ・ヴァッカーロとフェルディナンド・サンフェリーチェである。二人とも近い年にナポリで生まれて没年も近いため、主な活躍時期が18世紀前半で重なっている。ヴァッカーロは建築家であると同時に、画家と彫刻家としての手腕も人一倍優れていたため、化粧漆喰装飾を駆使しながら、他面的な

1 詳しくはWinckelmann, Johann Joachim, *Le scoperte di Ercolano. Nota introduttiva e Appendice di Franco Strazzullo*, Napoli, 1993. を参照。

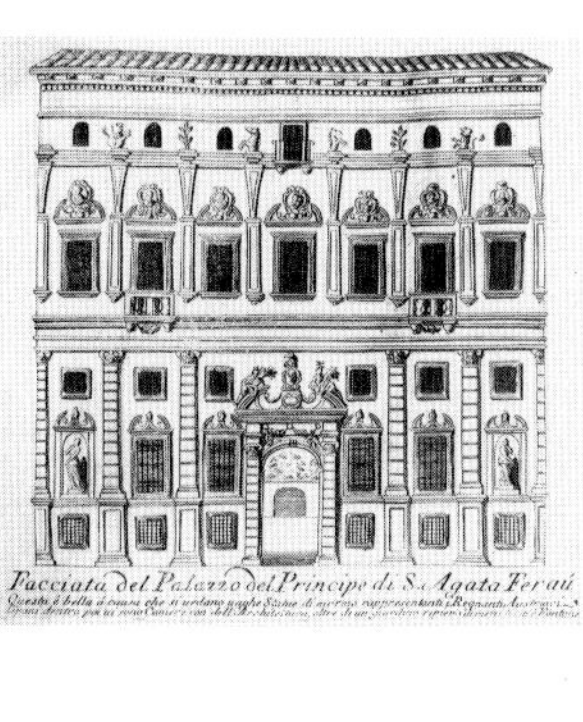

図2　ファンザーゴとラッザリによって改築されたフィッラオ館——1718年のペトリーニの版画より

要素でもって、バロック芸術を華麗なロココへと昇華させた第一人者であった。またナポリとその近郊の特産品であるマヨルカ焼きのタイルを、効果的に建築装飾に取り入れたのもヴァッカーロだった。

一方サンフェリーチェは、教会や貴族の館といった日常的な建物を、舞台装置的な祝祭空間のように演出するのを得意とし、古典的な建築オーダーは控え目にし、曲線や幾何学的なモチーフを自由気ままに使用するロココ趣味の真髄に迫った建築家だった。そのためサンフェリーチェのスタイルは「ビザール（bizarre）な」としばしば形容される。ビザールはフランス語[2]で、「奇抜な」「奇妙な」「風変わりな」という意味であり、ロココ趣味を表すキーワードの一つでもある（図3）。

一般的にロココ様式はよく「官能的」とも表現されるが、その形容にも最もふさわしいのもサンフェリーチェである。サンフェリーチェが描く曲線は妖艶に美しく、彼が得意とし最も独創的である部分は「階段室のある中庭」で、建物を女体に例えるならば子宮にあたる部分であり、そういった面からもサンフェリーチェが官能的なナポリ流ロココの代弁者といわれるゆえんだろう。ナポリの館「パラッツォ（Palazzo）」では、ファサードの中央にある玄関を入ったら、すぐに中庭が開けている。これは古代ローマ時代からの伝統で、ポンペイ遺跡にある中流以上の住宅をみればよくわかるよう、玄関を抜けたらすぐにアトリウム（中庭）に通じる住居形態にもさかのぼる。18世紀のナポリのパラッツォでは、豪華に装飾された門枠《ポルターレ》のついた玄関が進化して、数階分の天井高のある馬車ごと入れる大玄関口「ポルト・コシエール[3]（porte cochère）」

2 イタリア語ではビザッロ（bizzarro）だが、建築用語としてはフランス語を使用する。

図3 サンフェリーチェがデザインしたピニャテッリ・ディ・モンテレオーネ館の「ビザール」な門枠の柱頭

3 英語のコーチ・ゲイト（coach gate）のフランス語。

となり、サンフェリーチェは、そこから入った中庭の正面には開放的な階段室「スカラ・アペルタ」（本章最終節参照）を設けて、門から中庭に至る空間を、劇場のように華やかで非日常的な雰囲気に仕立てる天才だった。ロココ様式を形容するとき、劇場に関するキーワードの「祝祭的」や「舞台美術的」といった言葉が使われることが多いが、ナポリの後期バロック建築においても欠かせぬ表現となった。そしてナポリのロココ様式の発展期は、1713年のスペイン継承戦争とユトレヒト条約によって、ナポリ王がスペインからオーストリアのハプスブルク家、すなわち神聖ローマ皇帝カール6世の支配下に入った時期と重なっている。

ファンザーゴの遺産——ロココ前夜の建築家たち
（ラッザリ、ヴィナッチャ、グリエルメッリ）

先にも述べたように、ディオニジオ・ラッザリ（Dionisio Lazzari 1617–89）は、ファンザーゴのスタイルを踏襲した代表的な建築家だ。ナポリ生まれで、父はサン・マルティーノ修道院などで働いていた彫刻家ヤコポ・ラッザリ（II章参照）である。よってディオニジオは父から学び、父と同じく大理石象嵌細工《マルミ・コンメッシ》にも長けた彫刻家でもあった。[4]

大理石象嵌細工の分野における彼の最高傑作は、サンタ・テレーザ・デリ・スカルツィ教会（I章参照）の主祭壇（1674）だ（図4）。希有で見事な大理石細工で、遠近法が駆使され、まるで劇

4 Mormone, Raffaele, *Dionisio Lazzari e l'architettura napoletana del tardo Seicento*, in Napoli Nobilissima, volume VII, 1968, pp. 158–167.

図4　1697年のサルネッリによるナポリ案内所に掲載されたサンタ・テレーザ・デリ・スカルツィ教会の主祭壇

場の舞台装置のような建物内部が描かれていて、中央部には教会をかたどった幕屋《タベルナコロ》（聖書に登場する神殿を模した飾り）もそびえ立っている。あまりに素晴らしいがゆえ、ナポリ王宮内の礼拝堂の主祭壇として使用するため、1808年、王宮へと移動されている（図5）。この例からもわかるよう、ラッザリは大理石象嵌細工でつくる華麗な主祭壇を得意としていた。サンティ・マルチェッリーノ・エ・フェスト教会（1666／図6）、サンタンドレア・デッレ・ダーメ教会[5]（Chiesa di Sant'Andrea delle Dame）の主祭壇（1676）、サニタ地区のサンタ・マリア教会（I章参照）の説教壇《プルピト》（1678頃／図7）、サン・グレゴーリオ・アルメーノ教会（I章参照）の主祭壇（1682）、サン・ジュゼッペ・デイ・ルッフィ教会（I章参照）の主祭壇（1686）も、ラッザリによるデザインだ。祭壇だけでなく教会建築全体を設計したラッザリの作品には、サンタ・マリア・デッライウート教会（Chiesa di Santa Maria dell'Aiuto 1673）がある。この教会は、1656年のペストの終息を記念して建設され、平面計画はほぼギリシャ十字型に近い、中央型平面計画《ピアンタ・チェントラーレ》となっている。祭壇両脇にはオルガン用のバルコニーが設置されていて、これもラッザリが設計したものだ。

ラッザリとファンザーゴのつながりは、前章でみたモンテオリヴェートの噴水のほか、ファンザーゴが関わった二つの建物、フィッラオ館（Palazzo Firrao）と知の聖母教会《サンタ・マリア・デッラ・サピエンツァ》（I章参照）にみられる。この二つの建物は、ともにコスタンティノーポリ通り（Strada Costantinopoli）にあって、この通りは17世紀に栄えた目抜き通りで、道幅も広く城壁内の中心地区と当時の大学の建物（現・国立考古学博物館）を直線で結ぶ立地にあり、壮麗な教会や貴族の館が立ち並んだ。

このコスタンティノーポリ95番地にあるフィッラオ館（図8）は16世紀初頭に建設されたが、

図5　ラッザリのデザインしたサンタ・テレーザ・デリ・スカルツィ教会の主祭壇（現・ナポリ王宮内の礼拝堂の主祭壇）

5　この教会は修道院は、現在ナポリ第2大学医学部のキャンパスとして使用されている。

図6　サンティ・マルチェッリーノ・エ・フェスト教会の主祭壇

図7　サニタ地区のサンタ・マリア教会の説教壇

図8　フィッラオ館、コスタンティノーポリ通り

1646年、ファンザーゴとラッザリによって改築された。その際、部分的に16世紀につくられた装飾を残したもの、全体的にバロック装飾のファサードで一新された。4階が、最も天井の高いメインフロア「高貴な階《ピアノ・ノビレ》」となり、その窓の上には、アルコーヴが設けられ、その中にそれぞれ歴代7名のナポリの君主の胸像が置かれている。[6] この建物はその意匠からファンザーゴの設計としばしば誤解されているが、実際はフィッラオ家の礼拝堂（サン・パオロ・マッジョーレ教会にある／図9）の大理石象嵌細工《マルミ・コンメッシ》を担当したラッザリが中心となって行われたようだ。[7] 館で最も重要な要素となる門枠《ポルターレ》が、ファンザーゴではなくラッザリの作ということも、その証の一つであろう。この門枠はブロークンペディメントで閉じられていて、その上には男性の寓意像が横たわり、左が「寛大さ」、右が「恩恵」を表している。その中心にはフィッラオ家の紋章彫刻、その上には半身の馬がせり出しているという、ファンザーゴのスタイルとはまた違った雰囲気のデザインとなっている。[8]

なお晩年のディオニジオ・ラッザリは、楕円型平面を得意とした建築家フラ・ヌーヴォロ（I章参照）の影響を受け、フォルチェッラ地区のエジプトの聖母教会《サンタ・マリア・エジツィアカ》（Chiesa di Santa Maria Egiziaca a Forcella o all'Olmo）の改築（1684）を楕円形平面で設計している。

ディオニジオ・ラッザリの弟子の建築家ジャン・ドメニコ・ヴィナッチャ（Gian Domenico Vinaccia 1625–95）も、大理石象嵌細工の分野で活躍した。生まれは、ナポリから南へ50キロほどにある町マッサ・ルブレンセで、建築作品の代表作は、旧イエズス教会《ジェズ・ヴェッキオ》（Chiesa del Gesu Vecchio）のファサード[9]（1688）だが、何よりも彫刻と銀細工で力量を発揮した。ヴィナッチャは、ファ

6 フィリッポ4世、フィリッポ2世、フェルディナンド2世、カルロ5世、フェルディナンド3世、フィリッポ3世、カルロ2世。Attanasio, *op. cit.*, p. 59.

図9 サン・パオロ・マッジョーレ教会内にあるラッザリがデザインしたフィッラオ家の礼拝堂

7 Cantone, *op. cit.*, p. 144.

8 Attanasio, *op. cit.*, p. 60.

9 教会の基本設計は、1605－25年、シエナ生まれのイエズス会士の建築家ピエトロ・プロヴェーディ Pietro Provedi（1562–1623）による。現在は旧イエズス教会の修道院はナポリ・フェデリコ2世大学として使用されている。

ンザーゴがブロンズ制作をするときに頼りにされており、[10] サン・ジェンナーロの礼拝堂（II章参照）の主祭壇のアンペンディウム（イタリア語でpaliotto、祭壇前面の装飾部／1695）に施された銀細工レリーフはヴィナッチャの傑作で、他にもナポリの大聖堂《ドゥオーモ》や新イエズス教会《ジェス・ヌオーヴォ》のために聖人像型の聖遺物入れ《レリクイアリオ》の制作も行っている。大理石象嵌細工では、サンタンナ・デイ・ロンバルディ教会の主祭壇のデザインをしている。

もう一人のディオニジオ・ラッザリの弟子、アルカンジェロ・グリエルメッツリ（Arcangelo Guglielmelli 1648–1723）は、ナポリ生まれで、画家としても活躍した建築家だ。

グリエルメッツリの初期の仕事は、宗教祭事で使う張り子飾り《エフィメロ》の制作だった。クアドラトゥーラ（建築的で立体的なだまし絵の装飾）を得意とし、たとえば、サン・パオロ・マッジョーレ大聖堂の聖具室《サグレスティア》の内装画（1690）は、ソリメナが担当していたが、遠近法を駆使した部分だけはグリエルメッツリが描いた。同じくソリメナの描くサンタ・マリア・ドンナレジーナ・ヌオーヴァ教会（Chiesa di Santa Maria Donnaregina Nuova）内にあるフレスコ壁画『神にバラを奉納する聖フランチェスコ』（1684）でも、グリエルメッツリは建築物のある背景部分を手伝った。

ジロラミーニ教会の正面玄関裏《コントロファッチャータ》の壁画としてルカ・ジョルダーノが描いた『神殿から追放される商人たち』（1684）でも、建築的な部分はグリエルメッツリの筆によるものである（図10）。なおグリエルメッツリはこの教会の修道院に付属する図書室「ヴィーコの間（Sala Vico）」（1727–36）の設計も担当したが、死後引き継いだ息子のマルチェッロによって完成された。

グリエルメッツリの建築家としての仕事のほとんどが、１６８８年と１６９４年の地震でダ

10 Galanti, Giuseppe Maria, *Napoli e contorni*, Napoli, 1829, p. 264.

図10 ルーカ・ジョルダーノが描いた《神殿から追放される商人たち》で飾られたジロラミーニ教会の正面玄関裏内部壁

図12　ナポリ大聖堂内にあるグリエルメッリがデザインしたサンタ・レスティトゥイータ聖堂の天蓋装飾

メージを受けた教会の修復や改築であった。すでにII、III章で何度もグリエルメッツリの名をみてきたように、16世紀から17世紀に建てられた教会の多くが、グリエルメッツリによって改築された。教会設計とファサードでグリエルメッツリのデザインがみられるのは、カヴール広場にあるサンタ・マリア・デル・ロザリオ・アッレ・ピンニェ教会（Chiesa di Santa Maria del Rosario alle Pigne／図11）であるが、現存する彼の最高傑作はおそらくナポリ大聖堂のサンタ・レスティトゥイータ聖堂（Basilica di Santa Restituita）の天蓋装飾（1688）であろう。これは華麗なバロックのオペラ劇場の王の桟敷を思わせるロココ趣味のデザインで、この部分だけが大聖堂の中で祝祭的な異空間になっている（図12、口絵6）。

もう一つのナポリ・バロック——古典趣味の建築家たち
（ピッキアッティ父子、ナウクレーリオ）

一方ピッキアッティ父子は、ファンザーゴのスタイルを踏襲しなかった建築家で、シンプルな古典主義的な要素を好んで取り入れた。これは盛期から後期バロックが、ロカイユなどを使用して、より装飾的になりロココ様式へと近づくのと対照的で、ナポリの同時代の建築家たちと一線を画した意匠を行っていた。

父バルトロメオ・ピッキアッティ（Bartolomeo Picchiatti 1571–1643）は、フェラーラ出身の建築家

図11 サンタ・マリア・デル・ロザリオ・アッレ・ピンニェ教会、カヴール広場

で土木技師でもあり、ドメニコ・ファンターナ（I章参照）の手伝いに呼ばれてナポリにやって来た。当初はフォンターナ父子の仕事を引き継ぐことが多かったが、やがて独自の仕事も多くこなすようになり、ナポリで一生を終えた。バルトロメオ・ピッキアッティの設計した教会建築は、メディーナ通りにあるサン・ジョルジョ・デイ・ジェノヴェージ教会[11]（Chiesa di San Giorgio dei Genovesi 1620）で、ラテン十字型の平面計画が取り入れられ、ファサードには三角破風とコリント式の付け柱があり、古典建築的なデザインとなっている。ピッキアッティは、サンタゴスティーノ・アッラ・ゼッカ教会[12]（Chiesa di Sant'Agostino alla Zecca）の改築（1641）も行い、後年に他の建築家たちによって手が加えられているが、ピッキアッティの意匠がよく残っている部分は回廊（息子と共同設計）と鐘楼で、鐘楼は正方形平面の塔となっていて、切り石模様のピペルノ石で各階ごとにドーリス式、イオニア式、コリント式と変化をもたせ、窓枠の形も三角破風と円形破風を交互に用いるなど、古典建築の要素が色濃く出されている（図13）。

公共建築では、トレド通り３４０番地にある「恥ずべき貧民の抵当銀行（Banco del Monte dei Poveri Vergognosi）」（17世紀半ば）の再建もピッキアッティが担当（死後は息子が継続）したが、後年に貴族の邸宅ブオーノ館（Palazzo Buono）として大々的に改築されてしまったので当時のファサードは残っていない。[13] 一方バルトロメオ・ピッキアッティの意匠が現存しているのは、サン・ドメニコ・マッジョーレ通り９番地にあるサングロ・ディ・サンセヴェーロ館[14]（Palazzo Sangro di Sansevero）の門枠《ポルターレ》（1621）である。この門枠の柱は、切り石積みの外壁に合わせて溝が入っており、イオニア式のような柱頭は、渦巻部分がリボン状飾り《フェストーネ》でつながり、中心には男性の顔《マスケローネ》が置

11　弟子のナポリの建築家ピエトロ・デ・マリーノ（Pietro De Marino ?–1673）との共作。

12　この教会にはナポリ派オペラの作曲家ニコロ・ヨンメッリ（Niccolò Jommelli 1714–74）が埋葬されている。

図13　サンタゴスティーノ・アッラ・ゼッカ教会の鐘楼

13　１８２６年にガエターノ・ジェノヴェーゼが改築したさい新古典主義様式のファサードとなった。この建物には２００８年まで老舗デパート「ラ・リナシェンテ」が入っていたが閉業し、２０１１年より一部Ｈ＆Ｍの店舗となった。

かれ、これはファンザーゴの影響を強く受けたデザインとなっている（図14）。

ナポリで生まれた息子、フランチェスコ・アントニオ・ピッキアッティ（Francesco Antonio Picchiatti 1617–94）は、父以上に古典建築に傾倒し、父よりもはるかに有名な建築家となり、ナポリのバロック建築史上欠かせぬ人物となった。彼は古代遺物《アンティック》の熱心なコレクターでもあり、古代の宝石、メダル、コインなどを集めて自邸を博物館のようにして飾っていたほどだった。[15]

フランチェスコ・アントニオ・ピッキアッティのデビュー作となったサンタ・クローチェ・ディ・ルッカ修道院（Convento di Santa Croce di Lucca）は、19世紀に取り壊されて残っていない。[16] 当時のナポリのスペイン副王ガスパール・メンデス・デ・アロ（1629–87）に気に入られ、王宮祭事用の装飾も担当した。そのためピッキアッティの主要作品の一つが、王宮の大階段（Scalone del Palazzo Reale 1651）となっているのだが、1837年に火災に遭ってしまった。そのため翌1838年に新古典主義様式に装飾されたが、一つの階段が二手に分かれてメインの階へアクセスできる基本設計の階段のプランは、ピッキアッティのもので、それは16世紀のスペインで流行していたスタイルであった。[17]

ピッキアッティは教会建築の仕事が多く、設計を担当したサンタ・マリア・デル・ピアント教会（Chiesa di Santa Maria del Pianto 1657）では、ギリシャ十字型平面計画を採用した。古典的な三角破風を使用したシンプルなファサードで、両脇に塔屋のようにみえる鐘楼はローマ風といえるだろう。それは、ローマでベルニーニがパンテオンの両脇につけ足した鐘楼（1632）や、[18] ボッロミーニ設計のサンタニエーゼ・イン・アゴーネ教会（1652）の両脇にある鐘楼を思い起こさせ

14 この館は、1590年、マドリガーレの作曲家カルロ・ジェスアルドが、不貞を行った妻マリア・ダヴァロスを殺害した舞台である。

図14 サングロ・ディ・サンセヴェーロ館の門枠、サン・ドメニコ・マッジョーレ広場

15 詳しくは、Gambardella, Adriana, *Le opere di Francesco Antonio Picchiatti nelle chiese di Napoli*, Napoli, 2004. を参照。

16 Blunt, *op. cit.*, p. 126.

17 *Idem.*, p. 129.

18 パンテオンの外観を醜くしたと批判されて「ロバの両耳」と呼ばれていたが、19世紀に（1883）取り外された。

る。なおこの教会は、ルーカ・ジョルダーノにつけられた有名なあだ名「早描きルーカ《ルーカ・ファ・プレスト》（Luca fa Presto）」が誕生した場所で、この教会のためのフレスコ画制作にルーカ・ジョルダーノが、たった2日しか要さなかったことに由来している。[19] ピッキアッティとルーカ・ジョルダーノの関係は深い。ナポリの中心部にあるサンタ・ブリジダ教会（Chiesa di Santa Brigida 1610）の円蓋天井画『天国』は、ルーカ・ジョルダーノの筆で、この教会には彼の墓もあるが、1675年にピッキアッティが内部を改築している。[20]

ゴシック建築のサン・ドメニコ・マッジョーレ教会（I章参照）は、バロック時代、多くの建築家たちによって度重なる改築を経ており、ピッキアッティは付属修道院の回廊と図書館を担当した。その前面広場にある「聖ドメニコのグーリア」の下層部（II章参照）もピッキアッティがデザインしている。[21] なおこの教会には、バロック時代に多くの名画も加えられている。内部はコレンツィオやソリメナのフレスコ画で装飾され（図15）、油彩ではカラヴァッジョの『むち打ちのキリスト』（1608）、ティツィアーノ『受胎告知』（1557頃）などが各礼拝堂に架けられていたが、後年これらはカポディモンテ美術館（IV章参照）に移動されている。[22]

ピッキアッティは、慈善施設「ピオ・モンテ・デッラ・ミゼリコルディア（Pio Monte della Misericordia）」の増改築も担当し、そこでは内部と5つのアーチのあるポルティコをつけたファサード（1658–78）をデザインした（図16）。すでに現存していた教会部分は、1604年、反宗教改革《コントロリフォルマ》の理念に基づいて、ディ・コンフォルト（I章参照）によって設計されていたが、ピッキアッティが改築して八角形の平面にして装飾し直した（図17）。内部の壁の中心におかれ

19 現在はカポディモンテ美術館に保管されている。

20 教会のファサードは19世紀のもの。

21 *Idem.*, p. 129.

図15 サン・ドメニコ・マッジョーレ教会のソリメナ筆になる聖具室の天井画

22 ラファエロ『魚の聖母』（1514頃）はマドリードのプラド美術館へ移転された。

図16　上：ピオ・モンテ・デッラ・ミゼリコルディア、トリブナーリ通り　下：1718年のペトリーニの版画にみるピオ・モンテ・デッラ・ミゼリコルディア

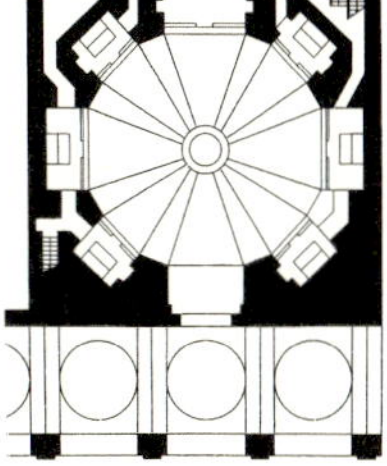

図17　ピオ・モンテ・デッラ・ミゼリコルディアの平面図

た主祭壇の前にはカラヴァッジョの筆になる大作『七つの慈善事業』（1607）が飾られ、反対側は入り口、両側に3つずつできる壁面にもそれぞれ当代一流の画家の絵が1枚ずつかけられている。なかでも特に見事なのは、バッティステッロ・カラッチョロの『サン・ピエトロの解放』（1615）と、ルーカ・ジョルダーノの『キリストの降架』（1671）である。ピッキアッティが外観や内部ともに用いたバロック曲線のモチーフは、どことなくシンプルでモダンな感じがするピッキアッティ独自のデザインだ。

ピッキアッティは、サンタ・カテリーナ・ア・フォルミエッロ教会（Chiesa di Santa Caterina a Formiello）の門枠《ポルターレ》（1659）もデザインしている。サンタ・カテリーナ・ア・フォルミエッロ教会は、ナポリのルネサンス時代を代表する建築の一つで、[23] 白漆喰壁の下地に、灰色のピペルノ石で付け柱、コーニス、エンタブラチュアがあるため、線的にみえる意匠が施されたファサードだ（図18）。そこに立体的なバロック様式の門枠がつけられた。コリント様式の柱の上にはブロークンペディメント、その上には古典的な壺、中央の壁龕の中には聖カテリーナの像が置かれ、その縁はピッキアッティらしく、バロック的でありながらシンプルさも兼ね備えた独特な曲線で飾られている。

晩年のピッキアッティの作品で未完に終わったものは、弟子のジョヴァン・バッティスタ・ナウクレーリオ（Giovan Battista Nauclerio 1666–1739）が引き継いだ。サン・ドメニコ・マッジョーレ教会の続きの仕事を引き受けたのもこのナウクレーリオだった。ピッキアッティ設計によるラテン十字型平面計画のサン・ジョヴァンニ・バッティスタ・デッレ・モナケ教会（Chiesa di

23 トスカーナ（セッティニャーノ）出身の建築家ロモロ・バルジメッリ（Romolo Balsimelli 1479–?）によって設計された。

図18　サンタ・カテリーナ・ア・フォルミエッロ教会、エンリコ・デ・ニコラ広場

San Giovanni Battista delle Monache 1673, 1681–83, 1708–35）のファサードも、ナウクレーリオがデザインしている（図19）。コリント式の柱やブロークンペディメント、アーチのポルティコなど、全般的に古典建築のモチーフが使われて、師匠のピッキアッティの影響がみてとれる。教会ファサードのポルティコの使用は、ナポリの教会建築の伝統で、ナウクレーリオの設計したサン・フランチェスコ・デリ・スカリオーリ教会（Chiesa di San Francesco degli Scarioni 1704–21）でもポルティコがファサードに組み込まれている。中央のアーチの中に置かれた像は、教会の名と会派にちなんだ聖フランチェスコ像である。

さらに晩年のピッキアッティはカプリ島で最も大きいサント・ステファノ教会（Chiesa di Santo Stefano 1688–1723）の設計も行ったが、死後はアマルフィ出身の大工職人マルツィアーレ・デシデリオが引き継いで完成させている。古代ローマ皇帝の別荘地であったカプリ島で、17世紀に発見されたティベリウス帝の別荘ヴィラ・ヨヴィスは、ピッキアッティの古代遺物への情熱をかき立てたのだろう。サント・ステファノ教会の主祭壇近くの床には多色大理石のモザイクとなっていて、これはヴィラ・ヨヴィスにあった古代のものが使用されている。

ドメニコ・アントニオ・ヴァッカーロ

ナポリ生まれのドメニコ・アントニオ・ヴァッカーロ（Domenico Antonio Vaccaro 1678–1745）は、建

図19　サン・ジョヴァンニ・バッティスタ・デッレ・モナケ教会、コンスタンティノーポリ通り

築、絵画、彫刻すべてのジャンルで、まんべんなく力量を発揮した芸術家であった。父は、建築家で彫刻家のロレンツォ・ヴァッカーロ（Lorenzo Vaccaro 1655–1706）である。ロレンツォ・ヴァッカーロはファンザーゴの弟子で、ナポリで数多くの教会内部の大理石彫刻や大理石像、漆喰装飾を手がけ、息子ドメニコ・アントニオとの共作も多い。またロレンツォ・ヴァッカーロはフランチェスコ・ソリメナの親友で、彼によれば、ロレンツォは、かの偉大なベルニーニよりも優れていた彫刻家であったという。[24] それはあながち誇張でなかったのか、彼の才能を妬んだ何者かの指令で、ロレンツォはトッレ・デル・グレコの農園で、武装集団によって殺害されてしまった。父の未完の仕事は、息子のドメニコ・アントニオが一手に引き受けた。

やがて後世に広く名を残すのは、このドメニコ・アントニオ・ヴァッカーロのほうだった。建築家としてのドメニコ・アントニオは、教会建築で新境地を開拓していった。彼の発案した平面計画に、少し縦長のギリシャ十字型の平面を発展させた百合型平面《ピアンタ・ジリアータ》（pianta gigliata）というのがあり、これは八角形をベースにユリの花を思わせる意匠形態となっており、モンテカルヴァリオ地区の聖母マリアの受胎教会（Chiesa di Santa Maria della Concezione a Montecalvario 1718–25）で実現された（図20）。その構想のもととなったのが、同じくヴァッカーロの設計によって、それより先に完成させていた八角形の平面をもつアナカプリ（カプリ島）にある大天使サン・ミケーレ教会（Chiesa di San Michele Arcangelo 1698–1719）だった[25]（図21）。この教会は、何よりもマヨルカ焼きタイルを床全面に敷いて描かれた「アダムとイヴの楽園追放」によって、バロックの傑作としての地位を不動のものとしている（図22）。手描きのマヨルカ陶器は、ナポリとその周辺地域

24 Galanti, Giuseppe Maria, *Napoli e contorni*, Napoli, 1829, p. 263.

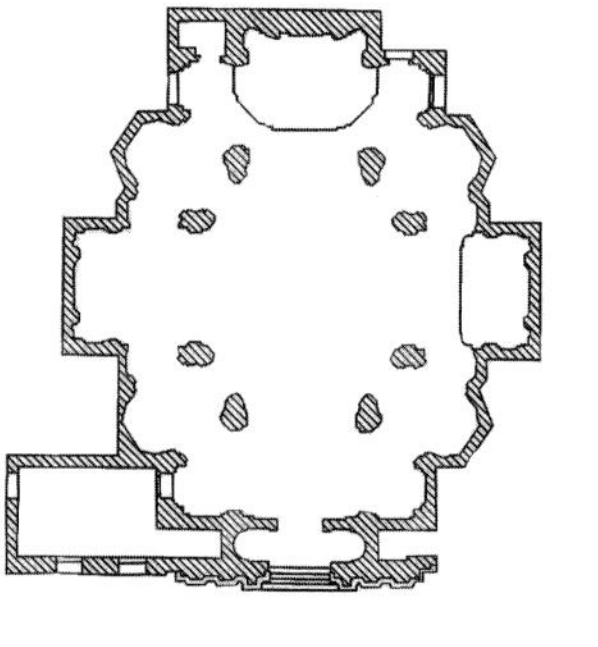

図20 モンテカルヴァリオ地区の聖母マリアの受胎教会の百合型平面図

25 Mormone, Raffaele, *Domenico Antonio Vaccaro architetto*, in Napoli Nobilissima, volume I, Napoli, 1962, pp. 135–150.

図22　アナカプリの大天使サン・ミケーレ教会の床には、「アダムとイヴの楽園追放」の場面が描かれたマヨルカ焼きタイル（リッジョーラ）が敷き詰められている

図21　アナカプリの大天使サン・ミケーレ教会の平面図

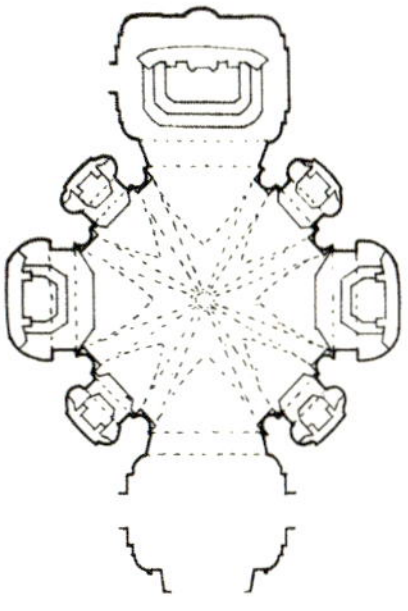

で生産が盛んで、とくにルネサンス時代からバロック時代にかけて、貴族の邸宅や教会・修道院の床に「リッジョーラ（riggiola）」と呼ばれるマヨルカ焼きタイルがよく使用された。たとえばリッジョーラの装飾で有名な、ナポリのバロック期の建築の一つに、「不治の病人の薬局（Farmacia degli Incurabili）」（1730–50 バルトロメオ・ヴェッキオーネ設計）があり[26]、今は敷地内にある病院の衛生博物館とともに一般公開されている。

ヴァッカーロはリッジョーラを使った装飾において、他の追随を許さぬ功績を、ナポリのサンタ・キアーラ教会の回廊（1742）で残した（図23）。ゴシック様式で建てられていたこの教会と修道院は、バロック期に全面的に改装されるさい、ヴァッカーロが回廊にある列柱《ペルゴラ》とベンチをリッジョーラで華やかに飾ったのだ。ほぼ正方形に近い平面を4分割して歩道をつけ、中央には八角形の広場を設け、広場と道に沿って列柱が連なる。列柱間はベンチで結ばれ、そのすべてがマヨルカ焼きタイル、すなわちリッジョーラで飾られているのである。列柱の頂上はぶどう棚がつくれるようになっていて[27]、バロック的な曲線でカーブしたベンチの背もたれの部分には、牧歌的な絵が描かれている。ナポリの道化プルチネッラの恰好をした楽師や狩猟をする人などを描いた風俗画、架空の港湾や田舎の景色の風景画などが、ロカイユの模様で額装させたように描かれている。柱の断面は八角形の形をしていて、その表面には唐草とぶどうの模様が描かれたリッジョーラが張られている。

ヴァッカーロがリッジョーラを用いた装飾に長けていたのは、おそらく画家としての才覚が功を奏したためであろう。さらにヴァッカーロは、彫刻家としても多くの作品を残し、ナポリ

26 ここの床のリッジョーラは、ジュゼッペとジェンナーロ・マッサがデザインし、壁の棚の中にはマヨルカ焼きの薬壺（アルバレッロ）が密に置かれている。

図23 サンタ・キアーラ教会の回廊

27 ぶどう棚のある列柱は「ペルゴラ（pergola）」と呼ばれる。

の主要な教会のために様々な聖人像を制作している。建築と彫刻の中間的な仕事では、コスタンティノーポリ通りの聖マリア教会（I、II章参照）の内装を白漆喰による塑像で装飾した。

ヴァッカーロは教会関連の仕事が多く、貴族の館の設計はほとんどしなかったが、[28] その希少な例であるスピネッツリ・ディ・タルシア館（Palazzo Spinelli di Tarsia 1729–57）は、館というよりも宮殿と呼ぶにふさわしいもので、同時代の他のナポリの建築家よりもむしろ華やかな作品となっている（図24）。スピネッツリ・ディ・タルシア館は、ヴァッカーロが、タルシア公フェルディナンド・ヴィンチェンツォ・スピネッツリのために設計し、立地はヴォメロの丘へ続く斜面にあり、城壁外でもフォーロ・カロリーノ（現・ダンテ広場）に近いため街の中心部にも近い。[29] 緩やかな傾斜に沿って建物が配置され、「いい眺望《ベルヴェデーレ》」という名がついたウィーンのベルヴェデーレ宮殿（1697年にヒルデブラント[30]設計の下宮、1717年に上宮[31]）を思い起させる。[32]

ロカイユの窓飾りのある3階建ての母屋は上宮に相当し、その前には母屋を取り囲むようにして建てられたコの字型の低層の建物があり、広場を形成している。この建物は、天井の高い母屋の1階の高さと段差に見合った2階建てで、外壁は緩やかな凹凸のバロック曲線を描いている（図25）。半分が厩舎で、半分が膨大な蔵書数を誇る図書館に使用されていた。母屋に近い部分は、両側ともにアーチの開口部があり、外界との往来ができるようになっている。この建物は19世紀に公共市場に転用され、やがて庶民の住宅となった。現在、跡形も残されていないのが下宮に相当する部分である。当時の版画によれば、コの字型の建物の上に植栽の施された庭園がある（図26）。中心には3連アーチの開口があり、さらにそこから左右対称のい

28 ヴェスヴィオ山麓にある貴族のヴィラでは、ポルティチのヴィラ・メオラ（Villa Meola）とエルコラーノのヴィラ・マルテーゼ（Villa Maltese）を設計している。

図24 スピネッツリ・ディ・タルシア館、タルシア広場

29 現住所はタルシア通り1、2番地。

30 ルーカス・フォン・ヒルデブラント（Lucas von Hildebrandt 1668–1745）は、ローマのカルロ・フォンターナのもとで建築を学んだ。

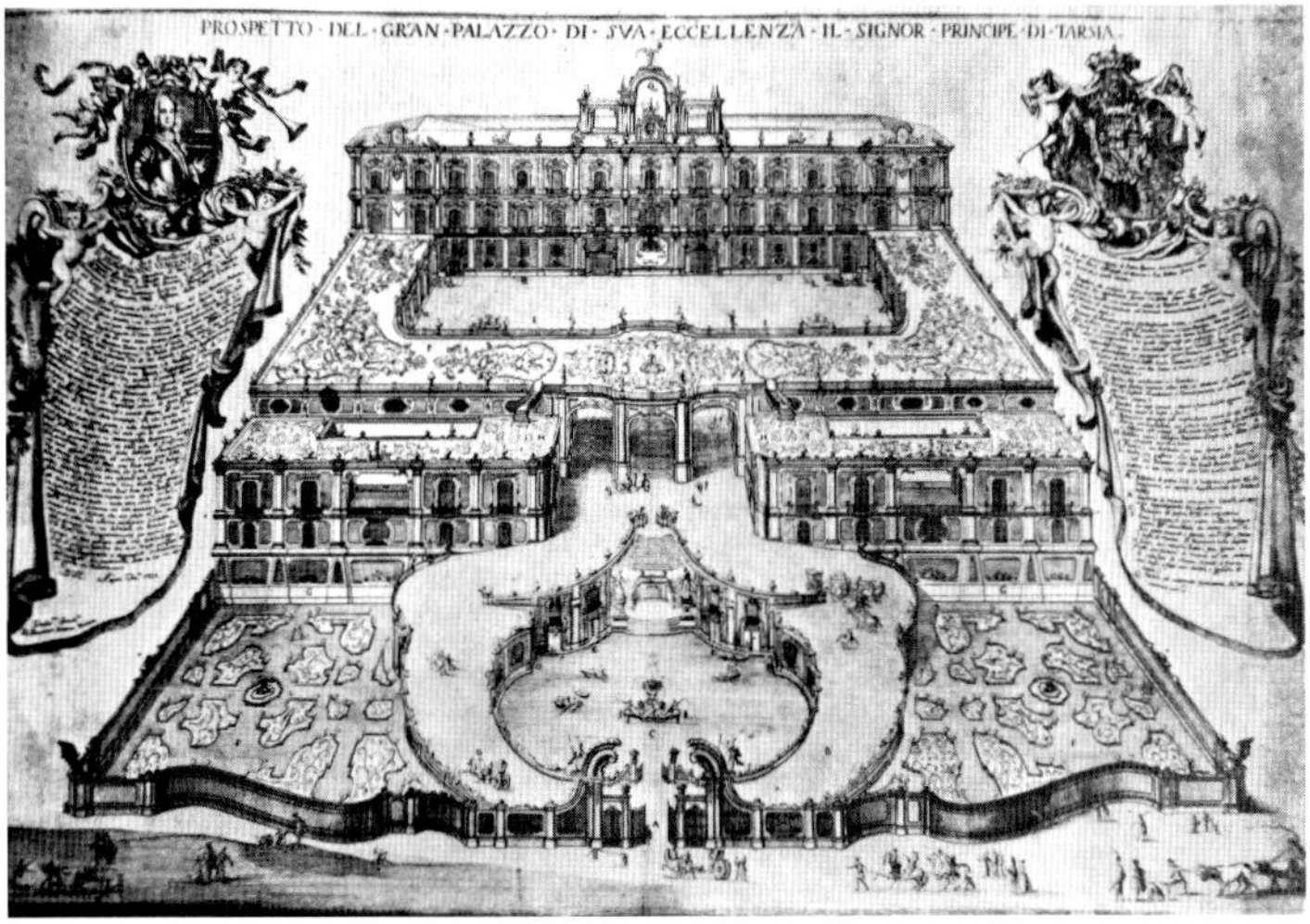

図26　18世紀の版画に描かれたスピネッリ・ディ・タルシア館

びつな形をした下り坂の道が、左右2方向に分かれ、また落ち合う形となっている。中心には「やっとこ状の階段《スカラ・ア・テナーリア》（scala a tenaglia）」もあり、道の形に沿ってできた円形の中庭へ至るようになっている。この中庭は、スピネッリ・ディ・タルシア館の正門を入ってすぐに開けていて、館全体はまさにウィーンのベルヴェデーレ宮殿のようなひな壇状のデザインになっている。坂道の両脇には下宮の建物の幅に合わせた庭園もあり、宮殿そのものだったが、今はその面影はほとんど残っておらず、この地域の性格もあって庶民的な住宅になっている。タルシア公の絵画コレクションはずば抜けていて、当時のチェラーノのナポリのガイドブックには、「ここには広い回廊といくつもの部屋に絵画コレクションが飾られていて、イタリア屈指の有名美術館に匹

31　ここの礼拝堂の祭壇画と「金の間（Goldkabinett）」は、ナポリのフランチェスコ・ソリメナが、大広間の天井画はカルロ・インノチェンツォ・カルローニといったイタリア人画家が担当している。

32　Blunt, *op. cit.*, p. 172.

図25　スピネッリ・ディ・タルシア館のバロック曲線を描く中庭部分（現在は広場）

敵するほどだ」とタルシア館が紹介されている。その品々は、ジョット、ラファエロ、ティツィアーノ、ティントレット、ヴェロネーゼ、カラヴァッジョ、ルーベンス、ファン・ダイク、デューラー、カラッチ、レーニ、ドメニキーノ、グエルチーノ、デ・リベーラ、ランフランコなどの内外の有名画家の作品をはじめ、400点以上に及んでいたという。[33]

晩年のドメニコ・アントニオ・ヴァッカーロは、ナポリで活躍した哲学者ジャンバッティスタ・ヴィーコの『新しい学』[34]（1744年版）の1巻冒頭に、エッチングによる挿絵も描いている（図27）。「正義」を擬人化した女性が右側に、ヴィーコ自身が左側にいる寓意画だ。上方左手には、フリーメーソンで使用される三角形の中に描かれた「真実を見通す神の目」があり、そこから光線が放たれ、その光は「正義」を表す女性の胸を差してから、ヴィーコへ向かって反射し、ヴィーコの背中に降り注がれている。バロックから啓蒙主義時代への幕開けを表す画風となっている。それは建築界においても同様だった。

階段と門枠の魔術師——フェルディナンド・サンフェリーチェ

ナポリ・バロックを独自のロココ趣味へ昇華させた特異な建築家が、フェルディナンド・サンフェリーチェ（Ferdinando Sanfelice 1675–1748）である。サンフェリーチェは、ナポリ貴族の出身で、文学に傾倒しつつ画家として素晴らしい才覚を表していたが、当初は父の勧めに従って法

33 Celano, Carlo, *Delle notizie del bello, dell'antico et del curiosa della città di Napoli*, 4 vol, 1859, Napoli, p. 783; Mormone, Raffaele, *Domenico Antonio Vaccaro architetto II*, in Napoli Nobilissima, volume I, Napoli, 1962, pp. 216–227.

34 Giambattista Vico, *Principj di scienza nuova*, Napoli, 1744.『新しい学』の初版は1725年。

図27　ヴィーコ『新しい学』（1744 第1巻）のためにドメニコ・アントニオ・ヴァッカーロの描いた巻頭挿絵

図28　1740年にサンフェリーチェが制作した王宮前広場の塔状の飾りつけ

律の勉強をしていた。父が亡くなると、聖職者の兄アントニオが弟の絵の才能を伸ばすことに協力的だったので、サンフェリーチェは大家ソリメナについて本格的に絵が学べるようになる。[35] 1709年、アントニオがプーリア州の町ナルドの司教に就任すると、サンフェリーチェは兄のいるナルドの教会で宗教画を描くようになった。やがてナポリのいくつかの教会で建築の仕事もこなし、教会や王室の祭事の飾りつけも行うようになった（図28）。このような経験を通じ、サンフェリーチェは視覚的で舞台美術的なセンスを兼ね備えた建築家へと成長する。サンフェリーチェの教会建築の代表作は、ヴェルジニ通りの聖マリア・スックッレ・ミゼリス教会（Chiesa di Santa Maria Succurre Miseris ai Vergini／図29）や、サン・ロレンツォ・マッジョーレ教会の改修（1720）

35　Sasso, Camillo Napoleone, *Storia de' monumenti di Napoli e degli architetti che gli edificavano dallo stabilimento della monarchia sino ai nostri giorni*, vol. 1, Napoli, 1856, pp. 344–345.

図29　聖マリア・スックッレ・ミゼリス教会、ヴェルジニ通り

で、[36]後者ではファサードを漆喰仕上げで装飾したが、一部の礼拝堂を除く内部のほとんどは、13世紀のアンジュー家支配時代のフランス風ゴシック様式のままとなっている（I章図9）。またゴシック様式建築のサンタ・マリア・ドンナレジーナ・ヴェッキア教会（I章参照）の回廊部分も、サンフェリーチェによって、カラフルな大理石模様のアーチで飾られて、バロック様式に改修（1726）された。[37]

18世紀のナポリの館《パラッツォ》では、中庭から各階へアクセスする「解放階段《スカラ・アペルタ》」と呼ばれる3連アーチの開口部のある外階段が流行していた。[38]そんななかサンフェリーチェは「スカラ・アペルタ」でもって、舞台美術のような華麗な雰囲気の空間に仕立てるのを得意とするようになる。その代表的な作品は以下のとおりである。

ナポリの北側の城壁外にあるサニタ通り2―6番地にあるサンフェリーチェ館（Palazzo Sanfelice／1728）は、サンフェリーチェ自身が設計した自邸である。二つの館が連なっていて（図30）、6番地の館のほうに、サンフェリーチェの最高傑作の一つとなった「スカラ・アペルタ」がある。この解放階段は従来のような3連アーチではなく、両側にさらに一つずつついた5連アーチとなっていて、華麗で見応えのある美しい空間をつくっている（図31）。このように階段の位置が手前にあるため、両脇のアーチが中心のものより高くなっている解放階段は、その形状から鷹が両翼を広げているように見えるので「鷹の翼（ali di falco）」と呼ばれている。一方、スパッカナポリにある旧ヴェネツィア共和国の大使館（Palazzo Venezia）にある3連アーチの解放階段は（図32）、階段は手前ではなく横と奥に設けられるため、どのアーチも同じレベ

36 1662年にディオニジオ・ラッザリが設計した教会。

37 Rizzo, Vincenzo, *Ferdinandus Sanfelicius Architectus Neapolitanus*, Napoli, 1999, p. 52.

38 この「解放階段」と似た発想のものは、オーストリアのバロック建築であるリンツのザンクト・フロリアン修道院にもみてとれる。De Seta, Cesare, *Architettura e ambiente e società a Napoli nel'700*, Torino, 1981, p. 9.

図30 二棟続きのサンフェリーチェ館（ヴェルジニ通り2―6番地）、ラッファエーレ・ダンブラ『いにしえのナポリ』（1889）より

図31　サンフェリーチェ館（ヴェルジニ通り6番地）の解放階段

図32　旧ヴェネツィア共和国の大使館（ヴェネツィア館）の解放階段

図33　トゥファレッリ館の解放階段

図34　トリブナーリ通り169番地の建物の解放階段

図35　サンフェリーチェ設計、ヴェルジニ通り25番地の解放階段

ルにあるように見え、中央のアーチと両脇のアーチに段差がなく、「鷹の翼」型ではない。18世紀のナポリで建設され、今も数多く残る解放階段《スカラ・アペルタ》のほとんどがこのタイプである。たとえば、スパッカナポリ（ベネデット・クローチェ通り）にあるトゥファアレッリ館（Palazzo Tufarelli／図33）、トリブナーリ通り169番地（図34）とヴェルジニ通り25番地（図35）のパラッツォに、このような3連アーチの解放階段がみられる。

サンフェリーチェ館の解放階段《スカラ・アペルタ》は自邸であるためか、ロカイユや付け柱の柱頭などのディティール装飾が控えめな分、かえってサンフェリーチェの解放階段の真髄と魅力がよりくっきりと浮かび上がっている。ここの解放階段の非凡なところは、中央両脇の開口部をアーチにせずに、四つ角をカーブさせた八角形のようなロココ趣味な額縁風の開口にしている点にあるだろう。このようなサンフェリーチェが発展させた解放階段の意匠は、フェルディナンド・フーガ（VI章参照）も、ローマの評議会堂（Palazzo della Consulta 1732–37）の階段を設計するさいに参考にした可能性が高いといわれている。[39]

2番地にあるサンフェリーチェ館の中庭の階段は、解放階段《スカラ・アペルタ》ではないが、2方向から上がれる二つの円形の階段を組み合わせたもので、サンフェリーチェらしい妖艶なロココ趣味がこちらにもよく表れている（図36・37）。ファサードは2、6番地ともに、セイレーンの彫刻が施されたピペルノ石の門枠《ポルターレ》は、両建物とも同じデザインで統一されている（図38）。内部にはソリメナのフレスコ画、家族専用の礼拝堂にはジュゼッペ・サンマルティーノが制作した彫刻もあったという。

図38　サンフェリーチェ館（ヴェルジニ通り6番地）の玄関門枠とその奥にみえる中庭の解放階段

39　Wittkower, *op. cit.*, p. 351.

図36　サンフェリーチェ設計の自邸、サンフェリーチェ館（ヴェルジニ通り2番地）の階段部分

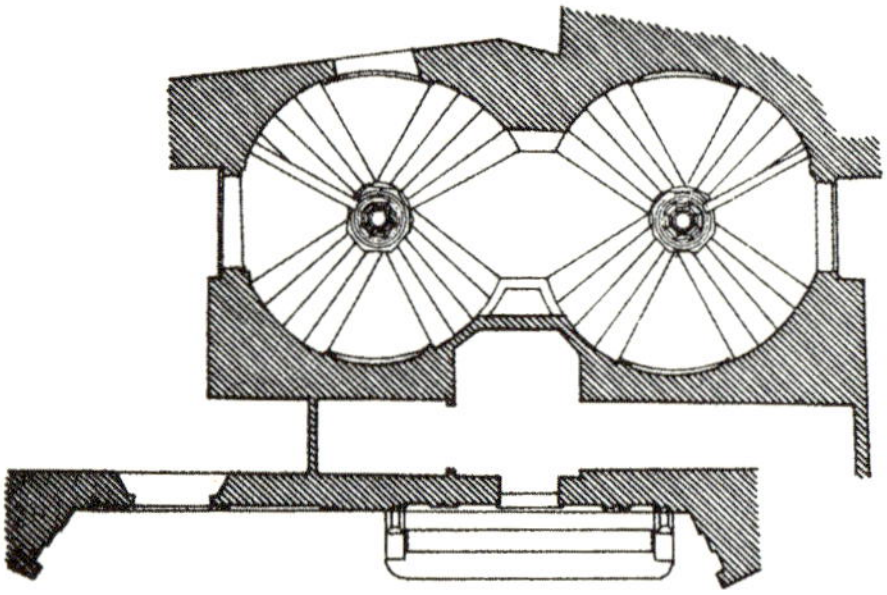

図37　サンフェリーチェ館（ヴェルジニ通り2番地）の階段部分の平面図

サンフェリーチェ館があるサニタ地区は、城壁内の中心地区よりも標高が少し高く、そのため当時は空気もよいところで〝山の手〟として認識され、18世紀になると貴族の館《パラッツォ》が集中するようになっていた。しかし革命の動乱などで貴族たちが没落していくと、19世紀半ばよりここは貧民の多い地区となり、今では黄金期とは正反対に下町的雰囲気が色濃く、ナポリ市内でも治安が極めて悪い危険地区となったが、今もこの地区にはサンフェリーチェの設計した美しい館《パラッツォ》がほかにもいくつも残っている。[40]

たとえばサンフェリーチェが設計したといわれるヴェルジニ通り19番地のスパニョーロ館(Palazzo dello Spagnolo 1738) もこのサニタ地区にある（図39・40、口絵4）。ここの解放階段《スカラ・アペルタ》も両側にさらに一つずつついた「鷹の翼」式の5連アーチで、サンフェリーチェ館のものと酷似しているが、中心と両端のアーチの上方がロカイユ装飾で飾られ、各アーチ内の天井もサンフェリーチェ館のように交差ヴォールトになっている。おそらくサンフェリーチェ館を〝モデルに〟して設計されたもので、設計者にはフランチェスコ・アッタナージオという名が当時の文書に記されている。[41] 建設当時はモスカーティ侯爵家の館であったが、スパニョーロ館という名は、19世紀初頭の所有者がスペイン人《スパニョーロ》だったことに由来している。非凡なサンフェリーチェの階段設計の特徴は、もっと幾何学的でバロックの演劇性も兼ね備えたものであって、スパニョーロ館はサンフェリーチェの設計ではなく、その影響下にある模倣された建物だろう。

サンフェリーチェの設計した、サニタ地区に近いサン・ペッレグリーノ通り24番地にあるカプアーノ館（Palazzo Capuano）の解放階段《スカラ・アペルタ》は、八角形平面内につくられた3連開口のもので、

40 サニタ地区には、サンフェリーチェが設計に携わったサンタントニオ・アイ・ヴェルジニ教会（Chiesa di S. Antonio ai Vergini）もある。

図39　スパニョーロ館の解放階段の内部のディテール

41 Costa, Giovanni, *Il Palazzo dello Spagnolo ai Vergini in Napoli*, Napoli, 1979, p. 23.

図40　スパニョーロ館の解放階段

図41　サンフェリーチェ設計、カプアーノ館の解放階段

図42　ダッフリット館の解放階段

中央がアーチ、傾斜して上っていく両脇には縦長の八角形の開口が設けられ、シンプルでありながら独創的で非常に美しいデザインである[42]（図41）。これとよく似た解放階段《スカラ・アペルタ》の例に、旧市街（ニーロ通り30番地）にあるダッフリット館（Palazzo D’Afflitto）が挙げられる（図42）。

サニタ地区（ディシエーザ・ザンタ68番地）にあるマーヨ館（Palazzo di Majo）では、既存の建物を改築する際、バルトロメオ・ディ・マーヨがサンフェリーチェに設計を依頼し、奇妙《ビザール》な幾何学的な形をした階段がつくられた（図43）。デ・ドミニチは、「これ以上よくしようなどと思えないほどあまりに素晴らしい形の中庭に、発明品といえる大変美しい階段がある」と絶賛している[43]。ファサードにあるピペルノ石の門枠《ポルターレ》もサンフェリーチェのデザインで、独特な幾何学的な多角形のコーニスが載せられている。

図44　サンフェリーチェ設計、セッラ・ディ・カッサーノ館の解放階段

一方王宮の近く、モンテ・ディ・ディオ通り14、15番地に建つセッラ・ディ・カッサーノ館（Palazzo Serra di Cassano 1725–30年代）は、サンフェリーチェの秀逸なデザインの階段があることで有名だ（図44、口絵5）。当時サンフェリーチェはすぐ近くのヌンツィアテッラ教会（Chiesa della Nunziatella 1736）の改築設計に携わっていて、同じ時期にこの館の建設を任された。セッラ・ディ・カッサーノ館のファサードは2つの通りに面している。エジツィアカ通りにある正門のほうが王宮に近くて便利であるが、子息のジェンナーロ・セッラ・ディ・カッサーノ（Gennaro Serrra di Cassano 1772–99）が、1799年にナポリで起こったパルテノペ革命で処刑されて以来、遺族は異を唱えるため正門はを閉鎖し、今も反対側のモンテ・ディ・ディオ通りにある裏門から入

42　Blunt, *op. cit.*, pp. 204–205.

43　De Dominici, *op. cit.*, vol. 4, p. 513.

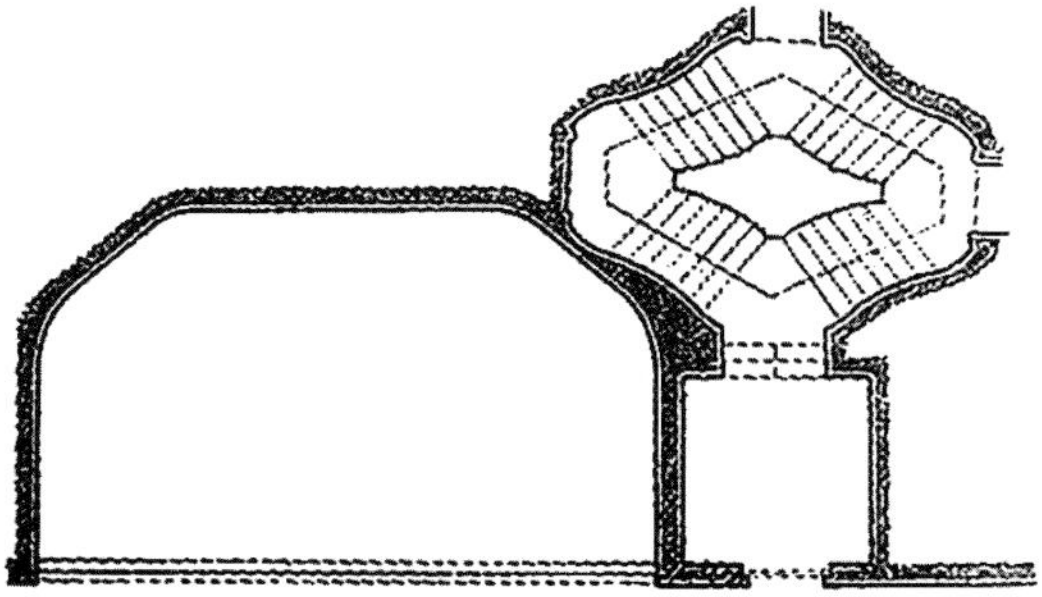

図43　サンフェリーチェが設計したマーヨ館の階段部分の平面図

るようになっている。[44]

もちろん建築家は、正門側から入ることを前提にして設計をしているので、正門側から入場して見える角度のほうがより美しくなるようにできている。正門を入って、まず目前広がる空間は広い八角形の中庭だ。正面には大きなアーチの開口部があり、そこを入ると奥の中庭と、地上階からメインフロアの「高貴な階《ピアノ・ノビレ》」[45]へ至る大階段の間がある。この大階段は、サンフェリーチェの力量がいかんなく発揮された最高傑作で、祝祭劇の舞台のような空間だ。壁の角は丸くカーブが施され、階段の構造部はピペルノ石で3つのアーチの開口部が設けられている。手摺やロカイユは白大理石を使用して、ピペルノ石の濃い灰色とモノトーンな色彩のコントラストがつけられている。階段は左右両方向から蛇行しながら、ピアノ・ノビレの中央にあるピペルノ石の門枠のあるドアへ続き、その両側の壁にはピペルノ石でつくった怪物の顔を模した「松明《たいまつ》消し」がついている。ナポリの18世紀の貴族の館には、怪物の顔の形をしたピペルノ石製の松明《たいまつ》消しが流行していて、ほかにも先に述べたサンフェリーチェ館、フィロマリーノ・デッラ・ロッカ館（本章にて後述）、リッカ館[46]（Palazzo Ricca）にも類似したものがみられる（図45）。

セッラ・ディ・カッサーノ館は、内装もジャチント・ディアーノ（Giacinto Diano 1731–1803）などといった、当時の有名画家たちが天井画を描いており、現在、ピアノ・ノビレにはイタリア哲学研究所が置かれていて、各種学会や文化行事の会場として使用されている。

トリブナーリ通りに面する15世紀にさかのぼるスピネッリ・ディ・ラウリーノ館（Palazzo Spinelli di Laurino）は[47]、晩年のサンフェリーチェが死の年の1748年まで改築に携わっていた。

44 こちらのファサードは建築家ジュゼッペ・アスタリータが設計した。Attanasio, *op. cit.*, p. 31.

45 天井の高いメインフロアで、1階（地上階）に設けられることはなく、18世紀のナポリの建物では2階も天井の低い中階のような造りにすることが多く、3階がピアノ・ノビレになることが多い。

46 トリブナーリ通り213番地にある16世紀に遡る館、18世紀のフレスコ画も多く残り、現在はナポリ銀行古文書館が置かれている。

47 現住所は、トリブナーリ通り362番地。

外観は15世紀のままだが、内装などの完成はさらに約20年後の1767年となった。中庭の形は長方形であったのを、サンフェリーチェが楕円形にした。[48] そのためここは、楕円形平面の中庭をもつ貴族の館の希有な例となっている。アーチが連なった2層構造で、1層めは新古典主義様式の薄い切り石積みの壁に、神話をモチーフにしたメダリオンのレリーフがかかり、2層めはイオニア式の付け柱と楕円開口《オクロス》のあるバロック的なデザインだ。

まさにサンフェリーチェの建築作品の特徴は、まるでバロック・オペラの舞台美術かのような、華麗な中庭部分の優れたデザイン性にある。サンフェリーチェが設計する中庭の解放階段《スカラ・アペルタ》のモチーフは、現代のオペラ上演の舞台セットにも登場するほどだ。ナポリの民族音楽史家のロベルト・デ・シモーネが演出する舞台美術では、サンフェリーチェの建築デザインがたびた

48 Attanasio, *op. cit.*, pp. 67–69.

図45 ナポリの館にある怪物の顔をかたどった松明消し各種

び使用されている。[49]

サンフェリーチェは「門枠《ポルターレ》」のデザインも得意としていた。貴族の館《パラッツォ》の威厳を表すのに最も効果的なのが、ファサードの玄関部分を飾る門枠で、建物のなかで最も需要な要素の一つである。19世紀までに建設された館では、通常この門枠を通って馬車ごと中庭へ入る。つまりファサード中央に豪華な門枠のある玄関口は「馬車用門《ポルト・コシエール》」でもある。中庭に面する1階部分には車庫や厩が置かれ、壁には馬をつなぐ鉄製のリングがついていて、ナポリでは今もよく残っている館が多い。ポルト・コシエールを飾る門枠は、18世紀のロココ全盛期には、さらに装飾過多となって高さも3階ぐらいの高さまで及ぶようになり、どんどん大袈裟なつくりになっていった。

サンフェリーチェは、彼独特の妖艶なロココ趣味のデザインで、既存の16世紀の貴族の館に、新規に門枠を取りつける仕事をいくつか行っている。たとえば新イエズス教会《ジェス・ヌオーヴォ》のすぐ近くにある16世紀のピニャテッリ・ディ・モンテレオーネ館[50]（Palazzo Pignatelli di Monteleone）の門枠は、1718年にサンフェリーチェが設計したものだ（図46）。ピペルノ石製で、柱頭にはイオニア式のうず巻きがあり、その真下に柱の幅の大きさに合わせたグロテスクな男性の頭部《マスケローネ》が置かれ（図47）、付け柱には一定間隔ごとに突出したピラミッド状のカットを施した白大理石を配し、奇抜《ビザール》なデザインとなっている。この館は19世紀初頭にフランスの銀行家ドガ家の所有となり、その親戚であった印象派の画家エドガー・ドガが、イタリア留学中にここに滞在している。[51]

スパッカナポリ（ベネデット・クローチェ通り12番地）にあるフィロマリーノ・デッラ・ロッカ

49　セッラ・ディ・カッサーノ館の階段のモチーフは、ロッシーニのオペラ『チェネレントラ』、サンフェリーチェ館の階段は、デ・シモーネ自身の作曲のオペラ『ガッタ・チェネレントラ』の舞台美術で登場している。

50　住所はCalata Trinità Maggiore, 15

図46　サンフェリーチェ設計、ピニャテッリ・ディ・モンテレオーネ館の玄関の門枠

51　Attanasio, Sergio, *op. cit.*, p. 65.

館（Palazzo Filomarino della Rocca）は、16世紀にジョヴァンニ・フランチェスコ・ディ・パルマ（Giovanni Francesco di Palma 生没年不詳）が設計した館だが、1726年、サンフェリーチェが門枠をデザインした。ピペルノ石でできた切り石積みの付け柱は、渦巻模様のついたブロークンペディメントで閉じられ、門枠には一定間隔おきに突出したカットを施した白大理石が配されていて、ナポリ的なロココ趣味で飾られている。グランドツアーの時代には、この館にあった名画の美術コレクションを見に来る旅行者が多く、サド侯爵もそのひとりであった。[52] なおこの館の3階には、20世紀最大の思想家ベネデット・クローチェ（Benedetto Croce 1866–1952）がかつて住んでいて、1946年、クローチェはここにイタリア歴史学研究所を創設し現在に至っている。

図48　ブオノコーレ設計、カラーファ・デッラ・スピーナ館の玄関と門枠、両脇には怪物の形をした車止めの小柱

そんなサンフェリーチェの影響受けた建築家のひとりが、ナポリ生まれのジョヴァンニ・マルティーノ・ブオノコーレ（Giovanni Martino Buonocore 1680–1765）である。ブオノコーレは、1740年、スパッカナポリ（ベネデット・クローチェ通り45番地）にある17世紀のカラーファ・デッラ・スピーナ館（Palazzo Carafa della Spina）の門枠をデザインした（図48・49）。ピペルノ石でつくられ、サ

52　Marchese di Sade, *op. cit.*, p. 257.

図47　サンフェリーチェ設計、フィロマリーノ・デッラ・ロッカ館の玄関と門枠

図49　カラーファ・デッラ・スピーナ館の玄関両脇にある車止めの小柱、口の部分は松明消し

ンフェリーチェの影響を色濃く受けたロココ趣味で、門枠の両脇に一つずつライオンの頭部の形をした車止め用小柱《フィットーネ》がある。普通の車止め用小柱は、シンプルで上部が丸くなったものだが、ここでは口をあけた獣になっていて、口の部分が松明消しとしても使用できるようになっている「奇抜《ビザール》な」デザインである。

ナポリ生まれのニコラ・タリアコッツィ・カナーレ（Nicola Tagliacozzi Canale 1691–1764）も、サンフェリーチェの影響を強く受け、舞台美術のセンスを持ち合わせたナポリ・ロココの最後を飾る建築家である。サン・マルティーノ修道院をはじめ数々のナポリの教会の改築にも携わってきたが、[53] 貴族の館の代表作では、カリタ広場に接するサン・リボーリオ通り1番地にあるトラブッコ館（Palazzo Trabucco）がある。1735年、タリアコッツィ・カナーレが、トンマーゾ・トラブッコ公爵に依頼されて、既存の建物を改築したものである。[54] ファサードのピアノ・ノビレに相当する階の窓枠の上部は、漆喰でロカイユが装飾され、中心には胸像もあしらわれており、典型的なロココ趣味の意匠となっている。ピペルノ石でできた門枠もふんだんにロカイユや植物模様で飾られ、中庭の正面には「鷹の翼」式3連アーチの解放階段が舞台美術のように広がり、サンフェリーチェの作と見紛うデザインとなっている（図50）。これは、1739年にタリアコッツィ・カナーレが設計したフェルナンデス館（Palazzo Fernandez）の解放階段においても同様で、こちらは5連アーチの「鷹の翼」式となっている。[55]

トラブッコ館の隣、カリタ広場6番地に建っているマッステッローネ館[56]（Palazzo Mastellone）は、1732年の地震後に、既存建物をタリアコッツィ・カナーレが改築したものである。ロ

53 カナーレは、1732年の地震でダメージを受けたサン・ジュゼッペ・デイ・ヴェッキ教会の修復や、サンタ・マリア・デル・カルミネ・マッジョーレ教会（I章参照）の内装（1753）や、Baslica di Santa Maria del Carmine Maggiore）の内装を手がけている。

54 Attanasio, *op. cit.*, p. 49.

55 コスタンティーノ・アッラ・コスティリオーラ館（Palazzo Costantino all Costigliola）とも呼ばれている。考古学博物館に近い通り（Via San Giuseppe dei Nudi, 26）にある。Lenzo, Fulvio, *Ferdinando Sanfelice e l'architettura obliqua» di Caramuel*, in *I libri e l'ingegno. Studi sulla biblioteca dell'architetto (XV–XX secolo)*, Palermo 2010, p. 105.

56 現在この館のピアノ・ノビレは、老舗ピアノ店「Alberto Napolitano」のショールームとなっている。

図50 タリアコッツィ・カナーレ設計、トラブッコ館の解放階段

ココ趣味で装飾されたピペルノ石の門を入ったところの中庭にあるのは、2方向から登れる楕円曲線を描いた解放階段で、ナポリでは数少ない例の一つとなっている[57]（図51）。マッステッローネ館の解放階段のもう一つの特徴は、中庭に面した部分に仕切り柱がなく、各階ごとに一つのアーチでのみ構成され、より多くの自然光が取り込める工夫がなされていることである。このような構造の解放階段の例は、他にも旧市街にあるチステルナ・デッロリオ通り18番地の館や、サニタ地区ステッラ通り94番地の館（図52）といった18世紀の邸宅にもみられる。[58]おそらくカナーレの死とともに、解放階段「スカラ・アペルタ」の流行がすたれ、ナポリ流ロココが終焉したといえるだろう。

57 Attanasio, *op. cit.*, p. 48.

図51　タリアコッツィ・カナーレ設計、マッステッローネ館、カリタ広場

図52　ステッラ通り94番地の建物の中庭にある解放階段

58 現在この建物の3階にはオランダ人の経営するB&B式ホテル「Le stanze del Vicerè」が入っている。

IV

ヴェスヴィオ火山と古代への情熱——エルコラーノ遺跡の発見と古典主義的バロックの流行

ブルボン王朝期のナポリの都市改造

1734年、ポーランド継承戦争によってナポリ王国はオーストリア・ハプスブルク家の支配から脱却、スペイン・ブルボン家のカルロ3世（1716–88）がナポリ王に即位した[1]（図1）。ナポリ王国はブルボン王朝の支配下、カルロ3世と次のフェルディナンド4世（1751–1821）の治世に[2]、都市計画と一体となった、王国を彩る重要な建設物が一通り揃うようになる。つまり、ナポリの都市・建築史上、モニュメンタルで美しい都市景観は、ブルボン家のナポリ王たちによってつくられてきたのだ。

その代表的な建築例を挙げるだけでも、サン・カルロ劇場（1737）、カポディモンテの王宮（1738）、ポルティチの王宮（1738）、カゼルタの王宮（1751）、救貧院（1751／VI章参照）など、ナポリ王国の黄金期を飾る大規模な建物が目白押しだ。文化事業も盛んで、カルロ3世は、相続したファルネーゼ家の美術コレクションを、ナポリへ移動させ、そのおかげでイタリアを代表する二つの博物館、考古学博物館とカポディモンテ美術館が誕生することとなった。さらにカルロ3世は、ポンペイ・エルコラーノをはじめとする数々の遺跡の発掘事業と考古学調査とを推進し、ドイツが誇るマイセン磁器に対抗すべくカポディモンテ焼の陶磁器工場の創設も行った。

王立サン・カルロ劇場

18世紀は〝ナポリ派〟オペラがヨーロッパ中を席巻し、文字通りその中心地であるナポリ

1　1731年から35年はパルマ・ピアチェンツァ公爵カルロ1世、1735年から59年はナポリ・シチリア王国の王としてカルロ7世、1759年よりスペイン国王としてカルロ3世となるが、本書ではすべて「カルロ3世」で統一する。

図1　アントン・ラファエル・メングス《スペイン・ブルボン家のカルロ3世》1761、プラド美術館

2　1751年から1815年までが、ナポリ王フェルディナンド4世、シチリア王としてはフェルディナンド3世、1815年からは、両シチリア王国の国王としてフェルディナンド1世となった。本書では1815年以降はフェルディナンド1世、それ以前の時代ではすべてフェルディナンド4世で統一する。

では、すでにいくつかのオペラ専用劇場[3]もあったがいずれも規模が小さかった。そこで、王国の威信を示す大規模な王立劇場が不可欠であったため、王立サン・カルロ劇場（Real Teatro di San Carlo）が建設される。サン・カルロ劇場の名は、カルロ3世にあやかった同名の聖人に由来するもので、1737年、聖《サン》カルロの日である11月4日に開場した。建物の設計は、ポルトガルで活躍していたローマ生まれの建築家アントニオ・カネヴァーリ（Antonio Canevari 1681–1764）と、シチリア島シャッカ生まれの軍用建築の技術者ジョヴァンニ・アントニオ・メドラーノ（Giovanni Antonio Medrano 1703–60）が担当した。カネヴァーリとメドラーノはコンビで活動する建築家で、二人ともカルロ3世のお抱え建築家となり、のちに述べるポルティチの王宮やカポディモンテの王宮も協同で設計している。

サン・カルロ劇場は、客席総数2400（平土間600席、6層桟敷1800席）の馬蹄形劇場で、王宮の建物に隣接している。[4] 1809年、建築家ニッコリーニ（VI章参照）が改築するも、1816年の火災で焼失し、すぐ翌年に再建され今にみる姿となった（図2）。かつて主要なオペラ上演の本拠地だったサン・バルトロメオ劇場（Teatro di San Bartolomeo）は、すぐ近くに建ったサン・カルロ劇場のおかげで不要となったので、サン・カルロ劇場の建設に関わったもう一人の建築家アンジェロ・カラサーレ（Angelo Carasale ?–1742）によって、同年の1737年に教会に転用され今に至っている。[5]

3 フィオレンティーニ劇場（Teatro dei Fiorentini 1618）、サン・バルトロメオ劇場（Teatro San Bartolomeo 1620）、ヌオーヴォ劇場（1724年ドメニコ・アントニオ・ヴァッカーロ設計）。

4 Mancini, Franco, *Il Teatro di San Carlo 1737–1987*, Napoli, 1987, p. 26.

図2 アントニオ・ニッコリーニ設計、サン・カルロ劇場

5 カタラーナ小路（Rua Catalana）にあるサンタ・マリア・デッレ・グラツィエ教会（Chiesa di Santa Maria delle Grazie）。

フォーロ・カロリーノ

ナポリには国王カルロ3世の名にあやかって命名された場所がもう一つできた。「フォーロ・カロリーノ（Foro Carolino）」、訳すと「カルロちゃんのフォーラム」という名の広場である。1757年、ナポリの市門の一つであるアルバ門の右手に位置する広場を、カルロ3世の治世を讃えるべくモニュメンタルなデザインでリニューアルしたものだ。現在のダンテ広場に相当し、改築以前は「小さな市場の広場（Largo del Mercatello）」と呼ばれていて[6]、食料品市場の屋台が立ち並ぶ庶民的な場所であった。カルロ3世から「フォーロ・カロリーノ」の設計を依頼されたのは、宮廷建築家のルイージ・ヴァンヴィテッリ（V章参照）である。

ヴァンヴィテッリは、不規則な形をしていた広場に、半円形の建物を配置して整備させ、広場のかたちを半円形にした。建物の中央部は凱旋門のような形で、中心に巨大な壁龕が設けられ、ヴァチカンのベルヴェデーレの中庭にある「巨大壁龕《ニッキオーネ》」（1565 ピッロ・リゴーリオ設計）を彷彿とさせる。[7] 壁龕の中には、カルロ3世の騎馬像を置く予定であったが最終的には実現しなかった（図3）。両翼の半円形にカーブしているこの建物（現・寄宿学校）[8]は、3階建てで中心部より低い高さになっている。2、3階は窓ごとに太いドーリス式の付け柱が並び、列柱廊のようにみせる視覚効果を狙っている。天井部のパラペットは手すりになっていて、各柱の上部に相当する位置に古典主義的な立像が一体ずつ合計26体置かれ、これらは君主制と関わる「徳」をテーマにした擬人像となっている。この列柱の上に像をのせる手法は、パッラーディオのテアトロ・オリンピコや、ベルニーニのサン・ピエトロ広場の列柱を思い起こさせる。

6 もしくは近くのスピリト・サント教会の名から、スピリト・サント広場（Largo dello Spirito Santo）とも呼ばれていた。

7 Wittkower, *op. cit.*, p. 342.

8 1861年よりイエズス会の寄宿学校（Convitto nazionale Vittorio Emanuele II）として使われている。

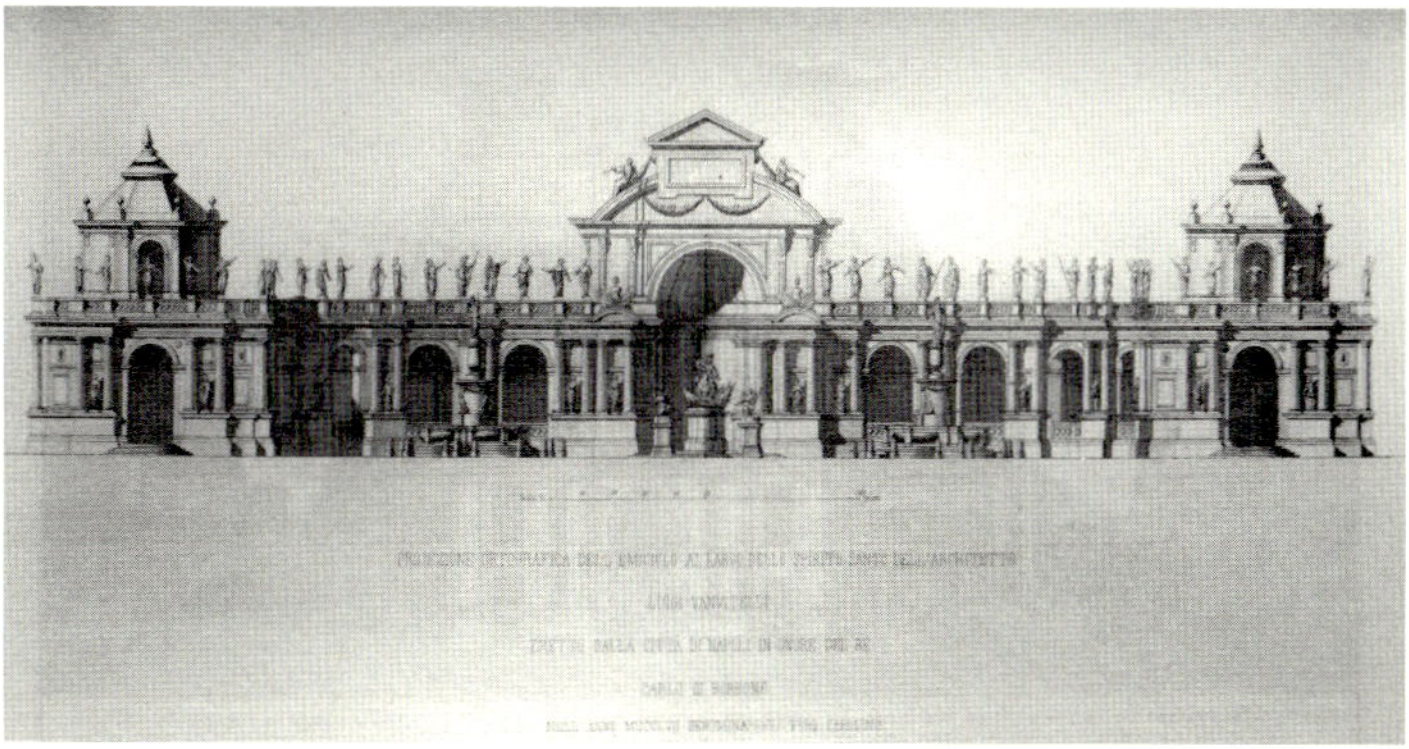

図3　ヴァンヴィテッリのフォーロ・カロリーノ設計案――カミッロ・ナポレオーネ・サッソ著『モニュメンタルなナポリ』1858年より

当時のナポリはロンドン、パリに並ぶ大都市であったにもかかわらず、象徴的な広場で美しく飾られた都市の整備が遅れていたので、このフォーロ・カロリーノの実現は、ナポリの街にとって必要不可欠で画期的なことだった。イタリア統一後、フォーロ・カロリーノには、当時のナショナリズムの気運に従い、国家を代表する偉人、ダンテの像[9]（ティート・アンジェリーニ作1871）が広場の中心に置かれ、ダンテ広場と改名されて今日に至っている（図4）。

ヴァンヴィテッリの弟子の建築家ヴィンチェンツォ・ルッフォ（Vincenzo Ruffo 1749–94）は、ヨーロッパ諸国を巡って建築を学び、ナポリを美しくするための都市計画の理論書『ナポリ都市美化論』（1789）などを著している（図5）。この中でルッフォは、数あるナポリの劇場はどれも道路に面しているだけで、いずれも劇場の前面にまともな広場が設けられていないことを嘆き[10]、劇場のみならずナポリの街を代表する主要建築の前に、幾何学的なシンプルさで美しくデザインされ

9　ダンテ没後550年を記念して建てられた。

図4　現在のダンテ広場

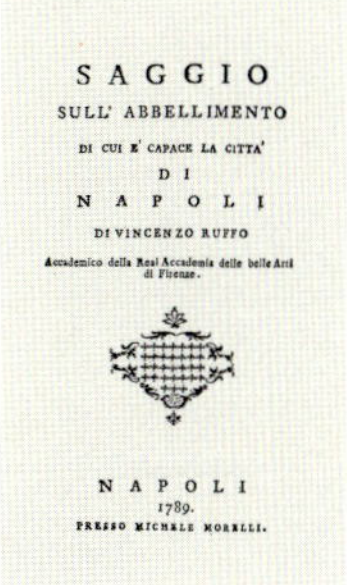

SAGGIO
SULL' ABBELLIMENTO
DI CUI E' CAPACE LA CITTA'
DI
NAPOLI
DI VINCENZO RUFFO
Accademico della Real Accademia delle belle Arti di Firenze.
NAPOLI
1789.
PRESSO MICHELE MORELLI.

図5　ヴィンチェンツォ・ルッフォ著『ナポリ都市美化論』（1789）の表紙

た広い広場を設けることと、それらを連結する大通りの必要性を説いている。おそらく彼の願いに叶ったものは、フォーロ・カロリーノのほか、以下に述べるもう一つのメルカート広場、王立公園《ヴィッラ・レアーレ》、19世紀になってから建設されたプレビシート広場ぐらいであろう。実際、１７７６年にナポリを訪れたサド侯爵は「ナポリには規則的な形をした広場が少ない」と述べ、形の整ったのはフォーロ・カロリーノぐらいしかなく、この広場は遠くから眺めても、その美しさと素晴らしさがすぐにわかると証言している。[11]

メルカート広場

フォーロ・カロリーノができた広場は、先に述べたように、かつて食料品市場のための広場であったが、もう一つナポリを代表する食品市の立つ広場が、その名のとおり「市場広場（Piazza del Mercato）」で、こちらは街の東側にあり、マサニエッロの反乱（1647）の舞台となった象徴的な場所でもある。１７８１年、「カルミネの聖母の祭り」で打ち上げられた花火が、広場の木造屋台を全焼させしてしまい、この広場はカルロ３世の後継者フェルディナンド４世の命によって、整備されることになった。[12] ナポリで活躍していたメッシーナ生まれのシチリア人建築家フランチェスコ・シクーロ[13]（Francesco Sicuro 1746–1826）が担当し、この広場を古典主義的な趣味で設計することとなった。シクーロは広場の一部を半円形のかたちにし、その円弧の中心に新古典主義様式のファサードで飾られたサンタ・クローチェ・アル・メルカート教会（Chiesa di Santa Croce al Mercato 1786）を配置してデザインした（図６）。広場の両端には一つずつオベ

10　Ruffo, Vincenzo, *Saggio sull'abbellimento di cui è capace la città di Napoli, Napoli*, 1789, pp. 62–63.

11　Marchese di Sade, *op. cit.*, p. 218.

12　Alisio, Giancarlo, *Urbanistica napoletana del Settecento*, Bari, 1979, p. 38.

13　またはセクーロ（Securo）とも。シクーロはナポリで、プレビシート広場のサレルノ館（Palazzo Salerno）（1775）、フォンド劇場（Teatro del Fondo 1778／現メルカダンテ劇場）を設計した。

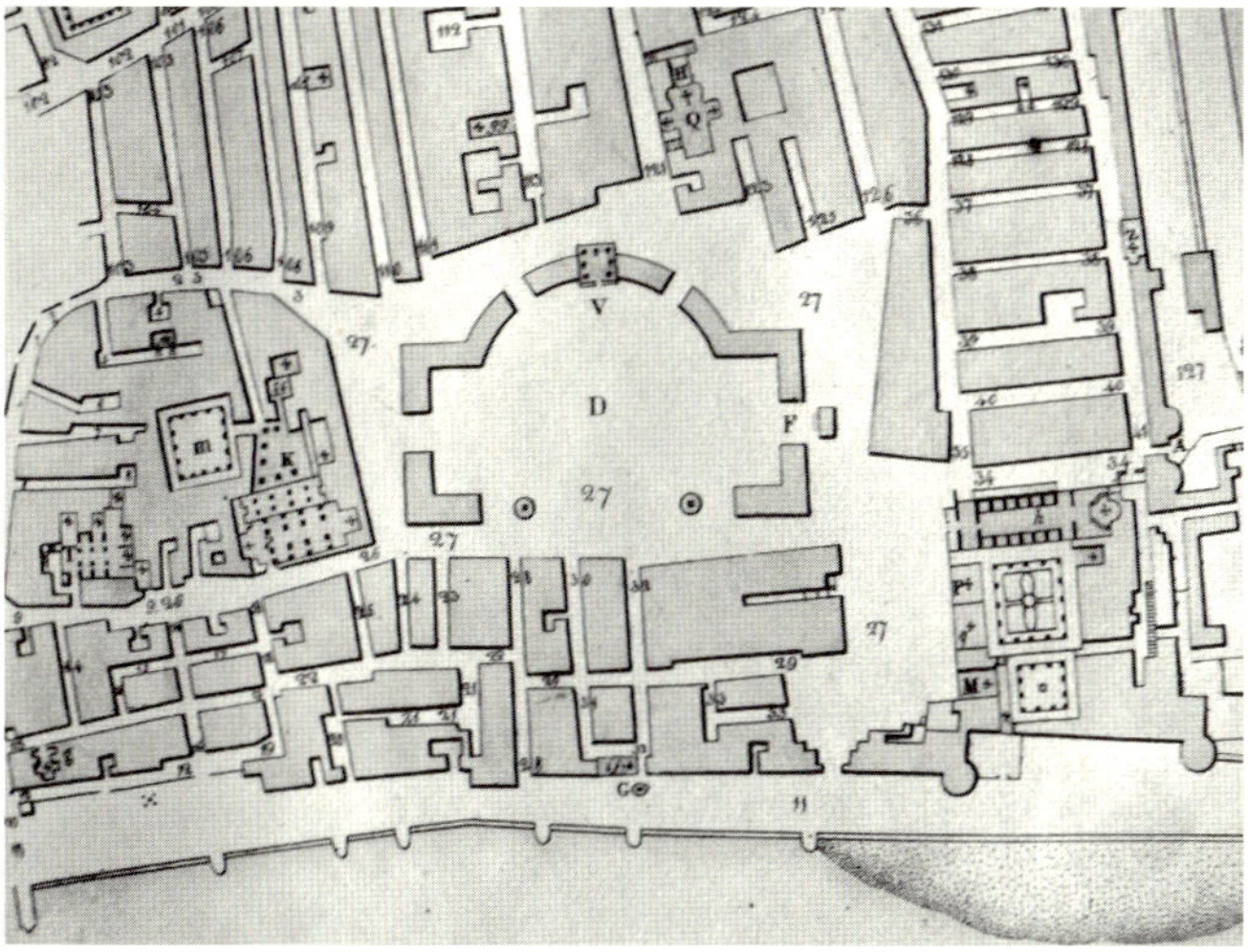

図6　19世紀初頭のナポリの都市図に描かれたサンタ・クローチェ・アル・メルカート教会（V）とメルカート広場（D）、ナポリ国立図書館蔵

リスクを置き、広場のシンメトリー性を強調させた。ピペルノ石でできたオベリスクには、白い大理石のライオンの頭部が四方につき、台座の四つ角にはスフィンクス像が置かれ、エジプト趣味も加味された新古典主義様式となっている（図7）。この広場には、1788年、同じくシクーロのデザインしたオベリスク付きの「ライオンの噴水（fontana dei leoni）」も配されていたが、のちに市中から離れたポッジョレアーレ地区へ移動され、現在はベヴェレッロ港の近くのモロジーリオ公園内に置かれている。[14] なお、かつてメルカート広場にはほかにも「ドルフィンの噴水（Fontana dei Delfini）」（移築）[15] とファンザーゴのデザインした「大噴水（Fontana Maggiore）」もあったが現存しない。

図7　フランチェスコ・シクーロ設計、メルカート広場のオベリスク（右）とサンタ・クローチェ・アル・メルカート教会（左）

14　1907年、この近くにトンネル（Galleria della Vittoria）が開通したのを機に、この場所に移動された。

15　メルカート広場に縁のある歴史上の人物マサニエッロから、別名「マサニエッロの噴水（Fontana di Masaniello）」とも呼ばれていたが、1812年にチェッレート・サンニータ市がナポリ市から購入して、チェッレート・サンニータの広場に移された。

王立公園「ヴィラ・レアーレ」

フェルディナンド4世が命じたナポリを美しくするためのもう一つの都市計画は、1778年の王立公園「ヴィラ・レアーレ（Villa Reale）」の造営である（図8）。ヴァンヴィテッリの息子カルロ・ヴァンヴィテッリ（V章を参照）による設計で、ナポリ西方の高級住宅地であるキアイア地区の海沿いに、約1・5キロメートルに及ぶ細長い敷地につくった公園である。パリのチュイルリー公園に誘発されて計画され、1781年に開園した。正門は東側のヴィットリア広場に接していて、ここにコーヒーハウスとブティックの入ったシンメトリカルな平屋建ての小さな建物（現存しない）を置き、これが門構えを際立たせるようになっている。1807年のナポレオン支配期、新古典主義の建築家ステファノ・ガッセ（Stefano Gasse 1778–1840）によって公園はリニューアルされて、内部に神殿風の東屋《あずまや》や、古代彫刻の複製やバロックの噴水が設置された。イタリア統一後は市民公園《ヴィラ・コムナーレ》（Villa Comunale）となり、イタリアを代表するもしくはナポリに所縁《ゆかり》のある偉人像がいくつも園内に置かれるようになり、今日みるような姿になった[16]（図9）。

王立公園《ヴィラ・レアーレ》の造営のおかげで、この公園に長く沿う大通り、リヴィエラ・ディ・キアイア（Riviera di Chiaia）には、19世紀前半、新古典主義様式で内外を飾った美しい貴族の館《パラッツォ》が新築され、次々と立ち並ぶようになった。たとえば、リヴィエラ・ディ・キアイア通り200番地のヴィラ・ピニャテッリ（Villa Pignatelli）、202番地のルッフォ・デッラ・スカレッタ館[17]（Palazzo Ruffo della Scaletta／図10）、256番地のピニャテッリ・ストロンゴリ館（Palazzo Pignatelli Strongoli）、281番地のカラッチョロ・ディ・サン・テオドーロ館（Palazzo Caracciolo San Teodoro）などがそ

16 詳しくは、Penna, Renato, *La Villa Comunale di Napoli*, in Napoli Nobilissima, volume V, fascicolo I, Napoli, 1966, pp. 19–33. を参照。

図9　現在の市民公園「ヴィラ・コムナーレ」（旧・王立公園「ヴィラ・レアーレ」）の入り口、ヴィットリア広場

17 2012年までドイツ文化会館「ゲーテ・インスティテュート」が置かれていたが、今はセッサ館（Palazzo Sessa）に移転した。

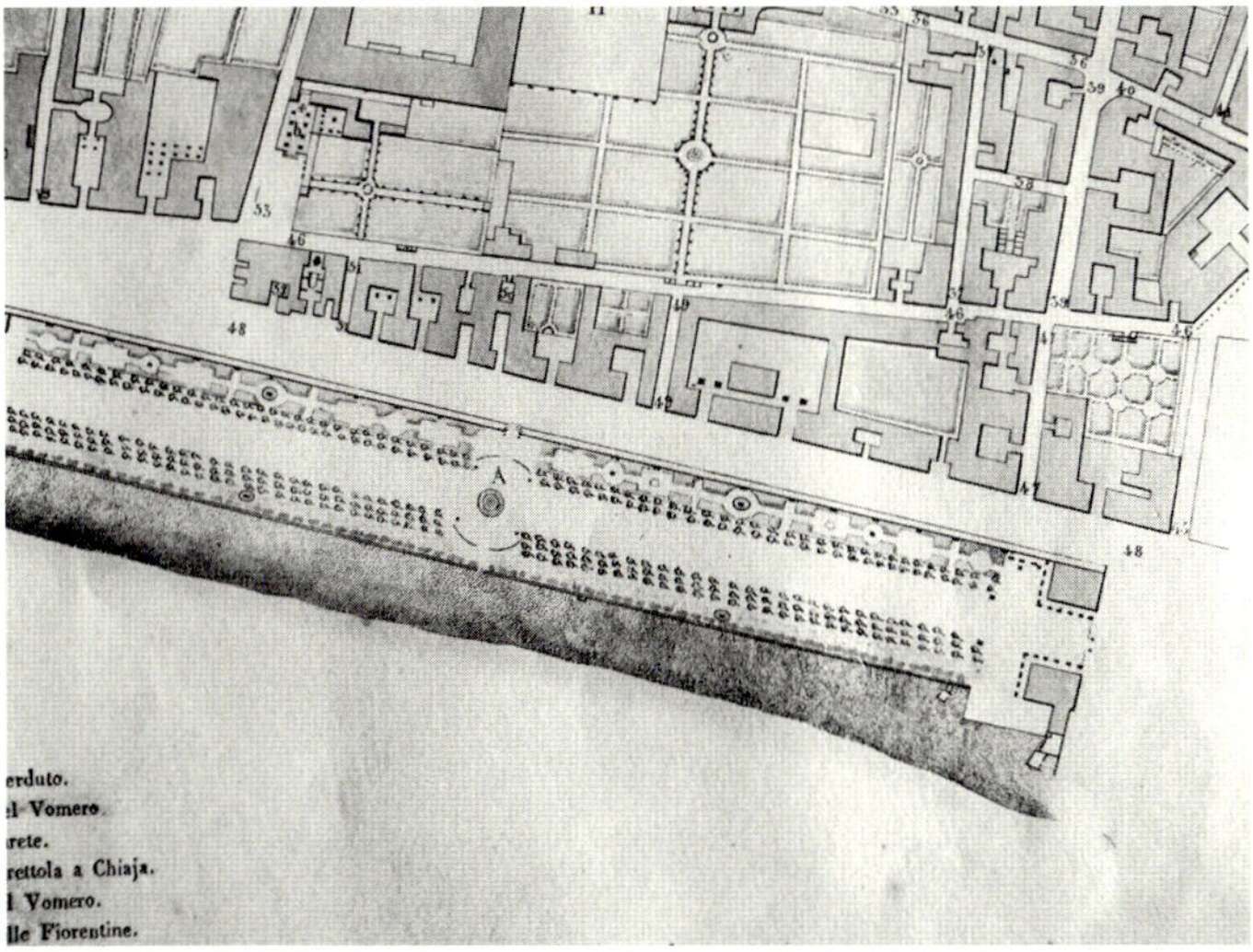

図8　上：19世紀初頭のナポリの都市図に描かれた王立公園「ヴィラ・レアーレ」（A）、ナポリ国立図書館蔵　下：1824年の版画にみる王立公園「ヴィラ・レアーレ」

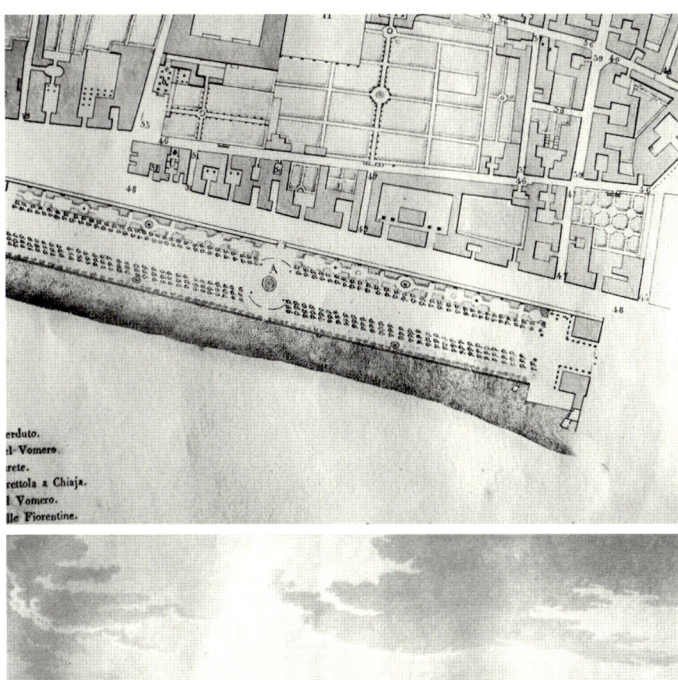

の好例だ。王立公園の入り口にあるヴィットリア広場には、ヴィットリア・ホテル（現在は住宅）も開業し、リヴィエラ・ディ・キアイア通りは19世紀前半はナポリの高級ホテル街となっていたが、1870年代に海を埋め立てて、現在の海沿いの大通りで高級ホテル街となったパルテノペ通りが建設されてから、この周辺のホテルはすたれてしまった。[18]

ポルティチの王宮とエルコラーノ遺跡の発見

ナポリ王の避暑地で温泉もある港町、カステッラマーレ・ディ・スタビア[19]へ向けて、ナポリから北東20キロメートル圏内は、18世紀後半よりナポリ貴族に人気の別荘地となっていった。ここはヴェスヴィオ火山の麓で海にも近く、山に向かって少し内陸に入った海岸線と並行した道路も通っている。まだ高速道路のない時代、この道はナポリとカラブリアの間を結ぶ幹線道路「王立カラブリア道（Strada Regia delle Calabrie）」の一部でもあった。そのため周辺地域はナポリからの交通の便がよく、ヴェスヴィオ山と海の両方の景色を望む風光明媚さから、16世紀からナポリ貴族の別荘がすでにいくつか建てられていたが、今日ではもうその跡形をみることができない。[20] というのも1631年、ヴェスヴィオ火山史上、特に規模の大きい噴火があり、この地域にあった美しい別荘群はすべて焼き尽くされてしまったからだ（図11）。

図10 ルッフォ・デッラ・スカレッタ館の内部階段、リヴィエラ・ディ・キアイア通り

18 詳しくは、Kawamura, Ewa, *Albergo della Vittoria a Napoli, nell'epoca di Martino e Gaetano Zir (1824–1877)*, in Napoli Nobilissima, 5. s. v. 10, nn. 3–4, Napoli, 2009, pp. 107–136. を参照。

19 カステッラマーレ・ディ・スタビアは、古代のスタビアエで、ローマ貴族や富豪の別荘地でもあったが、ここから近い風光明媚なソレントが19世紀半ば以降になって観光化が進むと、温泉町として繁栄していたカステッラマーレ・ディ・スタビアはすっかり廃れてしまった。

20 Alisio, *op. cit.*, p. 18.

図11　ペレーの版画に描かれた1631年のヴェスヴィオ噴火の惨状、左上でナポリの町の守護聖人サン・ジェンナーロがヴェスヴィオ山を見守っている

紀元後79年のヴェスヴィオ大噴火の火山灰で埋もれた二つの有名な古代都市、ポンペイとエルコラーノもこの地域にあって、18世紀前半、発掘調査がカルロ3世の命によって行われるようになる。1738年にエルコラーノ、1748年にポンペイ、1749年からは、古代ローマの富豪の巨大な別荘群が埋まっているカステッラマーレ・ディ・スタビアの発掘も始まった。エルコラーノで発見された発掘品の数々は、ヨーロッパ中から関心を一手に集め、と同時に18世紀後半より、この周辺地域でナポリ貴族の別荘ブームが起こった。

　これらの別荘《ヴィラ》は荒廃したものもかなりあるものの、今も数多く残っていて「ヴェスヴィオ山麓ヴィラ群《ヴィッレ・ヴェスヴィアーネ》（Ville vesuviane）」と呼ばれている。特にエルコラーノ（旧レジーナ）[21]から2キロメートル弱南下した

21　エルコラーノは当時レジーナ（Resina）と呼ばれていて、ナポリからヴェスヴィオ登山へ行く旅行者が必ず通過する町だった。

町トッレ・デル・グレコまでの間の地域に、18世紀のナポリ貴族の別荘が集中しており、この二つの町を結ぶ幹線道路沿いとその周辺は「黄金の1マイル《ミリオ・ドーロ》（Miglio d'Oro）」と呼ばれている。ナポリとカラブリアの間を結ぶ幹線道路（王立カラブリア道）のうちでもとくに素晴らしいヴィラが集中する、文字どおり、1マイル（約1・6キロメートル）に相当するポルティチとエルコラーノの間を指していたのであろうが、今では、ミリオ・ドーロといっても、ヴェスヴィオ山麓ヴィラ群が点在する、もっと広範囲の町々も含まれている。ナポリの近くから挙げると、サン・ジョヴァンニ、バッラ、サン・ジョルジョ・ア・クレマーノ、ポルティチ、エルコラーノ、トッレ・デル・グレコといった町である。

ヴィラ・デルブフ

「ミリオ・ドーロ」にある別荘のなかで、歴史的にもとくに意義深いのは、フランス貴族エルブフ公爵（Emanuel Maurice, duc d' Elboeuf 1677–1763）がポルティチに建てたヴィラ・デルブフ（Villa d'Elboeuf）だ（図12）。ヴェスヴィオ山麓ヴィラの保存と研究を推進する財団法人（Fondazione Ente Ville Vesuviane）は、18世紀以降この地に建設されたヴィラを122軒リストアップしているが、ヴィラ・デルブフを〝最初の〟ヴェスヴィオ山麓のヴィラとして位置づけている。

エルブフ公爵が、陸軍中尉としてナポリに駐在中の1711年、ナポリの著名な建築家サンフェリーチェ（II章参照）に依頼して、ポルティチのグラナテッロ港に直結した土地に私邸を建てたものだが、このヴィラ・デルブフの建設がエルコラーノ遺跡を発見するきっかけとなった。

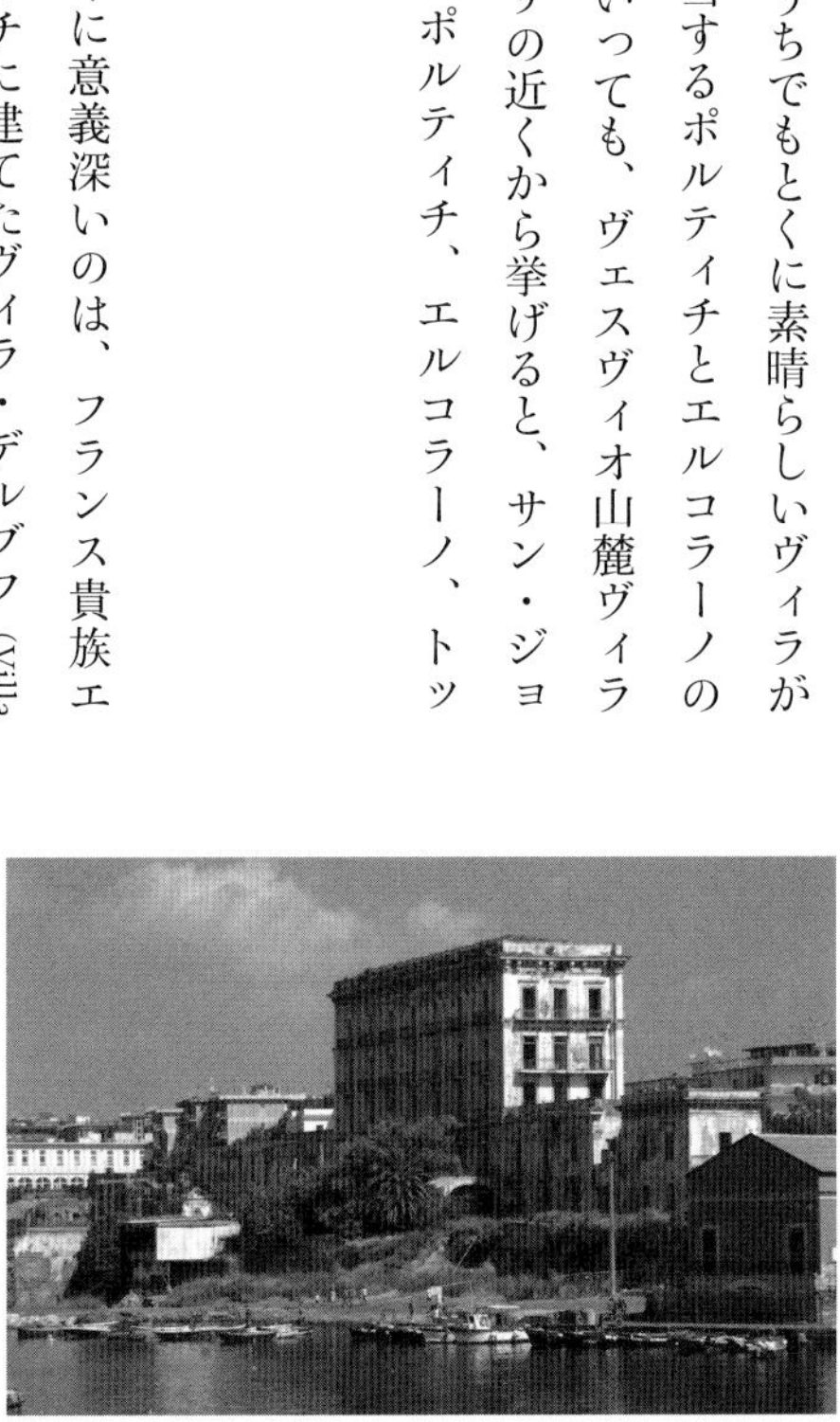

図12　現在のヴィラ・デルブフ、ポルティチ

ポルティチはエルコラーノのナポリ寄りの隣町で、ヴィラ建設のための整地工事で土地を掘削している際、近くの農家の井戸から古代の大理石の破片が見つかった。これを見逃さなかったエルブフ公爵は、さらに近辺の土地の掘削を進めるよう指示し、大理石のヘラクレス像や、柱、床まで発見された。[22]

　エルコラーノ（ヘルクラネウム）の町の名の語源は、エルコレ（ヘラクレス）からきており、ヘラクレスの像が発見されたので、当初ここはヘラクレスを奉った神殿跡と思われていた。エルブフ公爵による発掘は、彼のポルティチ滞在が終わる１７１６年で中断してしまったが、後年ここは神殿ではなく古代劇場の跡であることが判明した（図13）。エルコラーノ遺跡で最初に発見されたのがこの劇場だったので、英国の作家チャールズ・ディケンズもここを訪れて書き残しているように、この劇場は19世紀までの旅行者のエルコラーノ遺跡見学の白眉だった。しかし地下にあって危険なため、20世紀から今日まで特別な場合を除き一般公開されていない。このエルコラーノの古代劇場は、現在、公開されているエルコラーノ遺跡の区画から少し離れていて、車道をポルティチ方面に進んだ場所に入り口がある。１７８７年にここを訪れたゲーテは、次のように描写している。

「洞穴の中へ60段ほど降りていくと、そこにそのむかし碧空の下にあった劇場が、炬火《たいまつ》の光に照らし出されているのを見て、驚嘆する。そしてここあったいろいろな品物が発見され、運び出された顛末を説いて聞かされる」[23]

22　Fidora Attanasio, Celeste, *Ville vesuviane e Siti Reali*, Napoli, 1998, p. 54.

23　ゲーテ『イタリア紀行（中）』相良守峯訳、岩波文庫、１９６０年改版、48頁。

図13　1827年のル・リッシュの版画に描かれたエルコラーノの古代劇場内の階段部分

ポルティチの王宮

ナポリ国王カルロ3世も、ヴィラ・デルブフとエルコラーノ遺跡の発掘にすぐさま誘発された。そこで王もポルティチに王宮（Reggia di Portici）を構え、エルコラーノ遺跡の本格的な発掘調査の開始を命じたのだ。こうして王宮の建設と遺跡発掘が、同年の1738年に始まった。当時カルロ3世は22歳、14歳のマリア・アマーリア・フォン・ザクセンと結婚したのもまた同じ1738年だった。

もちろんポルティチの王宮も、山（ヴェスヴィオ火山）と海の両方の素晴らしい景色が望める立地にある。南側と北側に広大な庭園も擁するが、直接海には面していなかった（図14）。そこで王は、釣りを楽しむのに便利なヴィラ・デルブフを、王宮の〝離れ〟にするため、購入した[24]。当時のヴィラ・デルブフの建物は2階建てで、バロック建築らしい長細い長方形の平面計画で、海に面したファサードには、サンフエリーチェの得意とする楕円曲線に沿って双方から上り下りできる手すりがついた美しい階段もあった。1階よりも2階が狭くなったひな壇状で左右対称のファサードだが、のちに現在の姿に増階されてしまい、18世紀の建築に特有なプロポーションは失われてしまった。

フエルディナンド4世の時代には、建物左手の海際に「王女の海水浴場」（脱衣室などがある一種の海の家）と呼ばれる2階建ての半円形平面の新古典主義様式の建物もつくられたが、これは現在その形骸化した廃墟となっている。ポルティチに王宮があることから、1839年にイタリアで最初に開通した鉄道路線は、他でもないこのポルティチとナポリの間であった。しかし

図14　ジョヴァンニ・バッティスタ・ルジィエーリ《ヴェスヴィオ山とポルティチの王宮のある風景》、1741

24　エルブフ公爵は、ナポリを撤退する1716年にポルティチの館をカンナロンガ公爵ジャチント・ファッレッティ売却し、カルロ3世は彼から購入した。Fidora Attanasio, *op. cit.*, p. 54.

ヴィラ・デルブフの北側ファサードすれすれに線路が敷かれたため、ヴィラの周辺環境は悪化。建物は時代とともに荒廃の一途をたどって近年は目に余る姿になってしまったが、２０１３年にとある企業家に売却され、近いうちに修復される予定となっている。

一方ポルティチの王宮は、現在ナポリ・フェデリコ２世大学の農学科（旧・農学部）として使用されている。[25] カルロ３世は、ポルティチの王宮建設用地として、パレーナ伯爵とサントブオーノ公の邸宅のある土地を購入し、設計はサン・カルロ劇場の建築家と同じカネヴァーリとメドラーノに依頼する。ポルティチの王宮は、ナポリとトッレ・デル・グレコの間を結ぶ幹線道路に面して建てられ、この道路を分断するように建物が配置された。よって北側（ヴェスヴィオ山側）上宮と南側（海側）の下宮に分かれ、それぞれにファサードの前には広大な庭園が縦長に広がるようになっている（図15）。

王宮を突き抜ける道路部分は、同時に建物の中庭の役割も果たすこととなるが、通行する側からみればそれは王宮前広場でもある。建物の東西のファサード面がそれぞれ門状にくり貫かれトンネルになっていて、通行路になっている。真ん中の大きいアーチが馬車用、両脇の少し低めにつくられたトンネルが通行人用となり、凱旋門のように３分割されている。この王宮前広場（あるいは王宮の中庭）の長方形平面の４つ角は、４分の１に切られた円が突出する形になっていて、パリのヴァンドーム広場を彷彿とさせるデザインだ[26]（図16）。広場に面したファサードは左右対称、南側も北側も３連アーチのポルティコがついていて、王宮の庭がアーチ越しからのぞけるようになっている。上宮の北側に広がる庭園は、ファサードに沿った長さの

25 １８７２年に王立農業高等学校に転用され、１９３５年にナポリ・フェデリコ２世大学の農学部となった。

図15　ポルティチ王宮の下宮の南側ファサード

26 *Alisio, op. cit.*, p. 19.

図16　ポルティチの王宮の道路側ファサードが形成する公共の広場

長方形を4分割するように道を通し整然としたフランス風庭園と、その右手に広がる36ヘクタールもある森のような庭からなっている。海の景色が望める下宮の南側ファサードにはU字型のテラスがあり、そこは胸像で飾られ、海の方向へ向かって庭園が伸びている。

内部の大階段をはじめ、主要な空間の内装のフレスコ画を担当した画家は、王立サン・カルロ劇場の舞台美術家でもあるヴィンチェンツォ・レ（Vincenzo Re 1695–1762）だ。レは、クワドラトゥーラ（建築物のように見せかける立体的なだまし絵）を専門とする画家で、バロックオペラの舞台装置を思わせる内装画となっている[27]（図17）。ポルティチの王宮内で特筆すべき空間は、カルロ3世の妻マリア・アマーリア・フォン・ザクセンの化粧室《ブドワール》である。この部屋は「カポディモン

27　肖像画を得意とする画家ジュゼッペ・ボニート（Giuseppe Bonito 1707–89）は付属礼拝堂のフレスコ画を担当した。詳しくは、AA.VV., *La Reggia di Portici nelle collezioni d'arte tra Sette e Ottocento*, Napoli, 1998. を参照。

図17　上：ポルティチの王宮の大階段　下：ポルティチの王宮のかつての衛兵の間

テ焼」を駆使した中国風《シノワズリー》の装飾で内装が施されたのだ（図18）。マリア・アマーリアの故郷ザクセン地方では、マイセン磁器の窯元が1710年に開かれていたが、ナポリ王国にはそれに匹敵する磁器の生産がなく、カルロ3世は妻の名誉にかけマイセン磁器に対抗すべく、1734年、ナポリのカポディモンテ宮殿（次節参照）の敷地に王立陶磁器工場を設立させた。そこでカポディモンテ焼が、生産されるようになったのだ。

王妃の化粧室《ブドワール》内装用のカポディモンテ焼の成型を担当したのは、1757年、「王の彫刻家」の異名をもつジュゼッペ・グリッチ（Giuseppe Gricci 1720頃–71）で、カポディモンテ焼の壁に用いるタイルやシャンデリアの製作に貢献した。デザインはクワドラトゥリスタ（遠近法による天井画、だまし絵クワドラトゥーラ専門の画家）のジョヴァン・バッティスタ・ナターリ（Giovan Battista Natali 1698–1768）が担当し[28]、カラフルな唐草模様と風俗画のタッチで描いた中国人たちを、白地の磁器タイルの上に盛り上げてデコレーションし、天井も壁のデザインと同じ様式のロカイユで装飾した。この稀有な化粧室《ブドワール》の内装は、イタリア統一後の1866年、ポルティチの王宮からカポディモンテの王宮に移築され、今日はカポディモンテ美術館で見ることができる。

ムゼオ・エルコラネンセ

さらにポルティチの王宮には、考古学博物館も併設されていた。1755年、エルコラーノやポンペイの遺跡の発掘が進むなか、考古学研究を目的としたエルコラーノ学会《アカデミア・エルコラネンセ》が、ポルティチの王宮内で設立した。1758年、これらの遺跡からの出土品を展示する王立エルコラーノ

図18　かつてポルティチの王宮内にあったマリア・アマーリア・フォン・ザクセンの化粧室、カポディモンテ美術館

28　ナターリは、1734年、ナポリの王宮の内装を行っていた。

博物館「ムゼオ・エルコラネンセ（Museo Ercolanense）」が、王宮の一翼に開館したのだ。ポルティチの王宮とともにここは、グランドツーリストたちの必須訪問地となり、ゲーテはナポリ滞在中に王立エルコラーノ博物館に何度も通い[29]、その展示品の充実ぶりを次のような感想で残している。

「なんといってもあの美術館は、古代美術蒐集におけるアルファにしてオメガだ」[30]

1776年に訪れたサド侯爵は、全14室の展示品を事細かに旅行記中で述べていて、どの部屋の床も、発掘品から模した古代のモザイクのレプリカを敷き詰めていたという[31]。

ローマ出身の画家カミッロ・パデルニ（Camillo Paderni 1720–70）が館長となり、彼の方針によって、王立エルコラーノ博物館内でのスケッチは禁止されていた。監視人は常にさっさと見て出ていけという態度を訪問者に押しつけてくるので、見学者たちは後ろ髪を引かれる思いで博物館を後にするしかなかった。そのため建築家や考古学者たちは、見学後はすぐ近くのオステリアに腰掛けて、記憶を頼りに出土品のスケッチをするのが慣例だった。博物館カタログの代わりとなるエルコラーノ学会が編纂した豪華版画集『エルコラーノ出土の古代美術』（全8巻 1757–92）出版され[32]、この本はナポリ王国の栄華を宣伝する目的もあって、王侯や貴族や外交官、高位の文化人に無償で配布された（図19）。反響は大きく、普及版がヨーロッパ各地で出回るようになり、新古典主義様式の美術・建築の流行にさらなる拍車をかけることとなった。

王立エルコラーノ博物館の栄光は、1799年のパルテノペ革命で暗転する。収蔵品の多くは、革命の動乱やフランス軍に荒らされる前に、王の脱出とともにシチリア島のパレルモ

29 ゲーテ、前掲書、48頁。

30 同前書、210頁。

31 この他にも宮殿の別の翼に、発掘品が展示されていた。Marchese di Sade, *op. cit.*, pp. 312–321.

32 Mansi, Maria Gabriell, *Libri del re. Le Antichità di Ercolano esposte*, in AA.VV., *Herculanese Museum. Laboratorio sull'antico nella Reggia di Portici*, Napoli, 2008, pp. 115–145.

図19　アンゲーリカ・カウフマン《『エルコラーノ出土の古代美術』を手にするジョン・バイイングの肖像》、1765、背景にはサンタ・ルチア地区からみたナポリ湾の景色

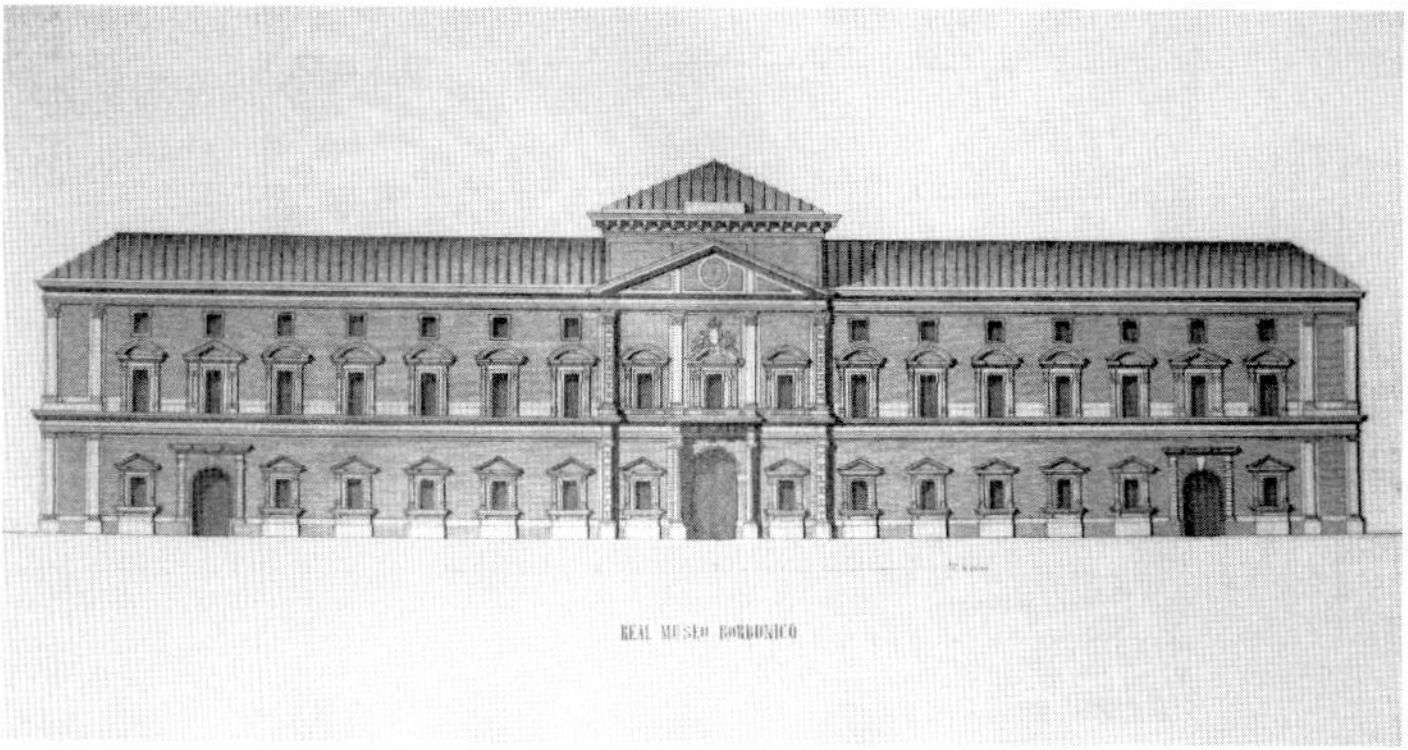

図20　王立ブルボン博物館——カミッロ・ナポレオーネ・サッソ著『モニュメンタルなナポリ』1858年より

へ避難させられ、残りの収蔵品はナポリの「学問の館（Palazzo degli Studi）」に移動させた。現在の世界的に名高いナポリの国立考古学博物館の前身となる建物で、16世紀末に兵舎（Cavallerizza）として建てられたが、1612年、ドメニコ・フォンターナの息子ジュリオ・チェーザレ・フォンターナ（II章参照）の設計によって、「学問の館」に生まれ変わった。ここには1776年まで大学と図書館が置かれていたが、[33] 1777年にはのちに述べる「ファルネーゼ家のコレクション（Collezione Farnese）」の古代の彫刻やポンペイなどの発掘品を展示する「王立ブルボン博物館（Real Museo Borbonico）」として使用された[34]（図20）。しかし19世紀前半まで、旧名称の学問の館と呼ばれて親しまれていた。イタリア統一後に、国立博物館（1958年より現在の名称、国立考古学博物館に改称）となり、今日に至っている。

19世紀初頭になってもエルコラーノの王立エルコラーノ博物館は、ナポリを訪れる旅行者にとって必須の見学地であり、1817年にはスタンダールも訪れ、

33　1697から1701年にジャンバッティスタ・ヴィーコがここで修辞学の教鞭を執っていた。

34　詳しくは、Rubino, Gregorio, *La sistemazione del Museo Borbonico di Napoli nei disegni di Fuga e Schiantarelli (1777–79)*, Napoil, 1973. を参照。

発掘されたフレスコ画に驚嘆し、22の陳列室があったと回想している。[35] フランスの支配が終わり、ブルボン家がナポリに戻ると、避難させていた収蔵品と王立エルコラーノ博物館の展示品はすべてナポリの学問の館（現・国立考古学博物館）に収められ、1822年、王立エルコラーノ博物館は閉館した。近年ポルティチの王宮内では、かつての王立エルコラーノ博物館を紹介しながら疑似体験できる博物館（Herculanense Museum）が設置され、一般公開されている。

ナポリ貴族のステータス——ヴェスヴィオ山麗ヴィラ群

前節では最初の「ヴェスヴィオ山麓ヴィラ」とされるヴィラ・エルブフをみたが、この節では廃墟となっても特に重要なもの、もしくは修復されて現在見学可能なものを中心に、主要なヴェスヴィオ山麓ヴィラ《ヴィッレ・ヴェスヴィアーネ》の事例を取り上げる。前節でもみたよう、ヴェスヴィオ山の麓《ふもと》が別荘地として注目されたのは、山と海の両方の景色が望めるという景観的な理由だけでなく、エルコラーノ遺跡の発掘、ポルティチの王宮といった当時の流行に沿ったものが集中していたことに関係あったからだ。

さらに18世紀後半より、ヴェスヴィオ火山の景色が今までになく珍重される美意識の転換が起こっていた。滝、荒れた海原、洞窟、渓谷、氷河、断崖絶壁といった、命の危険と隣り合わせになった恐ろしい自然の驚異に美をみる「崇高《サブライム》」の概念が浸透しはじめたのだ。すなわち

35 スタンダール『イタリア紀行——1817年のローマ、ナポリ、フィレンツェ』臼田紘訳、新評論、1990年、87頁。

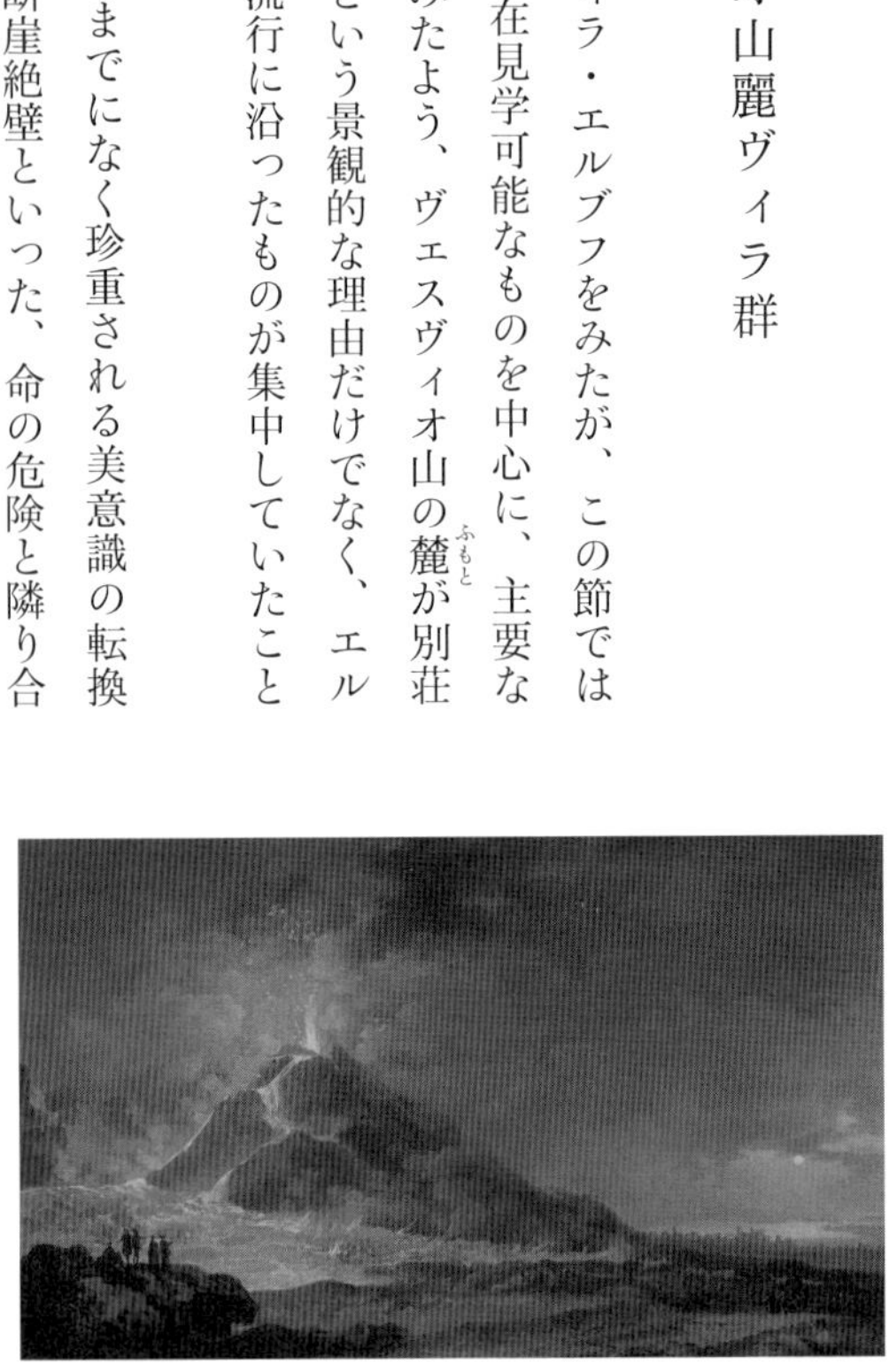

図21 ピエール＝ジャック＝アントワーヌ・ヴォレール《1771年5月14日のヴェスヴィオ山の噴火》、カールスルーエ美術館

ヴェスヴィオ火山の噴火は、格好の崇高美の対象だった。まさに18世紀はヴェスヴィオ山の噴火が度重なり、噴煙だけや規模の小さいものも含めるとほぼ毎年のように起こっていたが、とくに大規模な噴火は1723年、37年、61年、67年、71年、79年、94年にあった。闇夜に見える赤光した噴煙は、非日常的なスペクタクルそのもので、多くの画家のインスピレーションを刺激し、ピエール＝ジャック＝アントワーヌ・ヴォレール（Pierre-Jaques-Antoine Volaire 1729–1802より以前）をはじめ、ヴェスヴィオ火山の夜の噴火の風景を専門に描く画家も登場し、ナポリを訪れたグランドツーリストたちのいい土産品にもなっていた（図21）。つまりナポリ貴族たちは、こういった光景を間近にみることのできる土地に別荘を建てるようになったのだ。

グランドツーリストたちは、ゲーテのようにヴェスヴィオ登頂を行い、ナポリ近郊の町ポッツォーリにある、かつて火山の火口であったソルファターラに行き、立ち上る硫黄の煙をみにいくことを好むようになった。つまりヴェスヴィオとソルファターラは、ナポリを訪れた当時の旅行者にとって欠かせぬ旅の行程だったのだ。ナポリに駐在していた英国大使のウィリアム・ハミルトン卿（Sir William Hamilton 1730–1803）は、エルコラーノなどから出土された古代の壺の蒐集家として知られるが、同時に有名な火山マニアでもあり、ヴェスヴィオ山やソルファターラをはじめとするナポリ・シチリア王国内の火山の研究を行い、挿絵付きの豪華本『カンピ・フレグレイ――両シチリア王国での火山観測』（1776）を出版[36]、これもまたヨーロッパの貴族・知識人の間で人気を呼んだ書物となった（図22）。

火山観測という科学的好奇心も手伝い、ハミルトン卿もナポリ貴族たちの流行に従って、

36　Hamilton, William, *Campi Phlegraei. Observations on the volcanos of the Two Sicilies*, Naples, 1776.

図22　ウィリアム・ハミルトン『カンピ・フレグレイ――両シチリア王国での火山観測』に掲載された火口「ソルファターラ」の挿絵（ピエトロ・ファブリス画）

ヴェスヴィオ山麓にヴィラを持った。ヴィラ・アンジェリカ（Villa Angelica）と呼ばれている18世紀初頭の建物で、トッレ・デル・グレコの町の幹線道路上（ナツィオナーレ通り）に面し、現在はサルヴァトーレ館（Palazzo Salvatore）とも呼ばれている。トッレ・デル・グレコといっても東の隣町トッレ・アヌンツィアータに近く、[37] ここはハミルトン卿の愛するヴェスヴィオへの登頂には、ポルティチの王宮近くのエルコラーノよりもずっと便利であった。この別荘には英国人の著名人たちが招待され、1770年に作曲家のチャールズ・バーニー、1782年に画家のジョン・ロバート・カズンズが泊まって、ここから見える景色をいくつか描き残している。[38] ハミルトン卿がナポリを去ったあとの19世紀、ヴィラ・アンジェリカは「英国のヴィラ（Villa Inglese）」と呼ばれ、リッツィ＝ザンノーイの地図（1817–19）には、このヴィラの前にある突出した海岸線は、「英国人の岬（Punta dell'Inglese）」と表記されていた。[39]

ヴィラ・シニョリーニ

先にも述べたように、ヴェスヴィオ山麓で特に重要なヴィラが集中するのは、文字どおり「黄金の1マイル《ミリオ・ドーロ》」に位置するポルティチ王宮とエルコラーノを結ぶ1・6キロメートルほどの幹線道路沿いである。ポルティチの王宮前の幹線道路を東に進むとすぐにエルコラーノ市に入り、右に曲がる道を少し入った右手には、18世紀のヴィラ・シニョリーニ（Villa Signorini）がある[40]（図23）。その意匠から、ナポリで活躍した有名建築家ドメニコ・アントニオ・ヴァッカーロ（III章参照）、もしくはその弟子が設計した可能性が高いという。庭もバロック的な構成でデザ

37 トッレ・アヌンツィアータには、カルロ3世の命で建設された兵器工場（Reale fabbrica d'armi di Torre Annunziata 1758／フェルディナンド・フーガ）があった。

38 Knight, Carlo, *Hamilton a Napoli*, Napoli, 2003, pp. 52–54.

39 Knight, Carlo, *I luoghi di delizie di William Hamilton*, in Napoli Nobilissima, volume XX fascicolo V–VI, Napoli, 1981, pp. 187–188.

40 ローマ通り（旧via Cecere）43番地にあり、現在はホテルとレストラン「Villa Signorini Relais」になっている。

図23　ヴィラ・シニョリーニの道路側ファサード

インされていて、建物の幅に合わせた長方形の庭があり、遊歩道は十字に区切られ、交差点には噴水が置かれその中心にはレダの像が置かれている。建物中心軸に沿った道の奥には、母屋のバロック様式に合わせた東屋が置かれている（図24）。正方形平面で、一番奥の面以外の3方にアーチの開口がつき、ブロークン・ペディメントが使われ、屋根はドームになっていて黄色と緑の鮮やかなマヨルカ焼タイルの瓦が敷かれている。おそらく「カフェハウス」として建てられたものだろう。カフェハウスといっても商業的な店舗《コーヒーハウス》ではなく、18世紀の庭園で貴族がコーヒーを飲みながら座っておしゃべりをして過ごす東屋《あずまや》のことで、ヴェスヴィオ山麓ヴィラの庭園では、こういったカフェハウスを設えることが流行していた。

ヴィラ・シニョリーニの館内のサロンの多くは、18世紀の建築的立体だまし絵《クワドラトゥーラ》のフレスコ画が描かれ今も残っているが（図25）、19世紀初頭のロマン主義時代の風景をモチーフにしたフレスコ画の部屋や、20世紀初頭に流行したリバティ様式で改装された部屋もある。なおヴィラ・シニョリーニの名は、1911年、トマト缶の製造で知られるチリオ社のオーナー一族のパオロ・シニョリーニの手に渡ったことに由来している。[41]

現在の幹線道路（旧王立カラブリア道）は町によって名を変えていく。エルコラーノ市内ではレジーナ通り（Corso Resina）と呼ばれ、この途中にエルコラーノ遺跡の入り口があり、ここをさらに東へ進んだレジーナ通りには、とくに重要なヴェスヴィオ山麓のヴィラ群が軒をつらねて続いていく。偶数番地はヴェスヴィオ火山側、奇数番地は海側となっていて、まず左手（山側）にあるレジーナ通り296番地には、近年よりホテルに転用されたヴィラ・アプリーレ（Villa

図24　ヴィラ・シニョリーニの庭園内にある東屋

41　Fidora Attanasio, Celeste, *op. cit.*, p. 58.

図25　18世紀の建築的立体だまし絵の天井画が描かれたヴィラ・シニョリーニのサロン

Aprile）が、[42] そして３１０番地には、フェルディナンド・サンフェリーチェ（III章参照）が設計したと推測されるヴィラ・ドゥランテ（Villa Durante）がある。[43]

ヴィラ・カンポリエート

さらにこの道路を東へ進むと、レジーナ通りの右手（海側）の２８３番地に、ヴェスヴィオ山麓ヴィラの中で最も名高いヴィラ・カンポリエート（Villa Campolieto）が姿を現す（図26）。このヴィラの歴史は、１７５５年、カンポリエート公でもあるカサカレンダ公爵ルツィオ・デ・サングロが、同家のナポリの邸宅の改築を任せていた建築家マリオ・ジョッフレード（本章最終節を参照）に設計を依頼したことに遡る。ジョッフレードは、ナポリのサン・ドメニコ・マッジョーレ広場に面する邸宅サングロ・ディ・カサカレンダ館（本章最終節を参照）の改築も担当しており、その際にかつてコジモ・ファンザーゴ（III章参照）のデザインした大階段を取り壊して、工事中に発掘された古代遺物《アンティック》を使って全く別のデザインにしてしまった。改築をジョッフレードに任せていたカサカレンダ公爵夫人マリアンナ・ディ・サングロは、大切に保存しようと思っていたファンザーゴの大階段を破壊されたことに立腹し、ジョッフレードを解任、同時にエルコラーノで進行していたヴィラ建設の仕事も断ってしまった。[44]

そこでカサカレンダ公爵家のナポリの邸宅の改築とエルコラーノの新築ヴィラの設計は、もっと有能で著名な建築家を起用して完成させることになった。ほかでもないカゼルタ王宮の設計者ルイージ・ヴァンヴィテッリ（V章参照）が、後を引き継いだのだ。[45] ヴァンヴィテッリが、

42　アプリーレは、１８７９年から２００６年にホテル（Miglio d'Oro Park Hotel）に転用される前までの所有者名で、18世紀の建設当初は、リアリオ・スフォルツァ公のものだった。

43　ドゥランテは19世紀になってからの所有者名で、「ノーヤ公爵の地図」（1775）では、テオラ公爵のヴィラと記されていた。

44　Cfr. Fiengo, Giuseppe, *Gioffredo e Vanvitelli nella nei palazzi dei Casacalenda*, Napoli, 1976; Fiengo, Giuseppe, *Vanvitelli e Gioffredo nella Villa Campolieto di Ercolano*, Napoli, 1974.

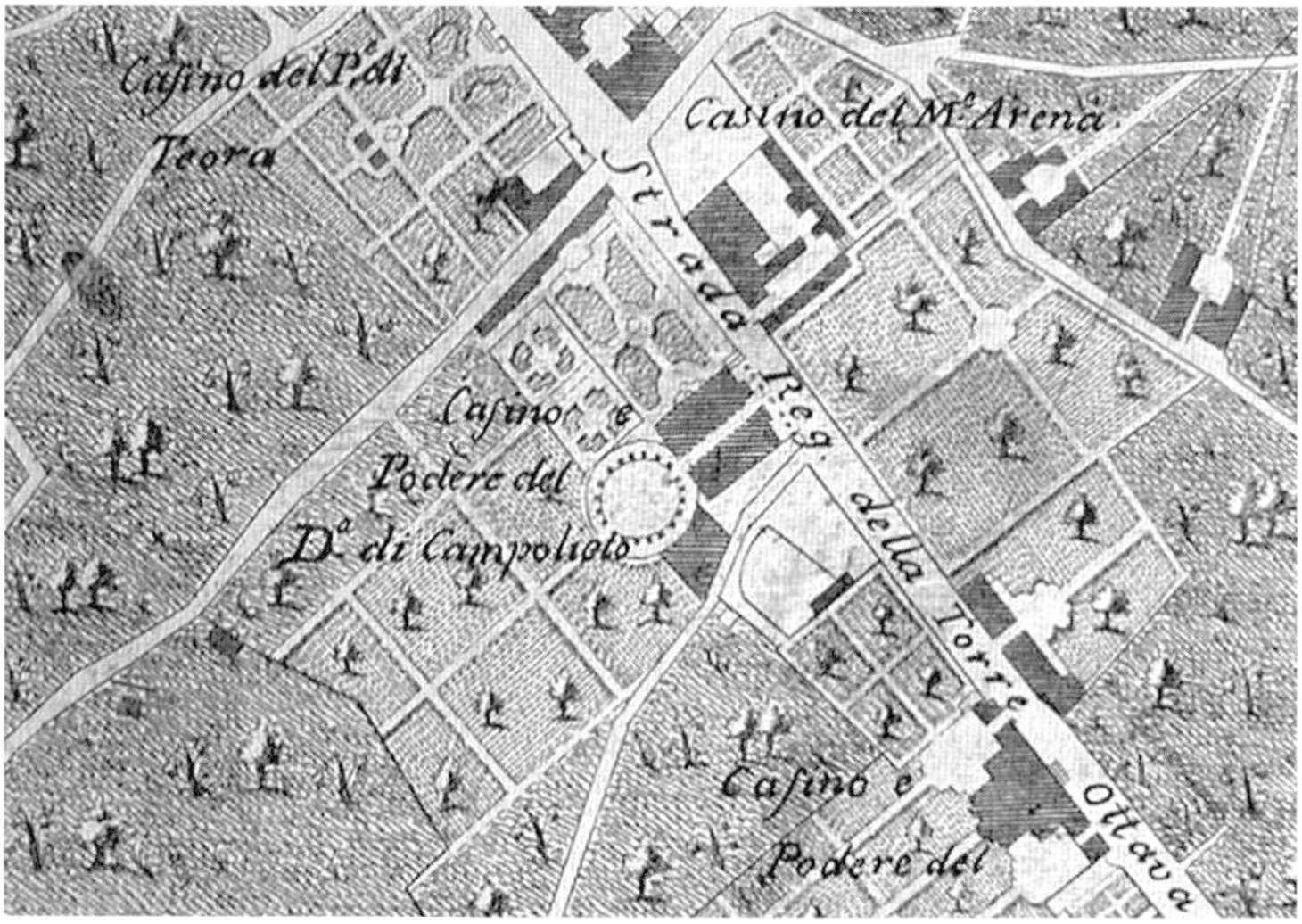

図26　上：1775年のノーヤ公爵の地図にみるヴィラ・カンポリエート　下：ヴァンヴィテッリ設計、ヴィラ・カンポリエートの馬蹄形列柱テラスの海側ファサード

図27　ヴァンヴィテッリ設計、ヴィラ・カンポリエートの庭側ファサード

ヴィラ・カンポリエートに着手したのは１７６３年からだが、生前までに終えることができず、息子のカルロが引き継ぎ、１７７５年に完成させた。[46]外観はバロックでも新古典主義様式が加味されたものだ。４階建てで、２階ずつデザインを変え、下層階（1、2階）は、横縞の切り石模様で飾られ、上層階（3、4階）に属する3階が天井の高いメインフロアである「高貴な階《ピアノ・ノビレ》」で、その階の窓には三角破風《ティンパヌム》がつけられている。このように3階にピアノ・ノビレを設けるのは、ヴェスヴィオ火山と海の両景色を享受するのに好都合で、この地域のヴィラによく取り入れられた設計手法であった（図27）。

ファサードの長さに合わせた長方形の庭園は、道路（山）側のファサードからみて右側のファサード前に設けられている。ヴェスヴィオ山麓ヴィラの庭園ではおなじみの手法で、長方形の植え込みを４分割する十字に沿った遊歩道がつけられた。交差点の中央には円形の噴水があり、建物の中心軸上を進んだ遊歩道の奥には、バロック的な壁龕を中心とする構造物「エディコラ」が置かれていたが、現在は朽ち果てた遺構のようになってしまった。その軸線上に沿ったところには玄関、そして建物内部に大階段があり、踊り場をひとつ通過して、一気にピアノ・ノビレまで到達できるように設計されている（図28）。手すりと階段部分はピペルノ石、手すりの小柱は大理石でできたこの大階段は、地上階から踊り場まで直進し、踊場からピアノ・ノビレに行くときは反対方向へ向きを変え、最初の階段の両脇に１本ずつ階段が設けられていて、カゼルタ宮殿（Ⅴ章参照）の大階段を想起させるデザインとなっている。

ピアノ・ノビレの中央に位置する部屋の天井は、ドーム状になっていてその四方には

45　ジョッフレードの計画案は、「ノーヤ公爵の地図」（1775）上にみることができる。

46　ジョッフレードがヴィラ・カンポリエートから手を引いたのは１７６１年、ヴァンヴィテッリに委ねられるまでは、別の建築家ミケランジェロ・ジュスティニアーニが請け負っていた。Fidora Attanasio, *op. cit.*, p. 52.

図28　ヴァンヴィテッリ設計、ヴィラ・カンポリエートの大階段

楕円形の天窓《オクルス》がついている。この階にある広間は廊下を介することなく、すべて隣接していてドアからドアへと続いていき、どの部屋も壁と天井がフレスコ画で装飾されている。作者はカゼルタ宮の内装画も担当している画家たちだ。（図29）すべては保存されていないが、北側の大広間を装飾したのは、建築的なだまし絵専門画家《クワドラトゥリスタ》のジュゼッペとガエターノ・マグリ（Gaetano Magri 1757–97）で、ヤコポ・チェスターロ（Jacopo Cestaro 1717–78）は、ミネルヴァとメルクリウスの像を中心に、列柱で奥行きを出しただまし絵のフレスコ画を描いた（図30）。食堂の間を飾るのは、ぶどう棚のある庭園内にいるかのように描いただまし絵のフレスコ画で、フェデーレ・フィスケッティの作である。ここには18世紀の貴族の生活も活写されていて、カードゲームに興じる貴族、テラスの上で音楽を演奏する楽師のほか、架空の庭を散策中のヴァンヴィテッリの姿も描かれている。

ヴィラ・カンポリエートで舞台美術的効果が最も発揮された特異な部分は、海側のファサード前に広がる馬蹄形の広場である。幅はファサードの長さ、高さは建物の1階に合わせたアーチの連続する屋根付きの列柱廊で、母屋の海側ファサードが馬蹄形にぐるりと囲まれているのである。平面計画は、まるで馬蹄形のオペラハウスのようで、列柱廊の部分が桟敷席、広場が平土間席、建物が舞台部分のような形になっている（図31）。この馬蹄形の広場で最も海側にあたる部分、海側ファサードの中心軸の先に、楕円形平面計画の階段を設け左右双方から、さらに階下にある庭園へ行かれるようになっている。この階段はバロック建築でよくみられる「やっとこ状の階段《スカラ・ア・テナーリア》」と呼ばれるタイプのもので、円形にカーブしながら左右両方からアク

図29　ヴィラ・カンポリエート内部の天井画

図30　ヴィラ・カンポリエート内部のフレスコ壁画、奥の部屋にはミネルヴァ像あるだまし絵がある

図31　上：ヴィラ・カンポリエートの海側のファサード前に広がる馬蹄形の広場と列柱テラス　下：馬蹄形列柱廊からみるヴィラ・カンポリエートの海側のファサード

セスできるシンメトリーな階段である。中央に空いた楕円部分には、堀池がつくられその中心にはヴェスヴィオ火山の溶岩の石を積んでつくった盛山があり、その中心から水が噴き出るようになっており、噴火中のヴェスヴィオ火山に見立てたものだ（図32）。そして、この階段の直径の幅に合わせた長方形の前庭も続き、ここでも建物中心軸に合わせた遊歩道が真ん中につき、海の方角に向かって延びている。

ヴィラ・カンポリエートは、19世紀初頭にカサカレンダ公爵の家系が絶えて以来、年月とともに荒れ放題となってしまったが、1977年に修復、現在一般公開されている。

ヴィラ・ファヴォリータ

さらに東へレジーナ通りをトッレ・デル・グレコ方面へ進んだ291番地には、ヴァンヴィテッリのライバル建築家、フェルディナンド・フーガ（VI章参照）設計のヴィラ・ファヴォリータ（Villa Favorita）がある（図33・34）。もともとここにあった17世紀の農園を、1762年から68年にかけて、フーガがヴィラに改築したのだ。1792年、ヴィラはナポリ王フェルディナンド4世の手に渡り、当初は王立海軍士官学校として使用された。幹線道路に面したファサードは左右対称で、ピペルノ石でできた3つの門枠があるが、中央の大きい門枠は窓になっていて建物への入場はできず、左右の小さい門が玄関になっている。メインフロアの「高貴な階《ピアノ・ノビレ》」が置かれた2階の中心部には楕円形の広間があり、この階にはシノワズリーで飾られた部屋もつくられた。1798年、楕円形の大広間の床には、古代ローマ皇帝ティベリウスのカプリ

図32　ヴィラ・カンポリエートの堀池の中央にはヴェスヴィオ火山に見立てた噴水がある

図33　レジーナ通りからみたヴィラ・ファヴォリータ

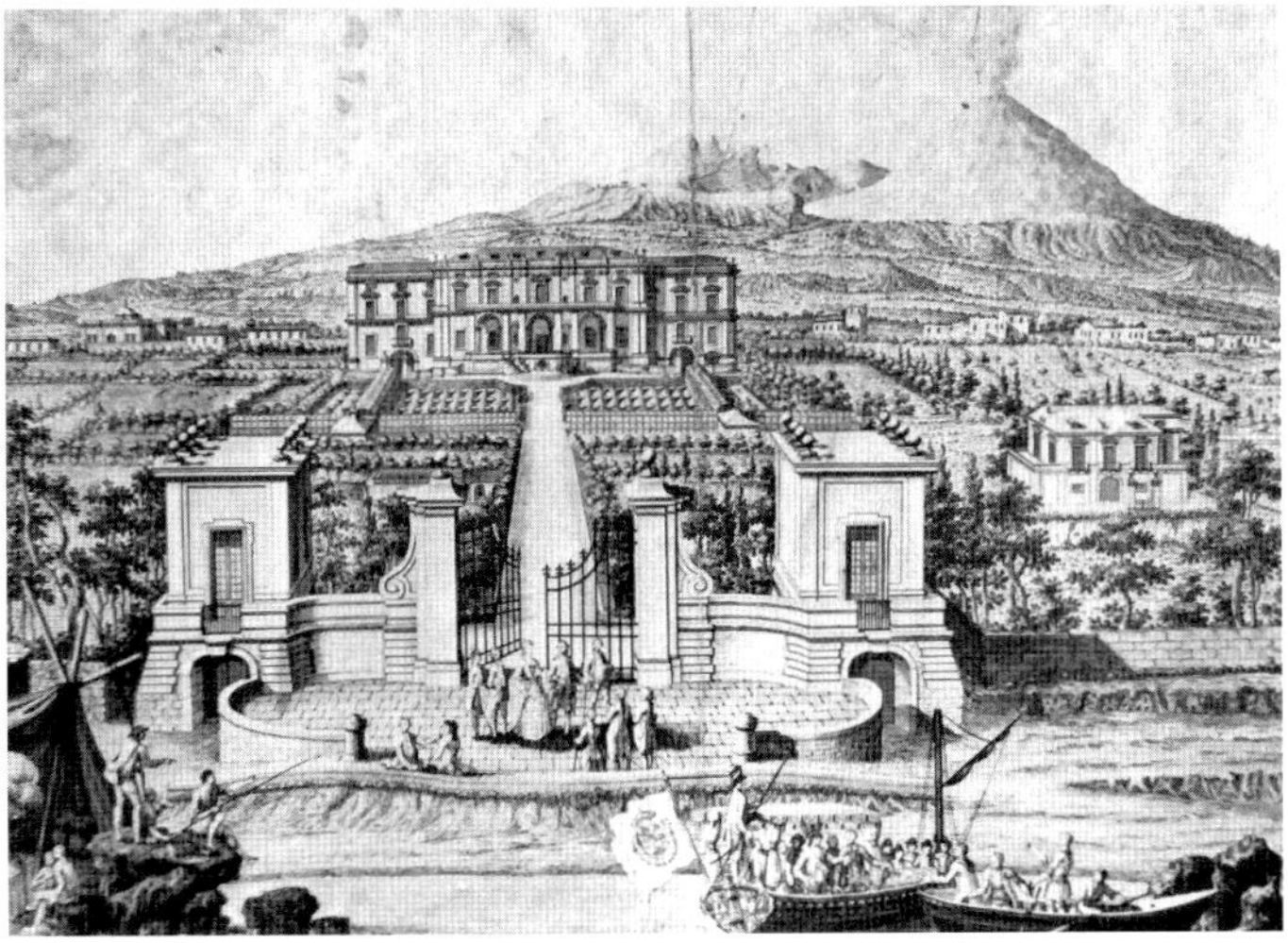

図34　18世紀の版画に描かれたヴィラ・ファヴォリータの海側ファサードと庭園、奥にヴェスヴィオ山を望む

の別荘跡で発掘された大理石細工の床が敷かれたが、1877年にカポディモンテの王宮（次節参照）に移されてしまった。[47] またヴィラ・ファヴォリータには、ポルティチの王宮やヴィラ・カンポリエートで活躍した画家クレシェンツォ・ラ・ガンバ（Crescenzo La Gamba 生没年不詳）のフレスコ画や、フィリップ・ハッケルト（ハッカート Philipp Hackert 1737–1807）のナポリ王国の港湾風景画の連作（1787–97）が飾られていた。

　1879年、エジプトでオラービー革命が起こり、スエズ運河の開通などエジプトの近代化に貢献した総督イスマーイール・パシャがイタリアに亡命、このヴィラ・ファヴォリータに身を置くことになった。彼のために1階がトルコ風のインテリアに改装され、ここにイスマーイール・パシャは、82年に革命が終わってもなお

47　Fidora Attanasio, *op. cit.*, p. 64.

１８８５年まで滞在した。[48]

ヴィラ・ファヴォリータは、大通りに面する母屋のヴィラだけでなく、海側の広大な敷地と庭園のほうにもその醍醐味がある。パルテノペ革命の起こった１７９９年の後、王はヴィラの敷地を海まで拡張し、海の近くに建っていた建物も購入した。こうして１８０２年、王が逃亡先のパレルモからナポリに戻ってくるときは、この海に面したヴィラ・ファヴォリータの敷地前にある桟橋から入港した。やがてヴィラは、フェルディナンド４世の次男であるサレルノ公レオポルドに引き渡され、そのときヴィラ・ファヴォリータの前に大規模な厩舎がつくられた。建築家は、ナポリのサン・フランチェスコ・ディ・パオラ聖堂を設計したピエトロ・ビアンキ（VI章参照）である。驚いたことにその当時、庭はプレジャーガーデンとして運営されていて、回転木馬《カルーセル》やローラーコースターまでつくられていたという。[49] いわゆる遊園地の先駆けであるが、１８３４年のガイドブックでは、いろいろと楽しみながら運動できる遊具が充実していて、秋に一般に開放されていると、紹介されていた。[50] 19世紀半ばに建築家エンリコ・アルヴィーノ（VI章参照）が、ヴィラの改築に関与したときにも、この庭にはさらに充実させるべく施設の追加や改良が行われた。

イタリア語の「ヴィラ」という語は、「別荘」のほか「公園」を意味する場合もあり、ブルボン王朝期のナポリ王国内の各地には、ヴィラ・レアーレ（Villa Reale）と呼ばれる「王立公園」ができていて、このヴィラ・ファヴォリータは、母屋の別荘《ヴィラ》と公園《ヴィラ》（プレジャーガーデン）の両方の「ヴィラ」を持ち合わせているが、当時の人々にとっては、ヴィラ・ファヴォリータとい

48 Fidora Attanasio, *op. cit.*, p. 64.

49 *Idem.*, p. 62.

50 D'Afflitto, Luigi, *Guida per i curiosi e per i viaggiatori che vengono alla città di Napoli*, vol. 2, Napoli, 1834, p. 254.

えば、まずこの遊具の充実した公園のほうを指し、数ある王立公園《ヴィラ・レアーレ》の一つとしてとらえられていた。

1960年代、エルコラーノでは、幹線道路のレジーナ通りと並行する海側の道「ダヌンツィオ通り」が建設されたため、ヴィラ・ファヴォリータの敷地は分断されてしまった。そのため海側の土地に建っている「モザイクの家（Casina dei Mosaici）」とカフェハウスの建物などは、ダヌンツィオ通りの36番地からアクセスするようになっている。カフェハウスは左右対称で、両端に一つずつ塔屋があり、正面ファサード前に、半円形の構造物《エセドラ》が置かれたデザインとなっている。さらにヴィラ・ファヴォリータの敷地は海沿いを走る鉄道の線路に隣接していて、王室専用の鉄道駅も設けられていた。これは1840年にできたもので、前年に開通されたナポリとポルティチの間の鉄道路線を、1844年にカステッラッマーレまで拡張するのに先立ってオープンした駅だった。[51]

サン・ジョルジョ・ア・クレマーノのヴィラ

ナポリ近郊の町サン・ジョルジョ・ア・クレマーノにもヴェスヴィオ山麓ヴィラは多い。その中で保存状態がよいのは2軒で、その一つヴィラ・ブルーノ（Villa Bruno）は、18世紀の貴族のヴィラであるが、1816年、ローマ出身の彫刻家フランチェスコ・リゲッティ（Francesco Righetti 1749–1819）が購入し、敷地内に鋳造所を設けたことで有名である（図35）。鋳造所は、トゥーフォのブロック積みの素地を生かしたシンプルなデザインの外観で、小さな工場の

51 Del Pozzo, Luigi, *Cronaca civile e militare delle Due Sicilie sotto la dinastia borbonica : dall' anno 1734 in poi*, Napoli, 1857, p. 458.

図35 ヴィラ・ブルーノにある「リゲッティの鋳造所」、現在は市の各種催しのためのホールとして使用されている

図36「リゲッティの鋳造所」で鋳造されたカノーヴァ作のカルロ3世の騎馬像、ナポリ・プレビシート広場

ようだ。リゲッティは、ブロンズ製の古代ローマ皇帝やギリシャ神話の神々といった新古典主義様式の像を得意とし、[52]息子のルイージ（Luigi Righetti 1780–1852）とともに、ここを拠点にして活動するようになった。リゲッティはローマの有名な彫刻家たちに信頼されていた鋳造師だった。ここで鋳造した代表作といえば、1829年、ナポリ王宮前のプレビシート広場に置かれた2体のブロンズ騎馬像だ。ブルボン家のナポリ王カルロ3世とフェルディナンド4世の騎馬像で、前者はかの偉大な彫刻家アントニオ・カノーヴァ（Antonio Canova 1757–1822／図36）、後者はアントニオ・カリ（Antonio Calì 1788–1866）の作品である。この名誉ある2体の騎馬像を記念して、ヴィラ・ブルーノの門の両脇を囲む塀の左右の壁には、馬の横顔のレリーフのあるメダリオンが一つずつ掲げられている。面する通りの名も「ブロンズの馬通り（via Cavalli di Bronzo）」、最寄りの私鉄ヴェスヴィオ周遊鉄道《チルクム・ヴェスヴィアーナ》の駅名も「ブロンズの馬」と命名された。

リゲッティの死後、このヴィラは現在のヴィラの命名の由来となったブルーノ家の所有となり、かつての鋳造所はクリスタルガラス[53]や、板金と鐘の制作所になった。[54]ヴィラ・ブルー

52　Cfr. Missirini, Melchior, *Memorie per servire alla storia della Romana Accademia di S. Luca*, Roma, 1823.

ノは、18世紀の建物らしいバロック曲線がバルコニーなどにも使用されていて、庭側ファサードの3階中心最上部には、楕円形のくぼみが設けられ、その中にはナポリの街を守る聖人サン・ジェンナーロ（II章参照）の素焼きのテラコッタ粘土でできた立像が置かれている。サン・ジェンナーロがヴェスヴィオ火山の噴火から守ってくれるという民間信仰から、ヴェスヴィオ山麓ヴィラでは、この例のように、庭側のファサード中央の高い位置に壁龕を設け、その中にサン・ジェンナーロ像を置いてお守りにするということがよく行われていた。例えば、エルコラーノにあるヴィラ・ルッジェーロ（Villa Ruggiero）の庭側ファサードでも同様に、サン・ジェンナーロ像が置かれている。[55]

18世紀のヴィラでは当然、その庭にもバロック的な要素を随所にみることができる。ヴィラ・ブルーノでは、建物の中心軸に沿って庭から海の方角へ延びた長い遊歩道がつけられ、その奥には庭園を舞台美術的に飾る構造物がある。新古典主義的な立像が置かれた壁龕を中心にした構造物《エディコラ》で、コーニスが重なるブロークンペディメントが上部にあり、下部両脇は渦巻き模様で飾られていて、バロック黄金期の意匠を偲ばせる（図37）。

ヴィラ・ブルーノのすぐ近く[56]（敷地はほぼ隣だが、メインエントランスはローマ通りに面している）にある18世紀に建てられた貴族の館ヴィラ・ヴァンヌッキ（Villa Vannucchi）は、規模が大きいためさらに優雅な造りとなっている。車道に面した玄関の門枠《ポルターレ》はピペルノ石製、外壁は付け柱で区切られたスタッコ化粧塗り。カタカナの「コ」の字の内角を斜めに切ったかたちの左右対称な平面で設計された、ローマ風ロココ様式の3階建てである（図38）。農家の建物も付属していて、著名な

53 *Annali civili del regno delle Due Sicilie*, Napoli, 1841, p. 147.

54 *Elenco di saggi de' prodotti della industria napoletana presentati*, Napoli, 1844, p. 39.

55 ロッシ通り42番地にある18世紀半ばに建てられたロココ様式のヴィラで、名の由来は1863年に購入したルッジエーロ家からくる。

図37　ヴィラ・ブルーノの庭園内にあるバロック装飾の「エディコラ」

56 サン・ジョルジョ・ア・クレマーノのメインストリートで、当時はシナノキの並木道だったので「シナノキ通り（via del Tiglio）」と呼ばれていた。

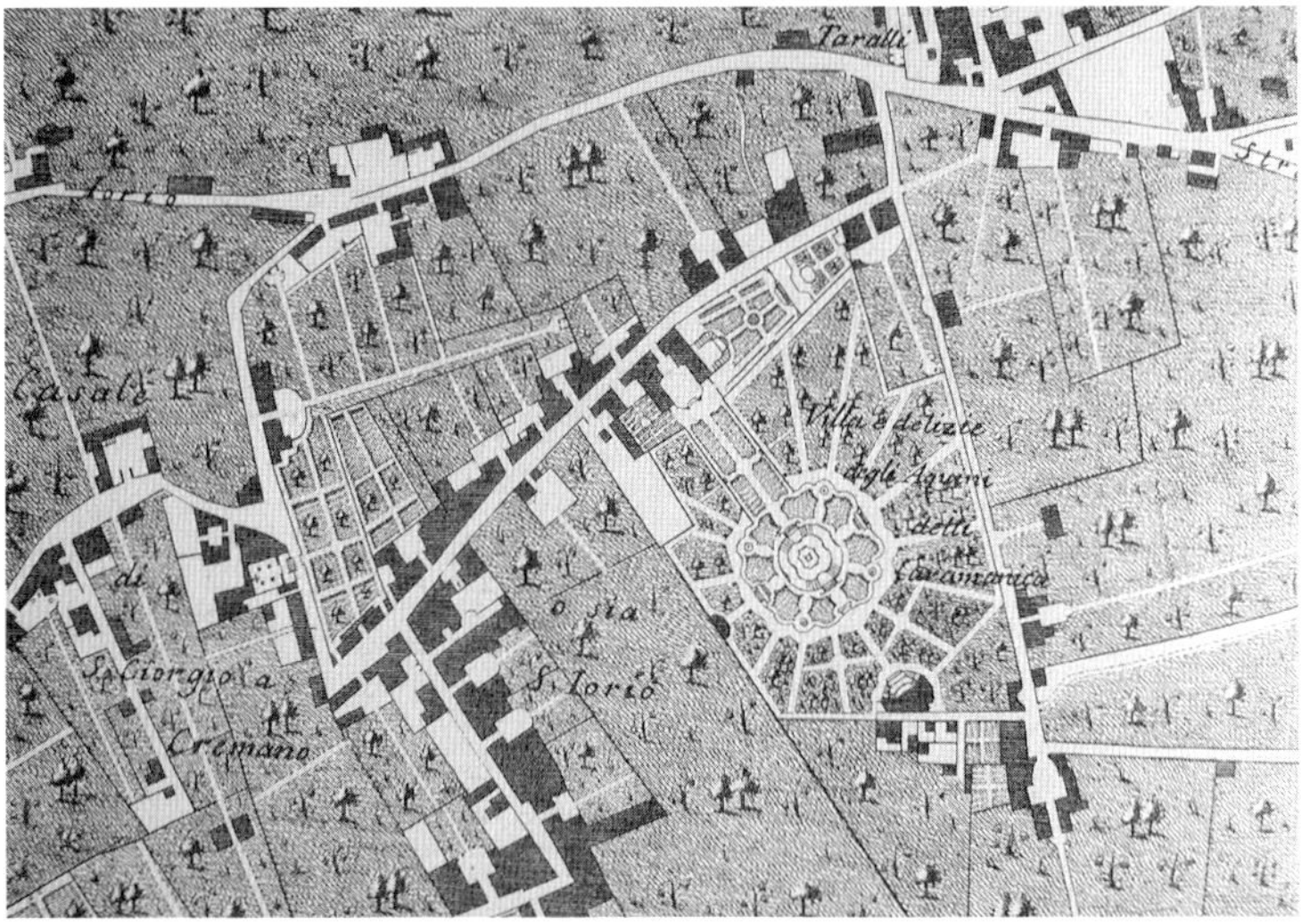

図38　上：1775年のノーヤ公爵の地図にみるヴィラ・ヴァンヌッキのあるエリア　下：ヴィラ・ヴァンヌッキの庭側ファサード、サン・ジョルジョ・ア・クレマーノ

図39　ヴィラ・ヴァンヌッキの庭園内にある水槽、中央にはヴェスヴィオ山に見立てた岩山型の噴水

建築家ヴァッカーロ（III章参照）の影響を受けたアントニオ・ドンナマリア（Antonio Donnamaria 生没年不詳）が、1755年ごろ設計した。[57] 庭園側のファサードには連続アーチのポルティコがついていて、広大で美しい庭園を鑑賞しやすいようになっている。この庭園はバロックの粋を尽くしたもので、1783年、ナポリで活躍する建築家ポンペオ・スキアンタレッリ（Pompeo Schiantarelli 1746–1805）のデザインによるものだ。[58]「ノーヤ公爵の地図」[59]（1775）にも、庭園の平面計画にみられる官能的な曲線美が如実に記録され、今日もほぼそのまま残っている。

建物の中心軸に沿った直線の歩道が50メートルほど延びた先には直径80メートルほどの花のように凸凹形を描く広場がある。中にはバロック的な曲線でかたどられた植栽スペースが花弁のように配置され、中心には円形の深い段差があり、2方向から階段で下りられるようになっている。さらにその中心にはゆがんだ形の水槽があり、真ん中には小石を組み合わせて盛り上げたヴェスヴィオ山に見立てた山、その中心から水が噴き出せる。噴火を模した遊び心ある噴水となっているのだ（図39）。花のような形の広場からは、さらに放射状に15の歩道が敷地の境界まで延びていて、地図からもわかるよう、光条のように配置されている。

なおヴィラ・ヴァンヌッキの名の由来は、20世紀になって購入した最後の所有者ヴァンヌッキによるもので、現在は通信大学ペガソの本部として使われている。[60]

曲線を多用したバロックなデザインで庭を設計したポンペオ・スキアンタレッリは、偉大な建築家フェルディナンド・フーガの弟子で、建物ではむしろ新古典主義様式を得意とし、ナポリでも多くの貴族の館を設計している。ポルティチ（ガリバルディ通り）にも、ポンペオ・スキア

57 しかし1758年に解雇され、建築家アントニオ・ショッパが引き継いで、1759年に完成させた。

58 ナポリにあるスキアンタレッリ設計の貴族の館には、トレド通り317番地のリエート館（Palazzo Lieto 1754）がある。詳しくは、Divenuto, Francesco, *Pompeo Schiantarelli*, Napoli, 1984. を参照。

59 ノーヤ公爵ジョヴァンニ・カラーファ（Giovanni Carafa Duca di Noja 1715–68）の制作したナポリ市内とナポリの東側ポルティチまで包括する都市地図（縮尺1：3808、全35葉を合わせた大きさは約2・4×5メートル）。

60 所有は、ヴィラ・ブルーノとともにサン・ジョルジョ・ア・クレマーノ市。

ンタレッツリ設計のヴェスヴィオ山麓ヴィラがある。１７７６年、シピオーネ・ランチェッロッティ公爵のために建てられたヴィラ・ラウロ・ランチェッロッティ（Villa Lauro Lancellotti）で、ファサードは新古典主義様式のレリーフで飾られている。しかしこのヴィラは、２０１１年に突如フレスコ画のある３階の天井が落ちて、半壊してしまった。

バッラのヴィラ

　ヴェスヴィオ山麓エリアで最もナポリに近い地区バッラには、ヴァンヴィテッリが設計したと推定されているヴィラ・ジュリア（Villa Giulia）がある。[61] しかし18世紀の面影があるのはファサードだけで、１８６６年の増改築ですっかり様変わりしてしまった[62]（図40）。バッラには、他にも有名建築家の設計した素晴らしい18世紀のヴィラがある。フェルディナンド・サンフェリーチェとフーガの手になるヴィラ・ピニャテッリ・ディ・モンテレオーネ（Villa Pignatelli di Monteleone）で、１７２８年から66年にかけて建設された。[63] このヴィラは「ノーヤ公爵の地図」にも記録されていて（図41）、このヴィラについている美しい庭園には、優雅なカフェハウスもあったが、どの建物も現在は見るも無残な廃墟となっている。[64]

　バッラはヴェスヴィオ山麓ヴィラのエリアの中では比較的、火山からは離れた位置にあるので１６３１年の大噴火の影響が少なく、16世紀に遡るヴィラも残っている。特筆すべきはヴィラ・ビシニャーノ（Villa Bisignano）で、もちろん「ノーヤ公爵の地図」にもその姿が記録されて、今も健在である。ヴィラ・ビシニャーノは、１６３０年にフランドルの銀行家ガスパール・

61 最後の所有者名をとってヴィラ・デ・グレゴリオ（Villa De Gregorio）とも呼ばれている。ヴィラ・ジュリアは、18世紀後半、最初に建てたときの施主、サン・ニカンドロ公爵ドメニコ・カッターネオが妻の名をつけて命名したもの。

62 Fidora Attanasio, *op. cit.*, p. 61.

図40　ヴィラ・ジュリア、バッラ

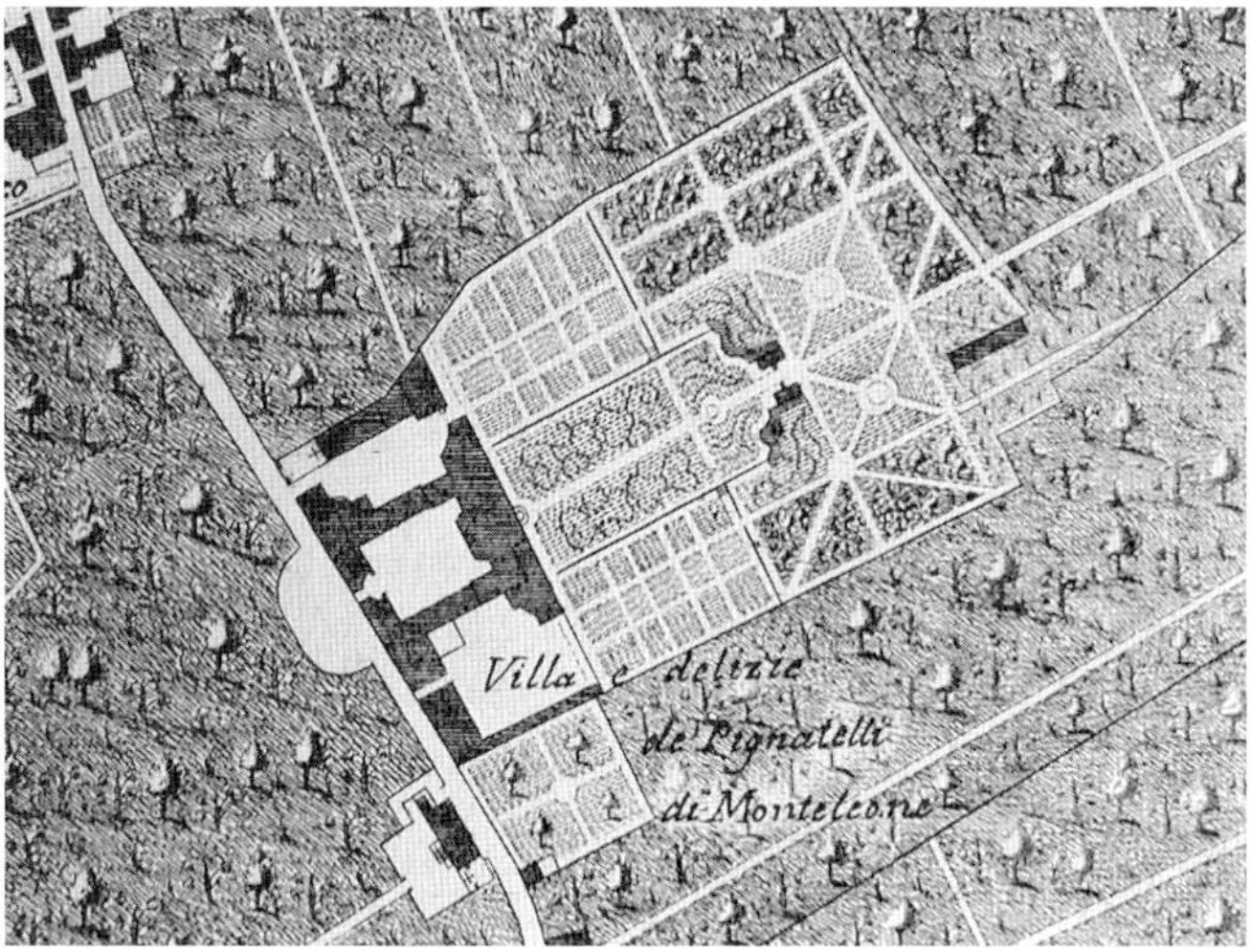

図41　サンフェリーチェ＆フーガ設計、ヴィラ・ピニャテッリ・ディ・モンテレオーネ、バッラ

ローマー（II章参照）の所有となって大々的に改築され、当時内部はローマーの蒐集した美術コレクションで飾られ、天井のフレスコ画は、ナポリの著名な画家アニエッロ・ファルコーネ（Aniello Falcone 1600または1607–56）に描かせたものだ。18世紀にビシニャーノ公爵の所有となりヴィラは修復され[65]、庭園には植物園もつくられた。[66]

ヴェスヴィオ山麓ヴィラは、栄光と凋落の落差の激しいものが多い。１７９９年のパルテノペ革命によってナポリ貴族は没落し、19世紀になるとヴェスヴィオ山麓ヴィラの多くは売却された。１８６１年にイタリアが国家統一し、ナポリ王室の不動産は国有化、黄金の１マイル《ミリオ・ドーロ》の華だったポルティチの王宮から、王族は去ることを余儀なくされた。ポルティチの王宮内にあった家具調度、絵画などの美術品は、近

63　施主はモンテレオーネ公爵ディエゴ・ピニャテッリ。

64　詳しくは、Trombetti, Elena, *La Villa Pignatelli di Monteleone a Barra*, in Napoli Nobilissima, volume IX, Napoli, 1970, pp. 61–70.を参照。

65　詳しくは、Colletta, Teresa, *La villa Sanseverino di Bisignano e il casale napoletano della Barra*, in Napoli Nobilissima, volume XIII, fascicolo IV, Napoli, 1974, pp. 121–140. を参照。

66　19世紀はじめには、ここで栽培されていた植物のカタログも編纂された。Cfr. Tenore, Michele, *Catalogo delle piante che si coltivano nel botanico giardino della villa del signor principe di Bisignano alla Barra*, Napoli, 1805.

くのヴィラ・ファヴォリータか、ナポリのカポディモンテ宮またはカゼルタの王宮へ移された。

鉄道の開通によってヴェスヴィオ山麓ヴィラの並ぶ幹線道路は、もはやナポリと南イタリアを結ぶ交通の要ではなくなり、ファシズム期の1928年には、ナポリとポンペイを結ぶイタリア最初の高速道路も開通した。1944年にヴェスヴィオ火山の大規模噴火もあって、休火山であるがゆえに伴う地域の危険性から、黄金の1マイルにあるヴェスヴィオ山麓ヴィラのある町は、どこも不動産評価額が低いため貧困層も多く、ヴィラの荒廃はどんどん進んで今日に至っている（図42）。

図42　荒廃したヴェスヴィオ山麓ヴィラの一例、サン・ジョルジョ・ア・クレマーノのヴィラ・ピニャテッリ・ディ・モンテカルヴォ、撮影 Ferdinando Scala

カポディモンテの王宮と「ファルネーゼ・コレクション」

カポディモンテの王宮（Reggia di Capodimonte 1738–59／現・国立カポディモンテ美術館）は、ナポリの王宮から北に3キロメートルほど離れたカポディモンテの丘に建てられた。[67] カルロ3世の命により、宮廷建築家のカネヴァーリとメドラーノの共同設計で、その工事が始まったのは、ポルティチの王宮の建設とエルコラーノ遺跡の発掘と同年の1738年である。窓があるのは4階までで、5階には窓がない（図43・44）。メインフロアの「高貴な階《ピアノ・ノビレ》」は3階（日本式に数えた場合）に設けられている。外壁のデザインは、地上からパラペットの上まで、窓一つごとの間隔で、ピペルノ石の付け柱が延び、窓枠もピペルノ石、2階の上と4階の上方についた階を区切るコーニス《マルカピアーノ》も

67　カポディモンテの王宮も、サン・カルロ劇場の建設に携わった建設業者アンジェロ・カラサーレが協力している。

ピペルノ石で、極めて重厚感のあるつくりになっていて、中庭のポルティコの柱は驚くほど太い。1776年に訪れたサド侯爵は、「建築は重くマッシブ、王宮というよりもほとんど兵舎にそっくり」「大したことはない」などと、あまり良い感想は述べていない。[68]

当初は、カポディモンテの丘に王の狩猟の館が建てられる予定であったが、カルロ3世の母であるパルマ公女エリザベッタ・ファルネーゼ（Elisabetta Farnese 1692–1766）が所有する美術コレクションを保管・展示するための美術館と宮殿に変更することになった。

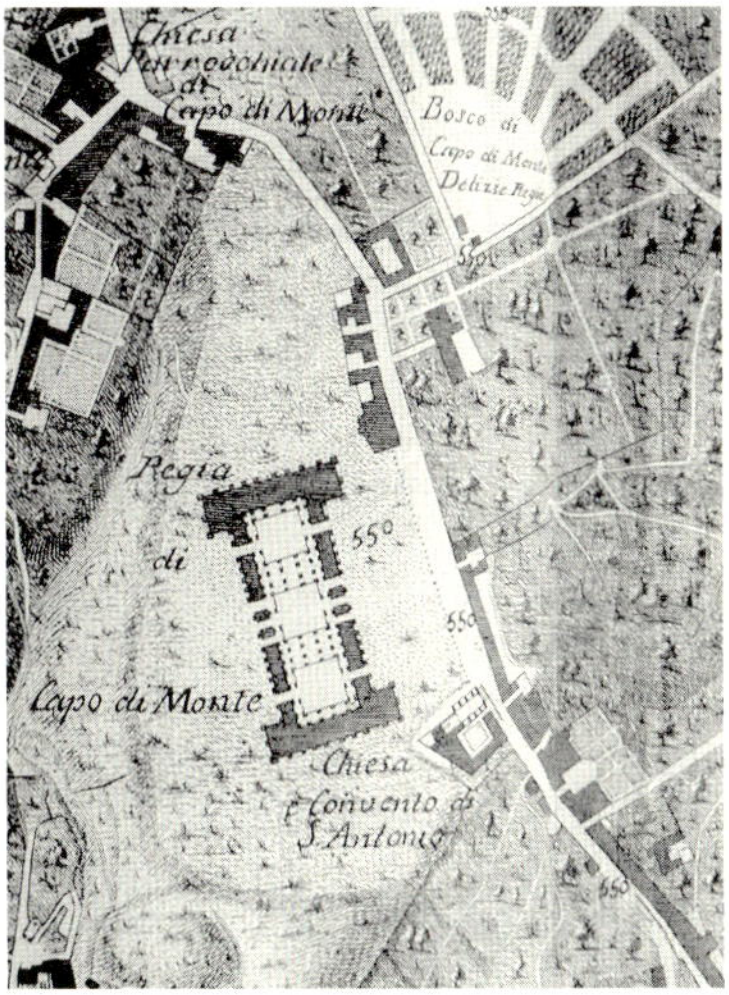

図44　1775年のノーヤ公爵の地図にみるカポディモンテの王宮

カルロ3世は、父スペイン国王フェリペ5世の2番目の妻エリザベッタ・ファルネーゼの長男で、母から相続するファルネーゼ家に代々続いた膨大な美術コレクションの置き場を、母の生前から考えていた。それは15世紀に遡る先祖、アレッサンドロ・ファルネーゼ（Alessandro Farnese 1468–1549）が始めた美術史上非常に名高い「ファルネーゼ・コレクション」で、最後に相続したファルネーゼ家の子孫がエリザベッタだった。コレクションは、ローマ、パルマ、ピアチェンツァなど、ファルネーゼ家の各地の館にあり、コレクションのナポリ

図43　カネヴァーリ&メドラーノ設計、カポディモンテの王宮（現・国立カポディモンテ美術館）

68　Marchese di Sade, *op. cit.*, p. 258.

への移動は、１７３５年に始まり、19世紀初頭まで半世紀以上もの歳月がかかっている。まず書籍や古代の宝石といったあまり場所をとらないものをナポリの王宮に収め、他のコレクションの保管のために新築されたカポディモンテの宮殿に、フランドル（ブリューゲルなど）やエミリア・ロマーニャの画家（カラッチ兄弟、レーニ、パルミジャニーノ、コレッジョなど）の絵画や一部の古代彫刻が収蔵された。美術品はまだすべて移動しきれていなかったが、１７５７年からカポディモンテ王宮は部分的に美術館として公開されるようになった。

ファルネーゼ・コレクションは古代彫刻も充実しており、アレッサンドロ・ファルネーゼ（1486–1549　１５３５年よりローマ教皇パウルス３世になった）がローマで集めたものが多い。なかでも特に有名なものに、１５４５年から46年にカラカラ浴場の遺跡から発掘された「ヘラクレス（Ercole Farnese）」（図45）、「牡牛（Toro Farnese）」（図46）、「アトラス（Atlante Farnese）」や、ネロ帝の邸宅ドムス・アウレア付近で見つかった「尻の美しいウェヌス（Venere Callipigia）」があり、１７８７年から88年にナポリに移動する前まで、これらはローマのファルネーゼ宮殿にあり、それまでローマを訪れるグランドツーリストの楽しみの一つだった。「ファルネーゼ家の牡牛」は、ナポリに移動された当初、キアイアの海岸沿いにある王立公園（現・市民公園）に野ざらしで置かれていたが、１８２６年に現在の収蔵先である考古学博物館へ移動された。このほかナポリに移動された古代彫刻は、当初はカポディモンテ宮殿で展示されていたが、のちに考古学博物館へ移され今日に至っている。[69] さらにアレッサンドロ・ファルネーゼは、ラファエロやティツィアーノの名画も蒐集し、彼らには枢機卿時代から教皇に至る法衣姿の肖像も何枚も描かせてお

図45　ファルネーゼ家のヘラクレス、ナポリ国立考古学博物館

図46　ファルネーゼ家の牡牛、ナポリ国立考古学博物館

69 Cfr. AA.VV., *La Collezione Farnese a cura di Carlo Gasparri*, Verona, 2009.

り、これらすべてが今もカポディモンテ美術館に展示され、見学コースの導入部となっている。

1787年3月、カポディモンテ美術館を訪れたゲーテは、「ここには絵画、貨幣などが多数蒐集されている。並べ方は気に入らぬが、貴重品ぞろいである」と書き残し[70]、まだ雑多であった当時の状況を伝えている。1776年の展示品のランナップは、サド侯爵の旅行記に、展示室ごとに詳しく記述され[71]、展示品の配置は現在と全く異なることがわかるものの、順路はよく似ていて、廊下がなく展示室から展示室が延々と連なっている動線だ。

現在のカポディモンテ美術館では、17世紀ナポリ派の画家（ルーカ・ジョルダーノ、フランチェスコ・ソリメナ、ベルナルド・カヴァッツリーノ、バッティステッロ・カラッチョロ、マッティア・プレーティ、ホセ・デ・リベーラなど）のコレクションも充実しているが、これらはナポレオン支配期（1806–15）に統治していたナポリ王ジョアッキーノ（ジョアシャン）・ミュラ（Gioacchino Murat 1767–1815）の指示によって収集されたものである。このときブルボン家の王族はパレルモへ逃亡避難中であり、そのかわりにカポディモンテの王宮に住んでいたのは、ナポレオンの兄ジョゼフ・ボナパルトやジョアッキーノ・ミュラであった。さらにこの時期、カポディモンテ宮とナポリの中心区間の交通の便を図るため、「ナポレオン大通り[72]（Corso Napoleone）」が建設されたが、この通りが開通することによってサニタ地区のサンタ・マリア教会（I章参照）の回廊が切断されることとなった。

ナポリがフランス軍の支配から解放された1815年、ナポリ王フェルディナンド4世は、初代両シチリア王に即位してフェルディナンド1世に改名、パレルモからナポリに戻ってカポディモンテの王宮に住むようになった。こうしてカポディモンテの王宮に収められていた

70 ゲーテ『イタリア紀行（中）』相良守峯訳、岩波文庫、1960年改版、28頁。

71 絵画の展示室は18室、その他の部屋に古代のメダルやカメオが展示され、図書室も見学可能だった。Marchese di Sade, Donatien-Alphonse-François, *Viaggio in Italia*, Torino, 1995, pp. 258–264.

72 現・サンタ・テレーザ・デリ・スカルツィ通り（via Santa Teresa degli Scalzi）とアメデオ・ディ・サヴォイア大通り（Corso Amedeo di Savoia）。

ファルネーゼ・コレクションの古代彫刻などは、王立ブルボン博物館（現・国立考古学博物館）へ移されたのだ。

1825年、2代目の両シチリア王フランチェスコ1世（1777–1830）が即位すると、当時の宮廷建築家アントニオ・ニッコリーニ（Antonio Niccolini 1772–1850）によって、カポディモンテ王宮の増改築が本格的に始まった。しかし完成したのは3代目のフェルディナンド2世（1810–59）の時代である。1830年、ニッコリーニは、カプリ島で発掘された古代のモザイクの床を、カポディモンテの王宮へ輸送することに従事し、ナポレオン大通りからカポディモンテの王宮へ至る丘陵部に設置するモニュメンタルな大階段も設計した。

この階段は、ナポレオン大通りで最も標高の高い部分に設けられた楕円形の広場からアクセスするようになっているので、この階段も含めて「カポディモンテのサークル（Tondo di Capodimonte）」（1836年完成）と呼ばれている（図47）。半円または全円状の広場とその円周上に住宅を配する都市計画は、とりわけ18世紀後半ジョージア王朝期の英国で流行しており、カポディモンテのサークルは規模は小さいもの、有名なバースのロイヤル・クレセントやザ・サーカスと同系譜上にある都市計画形態といえるだろう。カポディモンテのサークルでは、ナポレオン大通りの直線軸に沿って階段が丘の上まで延び、階段入り口の両脇には、ピペルノ石でできたオベリスク状のカーブのある台座と、その上に白い古代の骨壺を模した飾りが置かれ、門構えのようになっている（図48）。

ニッコリーニはポンペイとエルコラーノ遺跡で多数のスケッチをし、古典的なデザインに造

り、これらすべてが今もカポディモンテ美術館に展示され、見学コースの導入部となっている。１７８７年３月、カポディモンテ美術館を訪れたゲーテは、「ここには絵画、貨幣などが多数蒐集されている。並べ方は気に入らぬが、貴重品ぞろいである」と書き残し、[70] まだ雑多であった当時の状況を伝えている。１７７６年の展示品のランナップは、サド侯爵の旅行記に、展示室ごとに詳しく記述され、[71] 展示品の配置は現在と全く異なることがわかるものの、順路はよく似ていて、廊下がなく展示室から展示室が延々と連なっている動線だ。

現在のカポディモンテ美術館では、17世紀ナポリ派の画家（ルーカ・ジョルダーノ、フランチェスコ・ソリメナ、ベルナルド・カヴァッリーノ、バッティステッロ・カラッチョロ、マッティア・プレーティ、ホセ・デ・リベーラなど）のコレクションも充実しているが、これらはナポレオン支配期（1806–15）に統治していたナポリ王ジョアッキーノ（ジョアシャン）・ミュラ（Gioacchino Murat 1767–1815）の指示によって収集されたものである。このときブルボン家の王族はパレルモへ逃亡避難中であり、そのかわりにカポディモンテの王宮に住んでいたのは、ナポレオンの兄ジョゼフ・ボナパルトやジョアッキーノ・ミュラであった。さらにこの時期、カポディモンテ宮とナポリの中心区間の交通の便を図るため、「ナポレオン大通り」[72]（Corso Napoleone）が建設されたが、この通りが開通することによってサニタ地区のサンタ・マリア教会（I章参照）の回廊が切断されることとなった。

ナポリがフランス軍の支配から解放された１８１５年、ナポリ王フェルディナンド４世は、初代両シチリア王に即位してフェルディナンド1世に改名、パレルモからナポリに戻ってカポディモンテの王宮に住むようになった。こうしてカポディモンテの王宮に収められていた

70　ゲーテ『イタリア紀行（中）』相良守峯訳、岩波文庫、１９６０年改版、28頁。

71　絵画の展示室は18室、その他の部屋に古代のメダルやカメオが展示され、図書室も見学可能だった。Marchese di Sade, Donatien-Alphonse-François, *Viaggio in Italia*, Torino, 1995, pp. 258–264.

72　現・サンタ・テレーザ・デリ・スカルツィ通り（via Santa Teresa degli Scalzi）とアメデオ・ディ・サヴォイア大通り（Corso Amedeo di Savoia）。

図47　アントニオ・ニッコリーニ設計、カポディモンテのサークルの階段――１８３６年の雑誌「ポリオラマ・ピットレスコ」より

詣深く、カポディモンテの王宮の内装の一部をポンペイ風に装飾している（図49）。これはポンペイ様式と呼ばれ、ポンペイの住宅の内装から着想されたインテリアデザインで、18世紀末から19世紀前半にヨーロッパ各地で流行した。一方ピアノ・ノビレに至る大階段には、建築家トンマーゾ・ジョルダーノ（Tommaso Giordano 生没年不詳）による設計で、古代ギリシャ時代のペストゥムの神殿の柱からインスパイアされたドーリス式の太い柱（モンドラゴーネ産の大理石を使用）が配されている（図50）。

なおこの王宮には、森のような広大な庭園「王立カポディモンテの森（Real Bosco di Capodimonte）」も付随している。１７４２年、バロックの建築家フェルディナンド・サンフェリーチェ（III章参照）が設計したもので、啓蒙主義的な放射状の通路（1点から5本の道が扇形に延びている）と、碁盤の目の通路を混在させた区画

図48　アントニオ・ニッコリーニ設計、カポディモンテのサークルの階段

図49　アントニオ・ニッコリーニ設計、カポディモンテの王宮の「ポンペイの間」

図50　カポディモンテの王宮のドーリス式の太柱のある大階段

整備がされている。１３４ヘクタールもの広さのある園内には、同じくサンフエリーチェの設計したサン・ジェンナーロ教会（1745／図51）とカポディモンテ焼の王立陶磁器工場（1743）、牛舎、塔などの建物が点在して庭園を飾っている。フェルディナンド４世の時代、当時流行していた「英国式庭園」（Ｖ章参照）のスタイルで自然を生かした造園が行われ、王女のための東屋《あずまや》も建設された。[73]

マリオ・ジョッフレードの古代ギリシャ趣味

エルコラーノとポンペイの遺跡の発掘によって、多くの建築家たちが実地測定やスケッチをして古代ローマ建築の研究にいそしむなか、やがて静謐な古代ギリシャ建築のほうへ好んで目を向けはじめる建築家が出てくるようになる。古代ギリシャ建築のリバイバルは、おもに19世紀前半に盛んになり、大ギリシャ《マグナ・グラエキア》の遺跡の多いシチリア島を旅した有名な外国人建築家、たとえばジャック・イニャス・イトルフやフリードリヒ・シンケルらの作品にみることができるようになる。しかしすでに18世紀半ばに、古代ギリシャ建築に注目していたナポリ人建築家がいたことを忘れてはならないだろう。それはマリオ・ジョッフレード（Mario Gioffredo 1718–85）で、ソリメナの下でデッサンを学んだ建築家である。ジョッフレードは、１７４６年、今まで誰も見向きもしなかった、ナポリからおよそ80キロメートル南下したペストゥムの地にある

図51　カポディモンテ宮の庭園の一角にあるサンフエリーチェ設計のサン・ジェンナーロ教会。

73
カポディモンテの森については、AA. VV., *Il Real Bosco di Capodimonte*, Roma, 1998. を参照。

古代ギリシャ神殿を、最初に調査・測定をしたのだ。これを機に、他の建築家や画家たち（たとえばピラネージやアントニオ・ヨーリなど）もペストゥムの神殿に注目するようになり、ナポリを訪れる旅行者の必須の訪問地にまでになった（図52）。ペストゥムの神殿の調査と同年の１７４６年、ジョッフレードは、マルティリ広場58番地のパルタンナ館（Palazzo Partanna）の設計をしている。当然ながら新古典主義様式のデザインで、門枠《ポルターレ》はイオニア式の柱で飾り、台座にはジョッフレードの名前が彫り込まれている。ジョッフレードの施すシンプルな古典建築風のデザインは、当時はまだバロック装飾過多が主流であったなか、かなり斬新なものだった。[74]

他の建築家と同じようジョッフレードも、ポンペイとエルコラーノ遺跡の発見の影響で、古代ローマ建築にも強い関心を示していた。１７６８年、ジョッフレードは、古代ローマのウィトゥルウィウスの建築書『建築について』に倣い、同じタイトルの建築理論書を執筆している。[75]当時のナポリガイドブックの著者ガランティによれば、ジョッフレードの建築は「よく考えられていて、規則的」[76]、建築史家のウィトカウアーからすれば、ナポリ・バロックの「多色性」から離脱した最初の建築家だった。[77]要するに、ジョッフレードの建築の特徴は、古典建築の原点に返ったシンプルな点にあったのだ。ジョッフレードの主な建築作品は以下のとおりである。

１７４２年、ジョッフレードは、モンテオリヴェート通りにある16世紀のオルシーニ・ディ・グラヴィーナ館（I、II章も参照）の修復を請け負った（I章図14）。ファサードではドーリス式の門枠《ポルターレ》を取りつけるにとどめ、内装もリニューアルさせた。１７７６年、この館にあるオルシーニ家の絵画コレクションを鑑賞しに訪れたサド侯爵は、フィレンツェ・ルネサンス風の荒

図52　ペストゥムの神殿――１７７８年のピラネージの版画集《ペストゥムの遺構》より

74　Attanasio, *op. cit.*, p. 54.

75　Gioffredo, Mario, *Dell'architettura di Mario Gioffredo architetto napoletano.*, Napoli, 1768. 全5巻を予定していたもの、完成することなく、1巻目しか刊行されなかった。

76　Galanti, Giuseppe Maria, *Napoli e contorni*, Napoli, 1829, p. 265.

図53　18世紀の版画にみるサングロ・ディ・カサカレンダ館

い切り石積みで、建築的に全然たいしたことないが、内装はかなりいいと感想を残していて、[78] 保存された古いルネサンス時代の建物部分よりも、ジョッフレードが改築した部分を評価していたようだ。[79]

先にも触れたサン・ドメニコ・マッジョーレ広場にあるサングロ・ディ・カサカレンダ館（Palazzo Sangro di Casacalenda）の改築（1754）では、3階から5階を一気に巨大なイオニア式の付け柱（ソレント産の石）でつなぎ、1、2階に相当する門構えにはドーリス式の柱（白大理石）を用いるなど、古典建築の要素をふんだんに盛り込んだ（図53）。

1762年、ジョッフレードは、トレド通り348番地にあるカヴァルカンティ館（Palazzo Cavalcanti）を、アンジジエロ・カヴァルカンティ公爵の依頼で設計した（図

77 Wittkower, *op. cit.*, p. 342.

78 サド侯爵は見学した展示品のリストも旅行記に記している。Marchese di Sade, Donatien-Alphonse-François, *Viaggio in Italia*, Torino, 1995, p. 254.

79 Attanasio, *op. cit.*, p. 75.

54）。玄関アーチの上にその旨を刻んだ大理石の碑板が埋め込まれている。1、2階をピペルノ石の切り石積みにし、3、4階は窓ごとにイオニア式の付け柱で縦に区切りを付け、4階上部は分厚く層になったコーニスで飾っている。ピアノ・ノビレに相当する3階の窓の上にはカーブのあるティンパノがあるが、中央の窓だけはティンパノの代わりに壁龕となり、白大理石のバルコニーも付いている。玄関の門枠《ポルターレ》の柱はドーリス式で、やはりこの館もシンプルな新古典主義様式の建物となっている。[80]

なおナポリに残るジョッフレードの改築した教会建築には、スピリト・サント教会（Basilica dello Spirito Santo 1754–75）がある。これはローマにあるサンタ・マリア・イン・カンピテッリ教会（1667年完成、カルロ・ライナルディ設計）に似ており、背の高いクーポラの部分はローマのサン・カルロ・アル・コルソ教会（1669年完成、ピエトロ・ダ・コルトーナ設計）から着想を得たものだった。[81]

図54　ジョッフレード設計、カヴァルカンティ館、トレド通り

80　Attanasio, *op. cit.*, pp. 40–41.

81　Wittkower, *op. cit.*, p. 342.

V

カゼルタ王宮造営とルイージ・ヴァンヴィテッリ

ルイージ・ヴァンヴィテッリ

1751年はナポリの建築界を大きく変えた転換期となる。二人の偉大な建築家サンフェリーチェとヴァッカーロが数年前に死去し、1751年、ローマで活躍していた二人の重要な建築家ヴァンヴィテッリとフーガが、同じ年にナポリにやって来たのだ。[1]

ルイージ・ヴァンヴィテッリ（Luigi Vanvitelli 1700–73）の父は、オランダ出身の風景画家ガスパール・ファン・ウィッテル（Gaspar Van Wittel 1653–1736）である。ガスパール・ファン・ウィッテルは、ヴェドゥティズモ（Vedutismo）と呼ばれる「都市景観画《ヴェドゥータ》（Veduta）」のジャンルを築いた第一人者であり、ヴェドゥティズモの父と呼ばれている偉大な人物だ（図1）。ガスパール・ファン・ウィッテルはローマに移住し、ローマの女性と結婚。最初は土木技師的な仕事も行っていたため、建築物を描くのに長け、ローマ貴族やグランド・ツアーでイタリアを訪れた英国貴族たちの支持を得て、イタリア各地の都市景観画を描くようになった。ナポリでは、スペイン副王ルイス・フランシスコ・デ・ラ・セルダ（メディナチェリ公爵）に招聘され、ナポリの王宮を装飾するためのナポリの都市景観画を制作していた。そのナポリ滞在中に誕生したのが、将来の偉大な建築家ルイージ・ヴァンヴィテッリ（名字ファン・ウィッテルをイタリア語風に改名）であった。仕えている副王の名ルイスをイタリア語にして、ルイージと命名したのだ。

ルイージ・ヴァンヴィテッリは少年時代をローマで過ごした。母アンナの父である祖父ジョヴァンニ・アンドレア・ロレンツァーニ（Giovanni Andrea Lorenzani 1637–1712）が画家であったの

1 *Idem.*, pp. 338–339.

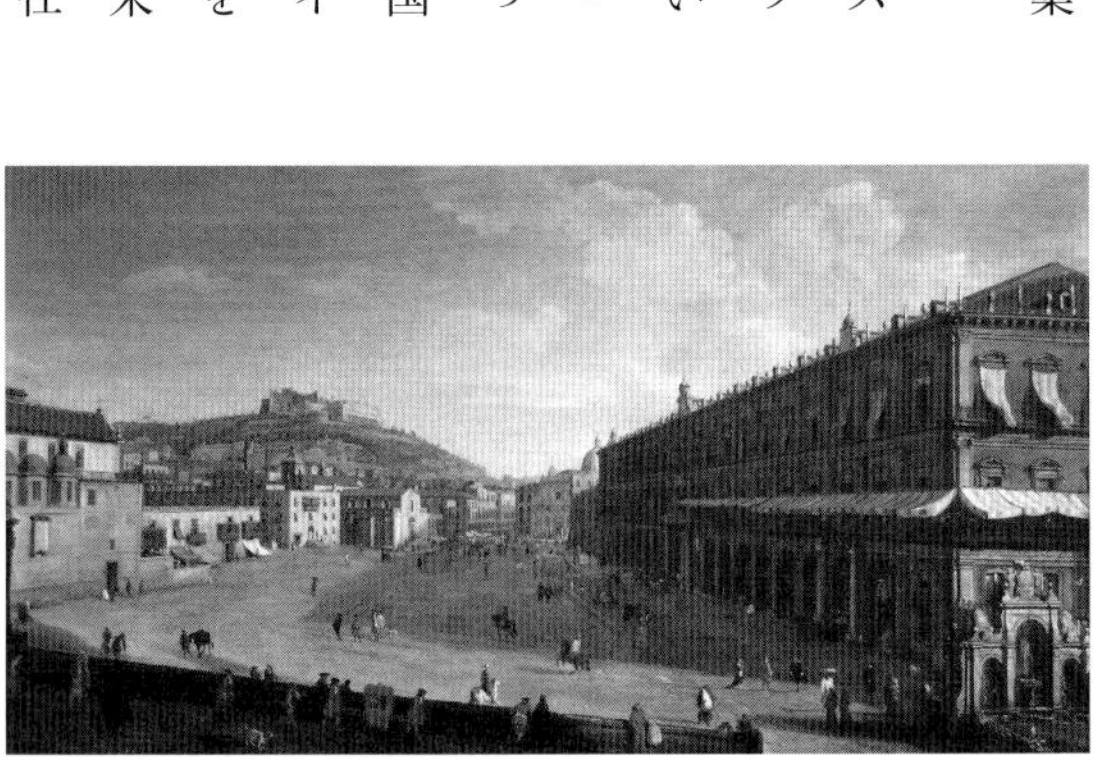

図1　ファン・ウィッテル《王宮前広場の景観》、1701年、個人蔵

で、彼からデッサンの手ほどきを受けた。1715年、偉大な建築家フィリッポ・ユヴァッラ（Filippo Juvarra 1678–1736）が、ヴァチカンのサン・ピエトロ大聖堂の聖具室の設計のためローマ滞在中、15歳のルイージは自分のデッサンを見てもらう機会を得て、称賛されたという。[2]

ルイージは父の手伝いをしながら、都市景観画に欠かせぬ建物のスケッチ法を習得していった。やがてローマの教会の祭壇画も描くようになり、当時のローマで最も重要な劇場の一つであるカプラニカ劇場とパーチェ劇場で、舞台美術を担当するまでなった。最初の本格的な建築家としての仕事は1728年、ウルビーノのアルバーニ宮殿の修復で、サン・フランチェスコ教会にあるアルバーニ家の礼拝堂のデザインもしている。

1731年から32年、ローマのサン・ジョヴァンニ・イン・ラテラーノ大聖堂のファサード設計のコンペが行われ、ヴァンヴィテッリも応募したが、入選したのはフィレンツェの建築家アレッサンドロ・ガリレイ[3]（Alessandro Galilei 1691–1737）だった。同じころローマでは「トレヴィの泉」の設計競技も行われていて、これもヴァンヴィテッリは参加したもの落選してしまった。ヴァンヴィテッリの案はコストがかかるものであり、もっと低予算できる案を提出したローマの建築家ニコラ・サルヴィ（Nicola Salvi 1697–1751）の設計案が入選し実現した。

二つのコンペに落選したものの、ヴァンヴィテッリの名は広く知られるようになり、1733年にヴァンヴィテッリは、優れた芸術家のみが入会を許されるサン・ルーカ・アカデミーの会員にもなっている。こうしてヴァンヴィテッリに、アンコーナでの一連の重要な公共建築の設計の仕事が舞い込んだ。港湾の検疫所兼隔離病棟「ラッザレット（Lazzaretto）」（1733–38

2 Gianfronta, Antonio (a cura di), *Manoscritti di Luigi Vanvitelli nell'archivio della Reggia di Caserta 1752–1773*, Roma, 2000, p. XI.

3 アレッサンドロ・ガリレイは、17世紀の科学者ガリレオ・ガリレイと同じ家系の出身である。

図2　ヴァンヴィテッリ設計、アンコーナの港湾の検疫所兼隔離病棟「ラッザレット」

／図2）、新しい港（Molo Nuovo）、クレメンティウスの凱旋門（Arco di Clementino）、イエズス教会（Chiesa del Gesù）の設計を請け負った。さらにヴァンヴィテッリはアンコーナ滞在期に、ペルージャや、ロレート、シエナなど他の町でもいくつかの仕事もこなすようになった。[4]

　1736年、父ガスパーレと母を立て続けに亡くしたが、翌1737年、ヴァチカンのサン・ピエトロ大聖堂の建築工事の会計係の娘オリンピア・スリッチと結婚、8人の子宝（うちふたりは早世）に恵まれた。うち3人の息子、長男のカルロ（Carlo 1739–1821）、次男のピエトロ（Pietro 1741–?）、五男のフランチェスコ（Francesco 1745–?）が、のちに有能な建築家となった。

　やがてヴァンヴィテッリは、ローマに拠点を戻し、数々の重要な仕事をこなすようになる。ローマのアンジェリカ図書館（図3）、ディオクレティアヌス帝の浴場跡にあるミケランジェロ

4　詳しくは、De Seta, Cesare, *Luigi Vanvitelli*, Napoli, 1998; Starace, Francesco, *Luigi Vanvitelli e le immagini antiche*, Napoli, 1978. を参照。

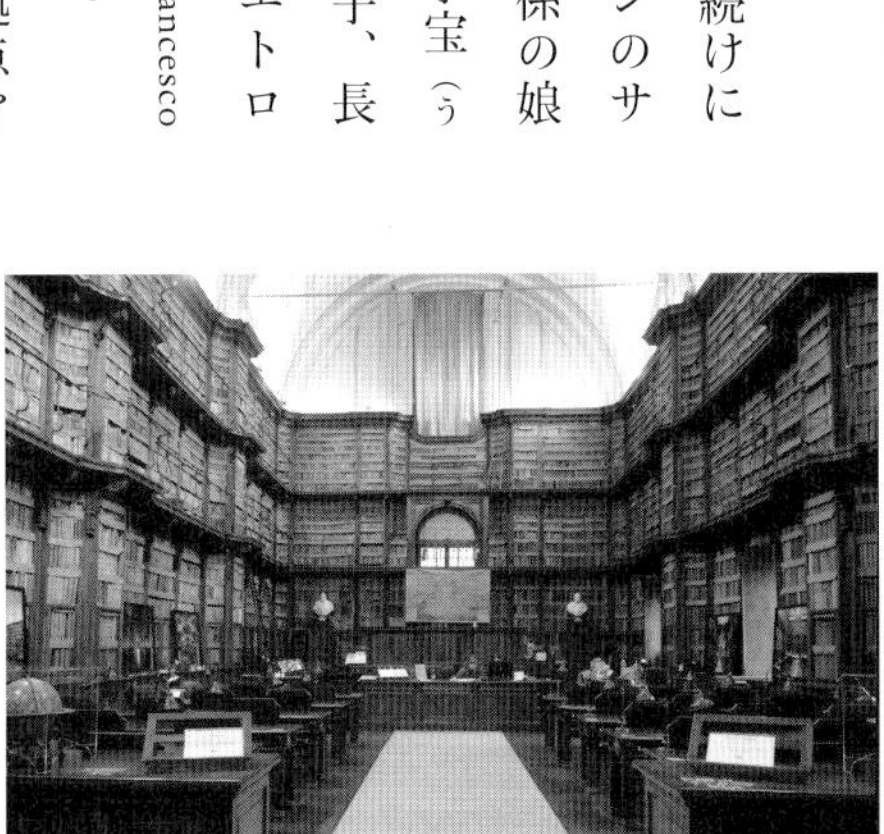

図3　ヴァンヴィテッリ設計、ローマのアンジェリカ図書館

設計のサンタ・マリア・デリ・アンジェリ教会の内装など、ヴァンヴィテッリは法王庁お抱えの建築家となり、ヴァチカンのサン・ピエトロ大聖堂の修復を担当した。さらには技術者としての手腕も発揮し、アンツィオやフィウミチーノの港の整備も行い、ヴァンヴィテッリはすでに建築家として絶頂期にあったが、さらなる大きな仕事がナポリで待っていた。

ナポリ王国版ヴェルサイユ——カゼルタの王宮

1751年1月、ナポリ国王カルロ3世からの依頼で、ナポリ近郊のカゼルタの地に建設すべく王宮（Reggia di Caserta）の設計の仕事が、ヴァンヴィテッリに舞い込んだ（図4）。1740年代にナポリの建築家マリオ・ジョッフレード（Ⅳ章参照）に引かせた図面は、宮殿が城塞のような掘りで囲まれ、スペインのエル・エスコリアル宮殿のような正方形のグリッドで構成された平面計画で採用されず、[5] ローマで活躍する建築家ニコラ・サルヴィにも設計が依頼されたが、彼は健康上の理由で断ってしまった。

カルロ3世は、ナポリ王国の栄光と威信にかけて、ヴェルサイユ宮殿に対抗できるような郊外の壮大な宮廷を望んでいた。1735年にオーストリアに勝利しナポリ王国の国王の座についたカルロ3世は、フランス国王ルイ14世のひ孫にあたり、次に王位を継いだフェルディナンド4世の妻カロリーナは、マリー・アントワネットの姉だった。ナポリは1742年に英

図4　カゼルタ市内中心部・ヴァンヴィテッリ広場にあるヴァンヴィテッリ像

5
ジョッフレードによるカゼルタ王宮の設計案は、De Nitto, Giuseppe, *I disegni di Mario Gioffredo per la Reggia di Caserta pesso la Biblioteca Nazionale di Napoli*, in Napoli Nobilissima, volume XIV, fascicolo V, Napoli, 1975, pp. 183–188. に詳しい。

国艦隊からの攻撃されたこともあり、海に面しているナポリの王宮はセキュリティ上不都合でもあったので、ナポリ湾から離れた内陸に宮殿を建てる必要もあった。

　ナポリから北方約30キロメートルに位置するカゼルタに、広大な土地がみつかった。カルロ3世はこの宮殿の建設用地として、1750年8月、ガエターニ・アックアヴィーヴァ家からその土地を購入した。[6]ヴァンヴィテッリは、ローマなど各地の仕事で多忙であったが、急きょ土地の下見をし、時間を縫って半年足らずで王に提出する設計案を用意し、ポルティチの王宮（Ⅳ章参照）で自ら王に披露した。ヴァンヴィテッリが、カルロ3世から受けた依頼は宮殿の建設だけではなく、庭も含めて、王も王妃も大変気に入った様子をみせたことを、ヴァンヴィテッリは5月22日の兄に宛てた手紙に書き残している。[7]

　工事の着工日は、翌1752年、王の誕生日である記念すべき1月20日となった。計画案は、王立印刷所から『カゼルタ王宮の設計についての表明』（1756）と題する大判の版画図面集で出版され、[8]その壮大なプロジェクトがヨーロッパ各地の宮廷に伝えられた（図5）。しかし、そこに掲載されている案と同じ宮殿は実現されなかった。図面では中央に高いドーム屋根がそびえ立ち、左右の端にはそれぞれ塔屋がついているが、建設実現に至った建物はこれらの突出部を省いた姿だった。

　規模や豪華さは、ヴェルサイユ宮殿に強く影響されたものである。敷地面積ではヴェルサイユを超えてはいないとはいえ、とてつもない規模は次に挙げる数値ですぐに想像できるだろう。敷地面積120ヘクタール。横幅が400メートル、縦幅は3キロメートルもの距離があ

6 ミケランジェロ・ガエターニ伯爵。Patturelli, Ferdinando, *Caserta e San Leucio*, Napoli, 1826, p. 1.

7 Vanvitelli, Luigi, *Le lettere di Luigi Vanvitelli della Biblioteca Palatina di Caserta*, a cura di Franesco Strazzuolo, 1976–77 (lettera del 22 maggio 1751, v. 1, pp. 24–25).

8 Cfr. Vanvitelli, Luigi, *Dichiarazione dei disegni del Reale Palazzo di Caserta alle sacre reali maestà di Carlo re delle Due Sicilie...*, Napoli, 1756.

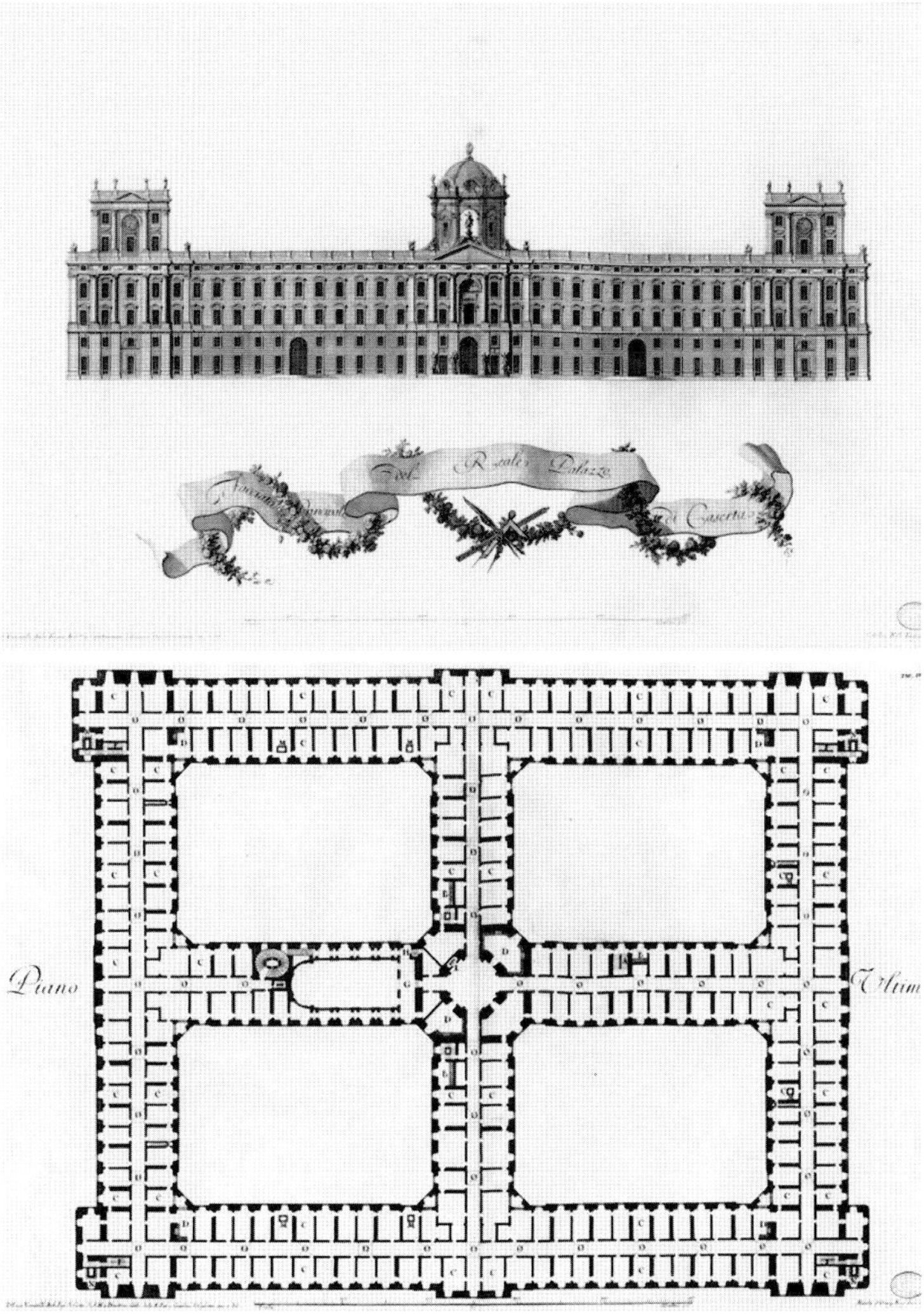

図5　上：カゼルタ王宮の立面図――ヴァンヴィテッリ『カゼルタ王宮の設計についての表明』（1756）より　下：カゼルタ王宮の平面図――ヴァンヴィテッリ『カゼルタ王宮の設計についての表明』（1756）より

図6　カゼルタ王宮と庭園の鳥瞰図――ヴァンヴィテッリ『カゼルタ王宮の設計についての表明』（1756）より

り、背後の山のほうまで広がっている（図6）。建物の平面計画は、全長２４７メートル、奥行き１９０メートルの長方形。それを４等分してそれぞれに中庭がおかれた。高さ約40メートル、地上６層、地下２層になっている。ファサードの付け柱は、イオニア式とコリント式を混合させた混合《コンポジット》式。最上部中心には三角破風がつけられ、その中に時計が付いている。建物内部には56か所の階段、部屋数は１２００室にも及び、正面ファサード部分だけで２４５もの窓が設けられている（図7）。

建物の目の前にある道路は左右（東西）真っすぐに延び、建物の中心を縦に（南北）に通る軸上にある道路は、ナポリまで最短になるよう直線で結ばれている。さらにこの中心の縦軸の両側には、鋭角で放射状に延びていく道路もヴァンヴィテッリは計画

図7　現在のカゼルタ王宮のファサード

していた。しかし実現したのは、今日みられるように、ファサード前面に配置された楕円形の広場の中までの長さにとどまったものである。

宮殿の中庭の四つ角は、斜めにカットする処理（スムッサトゥーラ smussatura）が施され、建物内部の中心の大広間は正八角形に収まるようになっている（図8）。正方形の四つの角を斜めに切り出すことによって正八角形を生みだす設計法は、バロック建築の特徴でもあるが、ウィットカウアーは、建築様式的にはもっと時代を遡った、初期キリスト教時代のビザンティン様式にみられるものからの影響で、ヴェネツィアのサンタ・マリア・デッラ・サルーテ聖堂（1681年完成、ロンゲーナ設計）のプランを、ヴァンヴィテッリがカゼルタ宮殿の大ホールの八角形プランに応用したと推測している。[9]

建材の多くはカゼルタ近郊のもの、モンドラゴーネで採掘される石材が多く使用され、トゥーフォも近郊から調達された。[10] 遠くてもなるべくナポリ・シチリア王国内のものが使用されている。材木ではカラブリア州のトウヒを調達させ、[11] 天井の構造部に使用。ポルティコにはパレルモ近郊のビリエーミ山の灰色の石が選ばれた。内装用の白大理石は、最高品質とされるトスカーナ州カッラーラ産のほか、大階段では地元の大理石も使われている。[12]

王宮の工事には建築家フランチェスコ・コッレチーニ（Francsco Collecini 1723–1804）や息子のカルロらも協力した。総工費は600万ドゥカートにも上った。宮殿はあまりに巨大なため、1752年の着工から完成までおよそ百年の歳月を必要とすることになった。

1776年にカゼルタの王宮を見学したサド侯爵は、あまり良い印象を抱いていない。1

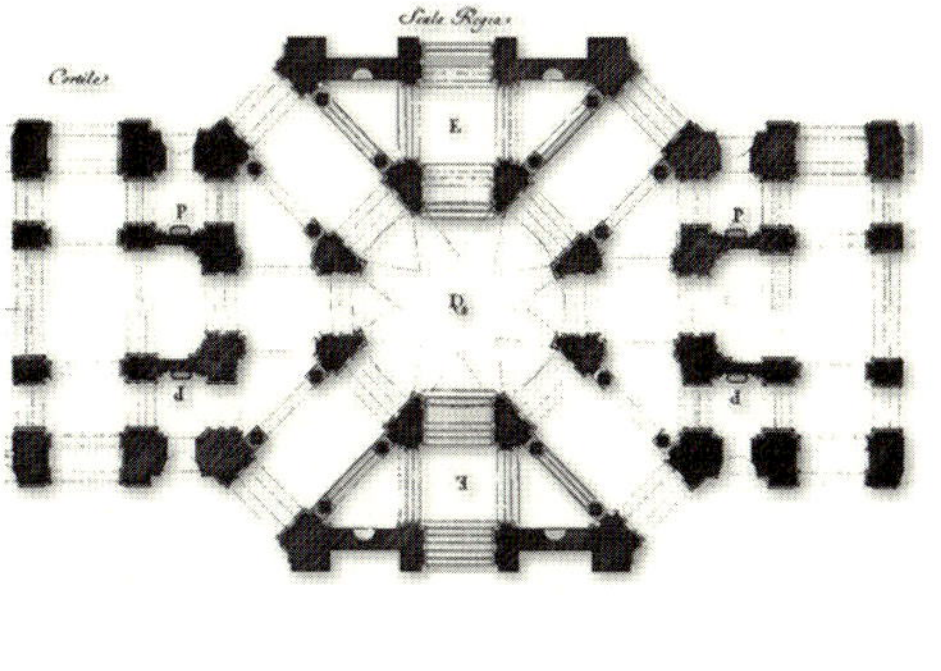

図8　カゼルタ王宮の中心部分の平面図

9　Wittkower, *op. cit.*, p. 351.

10　トゥーフォは、カゼルタ近郊のサン・ニコラ・ラ・ストラーダ（San Nicola la Strada）やカザプッラ（Casapulla）、トラヴェルティーノは、サント・イオーリオ（Santo Jorio）とカプア近郊のベッローナ（Bellona）で採掘された。

メートル30センチ近くもある壁の厚みが過度で、その上窓も小さいので採光が十分にとれていない、まるで要塞のようだ、と書き残している。[13] 1817年、スタンダールもこれと類似する感想で、「カゼルタはヴェルサイユと同じくらい厄介な位置にある兵舎《カゼルヌ》でしかない」と駄洒落交じりに述べている。[14]

その一方で、1787年に訪れたゲーテは、次のように述べている。

「壮麗な宮殿で、エル・エスクリアリアル（宮殿）風に方形に建ててあって、中庭がたくさんあり、まことに王者にふさわしい構えである。地形は極めてよく、世にも豊饒な平原で、しかも庭園は山のほうまで広がっている。そこには、城と付近一帯とに供給する水道があって、立派な水流をその中に導いてくる。人工的に岩を築いて、その上からこの水量を落としたなら、優に壮大な滝ができ上がるだろう。この庭園はきれいで、全体がすでに大きな庭園であるこの地方に、よく調和している」[15]

1759年、カルロ3世は兄が亡くなったため、スペイン国王の座を継いだ。ナポリ国王の座は、まだ当時8歳であった三男のフェルディナンド4世に継承された。カルロ3世は、建築家となったヴァンヴィテッリの二人の息子ピエトロとフランチェスコを引き連れて、スペイン国王に即位するためにマドリードへ旅立った。よってカゼルタの王宮にカルロ3世は一度も住むことはなかった。1773年にヴァンヴィテッリが死去すると、[16] 続きの工事は息子のカルロに委ねられ、王族が住めるようになったのは、1780年からだった。工事は、1789年のフランス革命と1799年のナポリのパルテノペ革命で中断し、ナポレオン支配期の

11 コゼンツァのシーラ・ピッコッラ区。

12 採掘地は、アヴェッリーノ県アトリパルダ、カゼルタ県ドラゴーネ、ベネヴェント県ヴィトゥラーノ。

13 Marchese di Sade, *op. cit.*, p. 276.

14 スタンダール、前掲書、85頁。

15 ゲーテ、前掲書、40頁。

16 ヴァンヴィテッリは王宮のすぐ近くに住んでいて、死去したトリエステ通り（Corso Trieste）の家の玄関には記念碑がかかっている。墓は、王宮の近く（西方）にあるサン・フランチェスコ・ディ・パオラ教会にある。

図9　カゼルタ王宮を庭園側からみた鳥瞰図——ヴァンヴィテッリ『カゼルタ王宮の設計についての表明』（1756）より

1808年に再開された。1821年にはカルロ・ヴァンヴィテッリも死去、その後は別の建築家たちに託され、フェルディナンド4世の存命中の1847年、ついに王宮が完成した（図9）。

　王宮内部でルイージ・ヴァンヴィテッリの力量が顕著に表れているのは、建物中心部からアクセスする大階段、それを上りつめたところにある八角形平面のホールと礼拝堂、そして劇場である。

　大階段（Scalone）の上り口の両脇には、まず権力の象徴であるライオン像が一つずつ置かれている。トンマーゾ・ソラーリ（Tommaso Solari 1820–89）らの作である。[17] 大階段は、踊り場で二手に分かれ、双方から上れるようになっている（図10）。この階段ではシチリア島のトラパニ産の一枚岩が使用されていて踊り場の壁面には、壁龕が3

17　ソラーリは、カゼルタの王宮を飾る数々の彫刻を担当した彫刻家で、有名な古代彫刻のコピーの数々を制作したが、それらは後にナポリの市民公園に移された。

図10　ヴァンヴィテッリ設計、カゼルタ王宮の大階段部分

つあり、その中央にはカルロ3世の像（トンマーゾ・ソラーリ作）、その両脇の壁龕には寓意像が1体ずつ置かれている。右が太陽を片手にもつ女性像『真実（La verità）』（ガエターノ・サロモーネ作）、左が古代風の軍服姿の男性像『価値（Il merito）』（アンドレア・ヴィオラーニ作）となっている。ソラーリ同様、サロモーネ（Gaetano Salomone 1757–89）とヴィオラーニも、カゼルタ宮殿を装飾する彫刻を他にもいくつか制作した彫刻家である（図11）。

大階段の天井は楕円形で、楕円部分がさらに上層に延びた2層構造になっている。最も高い部分のほうには、楕円形のフレスコ画『アポロンの王宮』が、ジェローラモ・スタラーチェ（Gerolamo Franchis Starace 1730–94）の筆で描かれている（図12）。学芸の象徴であるギリシャの神々（アポロン、メルクリウス、ミネルヴァ、ミューズ）を、天上界の雲母の中に描いた明るいバロック絵画だ。低いほうの天井は楕円形にくりぬかれ、その周りにメダリオン型の額縁に収まるフレスコ画が配されている。四季をテーマにしたもので、春、夏、秋、冬がそれぞれ擬人化された4点の寓意画で、同じくスタラーチェによって描かれた。

大階段を上りつめたところに置かれた八角形平面の大ホール（Vestibolo）は、建物の中心部に位置する。柱のオーダーは、ミケランジェロ風のイオニア式だ。先にも述べたように、八角のうち交互に生じる4つの角は、中庭に面して開口部が設けられていて、ここから礼拝堂（Cappella Palatina）へアクセスできるようになっている。

この大規模な礼拝堂は、カルロ3世の希望によって、ヴェルサイユ宮の礼拝堂を模したため[18]、内装はヴェルサイユ宮殿のものと驚くほど酷似している（図13・14）。ヴェルサイユ宮の礼拝

図11　カゼルタ王宮の大階段の壁面、中央にはカルロ3世の像

図12　カゼルタ王宮の大階段の天井画《アポロンの王宮》

図13　ヴァンヴィテッリ設計、カゼルタ王宮の礼拝堂

図14　ヴェルサイユ宮殿の礼拝堂、撮影 Christian Quest

堂は、その形状が外部に露出している一方、カゼルタのものは建物内部にすっぽりと収まっていて、外から見てどこに礼拝堂があるかわからないようになっており、その点ヴァンヴィテッリは非常にスマートな方法をとったといえるだろう。実際にヴァンヴィテッリは書簡中、「私のカゼルタの礼拝堂は、もっとも優れた部分となり、ヴェルサイユのそれを凌駕する」と誇らしげに報告している。[19] 礼拝堂の天井は筒型ヴォールト天井で、一連のコリント式の太い柱は、カゼルタ近郊のモンドラゴーネの採掘場で採れる灰色の石を使用ている。

宮殿内には美しいバロック装飾の馬蹄形劇場も設けられていて、その点においてもヴェルサイユ宮殿に似ている。ナポリのサン・カルロ劇場を模してつくられ、１７６９年のカーニバルシーズンに開幕した。[20] ヴァンヴィテッリは舞台美術家としても有能で、王室の婚礼や洗礼式などの祭事のときの飾りつけもしばしば担当した。

王族の居室部は、大きく分けて二つの時代に完成し、それぞれエリアが分かれている。そこへ至るには大階段上の八角形の大広間から、５つの前室を通過しなければならず、まず警備用の間に入るようになっている。それから、槍兵の間（Sala degli Alabardieri）、衛兵の間（Sala delle Guardie）、アレクサンドロスの間（Sala di Alessandro）、マルスの間（Sala di Marte）、アストレアの間（Sala di Astrea）と続き、王と謁見できる「玉座の間（Sala del Trono）」へ到達できるようになっている。

「槍兵の間」は、ヴァンヴィテッリの息子カルロが父の指示に従ってデザインした。黄色い壁面にアクセントをつける白い大理石のように見える部分は、だまし絵となっている。衛兵の間

18 Patturelli, Ferdinando, *Caserta e San Leucio*, Napoli, 1826, p. 7.

19 １７６１年２月21日の書簡。Strazzullo, Franco, *Le lettere di Luigi Vanvitelli della Biblioteca Palatina di Caserta*, vol. 2, Napoli, 1974, p. 667.

20 詳しくは、AA.VV., *Il Teatro di Corte di Caserta*, Napoli, 1995. を参照。

も、カルロ・ヴァンヴィテッリの設計による新古典主義様式で、サロモーネらが製作したレリーフで装飾されている（図15）。

「アレクサンドロスの間」は、軍人でも貴族でもない人、たとえば学識者や企業家など、貴族の称号を持っていない訪問客のための控えの間である。部屋の名前の由来は、天井のフレスコ画の題材『アレクサンドロスの婚礼』（フェデーレ・フィスケッティ筆 1787）で、壁には古典的なモチーフのレリーフ飾りが施された。

「マルスの間」は、男爵の称号を持つ貴族、将校、軍人、外国人使節のための控えの間で、名の由来は、天井フレスコ画の題材が『軍神マルスに守られたアキレスの馬車』（アントニオ・ガッリアーノ筆 1813）から。内装は新古典主義様式で、古典的なモチーフのレリーフで飾られている。設計は、ヴァンヴィテッリ父子の死後に、工事を引き継いだ建築家アントニオ・デ・シモーネで、ここからが19世紀に入って造営された部分である。続く「アストレアの間」もデ・シモーネが設計し、大使、秘書、議員の控えの間で、正義の女神アストレアをテーマにした天井画や壁面レリーフがある。

宮殿でもっとも重要な部屋である「玉座の間」（図16）は、当時の宮廷建築家ガエターノ・ジェノヴェーゼ（VI章参照）によってデザインされたが、ヴァンヴィテッリの時代に敬意を払った後期バロック的な新古典主義様式となっている。天井画『宮殿の定礎』（ジェンナーロ・マルダレッリ筆 1845）には、カゼルタ王宮の着工式の様子が描かれ、壁面上部を取り囲むコーニスは46個のメダリオンで飾られ、その中には歴代のナポリ王の肖像が彫られている。

図15　カゼルタ王宮の「アストレアの間」

図16　カゼルタ王宮の「玉座の間」

ここを境に王宮のアパートメントは、新旧の二手に分かれる。西側がジョアッキーノ・ミュラの治世下に工事が進められたエリアで「新アパートメント」(1806–45)と呼ばれている。玉座の間から「新アパートメント」に続く最初の部屋は、「議会の間(Sala del Consiglio)」で、そこから王族の私室が続いていく。両シチリア王フランチェスコ２世やジョアッキーノ・ミュラの寝室などがあり[21]、いずれも新古典主義様式で装飾されている。

一方、玉座の間を挟んで東側にあるのは、フェルディナンド４世と王妃マリア・カロリーナが使っていた「旧アパートメント」で、彼らの寝室や書斎、四季をテーマにした部屋などのほか、こちらには図書室(Biblioteca Palatina)も設けられている。ドイツ人風景画家フィリップ・ハッカートが、王の依頼で描いたナポリ・シチリア王国内の港や狩猟地のテンペラ《グァッシュ》画のほとんどが[22]、この「旧アパートメント」内に飾られている。室内装飾用絵画の制作には、ほかにもドイツ人の画家が起用されていて、たとえば、神話をモチーフにした図書室のフレスコ画は、ハインリヒ・フューガー(Heinrich Friederich Füger 1751–1818)の作品である。

ゲーテやサド侯爵の例にみるように、カゼルタ王宮は18世紀末よりすでに一部の旅行者が訪れるようになっていた。１８４３年にはナポリとカゼルタを結ぶ鉄道も開通し、観光ガイドブックにも宮殿が紹介されるようになり、当時は地元の宿屋がカギを管理していて旅行者に公開していたが、第一次世界大戦後、１９１９年にイタリア国家の所有となった。現在は宮殿内に、文化財管理局のオフィスや学校も入居していて、博物館として一般公開している部分は、主に王家のアパートメントと庭園、地下にある郷土博物館(Museo dell'Opera e del Territorio)である。

21 ミュラの寝室の家具は、もともとポルティチの王宮にあったものを、ポルティチの王宮がナポリ大学に使用される際に、カゼルタ宮に移動させたものである。

22 幾つかのナポリ港湾の景色、他の港町ではバイア、イスキア、カステッラッマーレ、ガエータ、アーチ・トレッツァ、モノーポリ、ビシェーリエ、ガッリーポリ、ブリンディシ、ターラント、トラーニ、オートラント、メッシーナ、シラクーサ、バルレッタ、マンフレドーニア。狩猟地ではペルサーノ、カーヴァ、カプリ、ソレント、ヴェナーフロ、アストローニ、カルヴィ。カゼルタ宮殿近隣の風景(英国式庭園(図17)、カプチン修道院からみた宮殿、サン・レウショ、セーレ川、セッサ・アウルンカ、カゼルタの森各種)もある。

カゼルタ王宮の庭園

噴水・水路・人口瀑布

ヴァンヴィテッリが、カルロ3世から受けた依頼は宮殿の建設だけではなかった。当然のように付属する広大な庭園、周辺の都市計画、カゼルタに水を引く水道橋の建設、当時流行していたユートピア的思想による工場を中心とする労働者のための理想都市の建設まで含まれていた。

カゼルタ宮の庭園は、大きく分けて3つの部分に分けられる。山の中腹から流れ落ちる大きな滝（Grande Cascata）と王宮をつなぐ3キロメートルに及ぶ距離を水路で飾ったエリア、宮殿に隣接した長方形のイタリア式庭園、そして滝の近くから入る敷地に設けられた英国式庭園である（図17）。

ヴァンヴィテッリはカゼルタ宮の庭園の設計にあたり、ヴェルサイユやフォンテーヌブロー、チュイルリーといったフランス王家の主な庭園を調べていた。造園設計で最も重要なのは、ふんだんに水を使う部分（噴水、人工の滝、水路）で、それを実現できる水源の確保は王国の権力を示すのに重要な要素でもあった。ヴェルサイユ宮殿の庭園では噴き上がる大噴水に重きを置かれていたが、カゼルタ宮ではそれを凌駕するウォーターデザインが施されなければならない。そこでヴァンヴィテッリが考えたのが、宮殿の中心軸から3キロメートル離れた地点に、自然の地形を利用して落差83メートルもある当時世界最大の人工瀑布をつくることで、その間を

図17　ハッカート《カゼルタ王宮の英国式庭園》、テンペラ画、1792年、カゼルタ王宮蔵

図18　上：カゼルタ王宮の水路のある庭園、中央奥にあるのが人口の大滝「グランデ・カスカータ」　下：大滝「グランデ・カスカータ」の滝壺のある地点から、水路のある庭園とカゼルタ王宮を見渡す

結ぶ緩やかな傾斜の直線道路の中心に水路を設ける壮大なプランだった。一直線に延びるこの通路と水路には、一定区間おきに彫刻で飾った噴水が配された。ひな壇状になっているため躍動感があり、舞台美術家でもあったヴァンヴィテッリの才能がいかんなく発揮され、バロックオペラの舞台のような庭園デザインが実現した（図18）。

滝つぼに至る水路の間に置かれた噴水は、以下に説明するとおりである。まず水路が連続する手前、宮殿に最も近いところにも、シンプルな小さな円形の水槽の中心から噴き出す「マルゲリータの噴水（Fontana Margherita）」がある。ここを通過すると水路が始まり、５００メートルほど先の地点に段差と半円形の窪みがある。この中につくられた岩山の上には彫刻でできた3匹の奇怪な深海魚（ガエターノ・サロモーネ作）の像があり、口から水が噴き落ちるよう滝状になっていて、ここは「イルカの噴水（Fontana dei Delfini）」と呼ばれている。

次の段差は大滝まで続く長い水路の中腹に位置し、ここには「アイオロスの滝（Fontana di Eolo）」と呼ばれる滝が流れ落ちている（図19）。水槽の奥には、ギリシャ・ローマ神話の人物像を並べることによって、ヴェルギリウスの叙事詩『アエネーイス』に出てくる女神ユーノと風の神アイオロスの物語が表現されている。本来は54体の像が置かれる予定であったが、実現したのは28体である。[23] 像の背後にあるアーチのある構造物の内部は、洞窟《グロッタ》状の回廊になっており、ここを通ると滝からしたたり落ちる水滴を通して、宮殿が眺められるようになっている。その次に配置された噴水は、ローマ神話の地母神に因んだ「ケレースの噴水（Fontana di Cerere）」（サロモーネ作 1784）で、中心にはシチリアのシンボルである「トリナクリア」をもつケ

図19 カゼルタ王宮庭園にある「アイオロスの噴水」

23 彫刻家はサロモーネほか、ヴィオラーニ、ペルシコ、ソラーリ、ブルネッリであるが、彫刻群は未完で、主人公のユーノとアイオロスが制作されぬままとなった。ここで使用された大理石はモンドラゴーネ産である。

図20　カゼルタ王宮庭園にある「ディアナとアクタイオンの噴水」、上がニンフに囲まれたディアナで、下が鹿に変えられて犬に吠え立てられるアクタイオン

レースの像、その周りにはニンフやアモールなどの像が置かれている。[24]

水路のクライマックスを飾るのが、ヴィーナスが、イノシシ狩りに行くアドニスを阻止するシーンを描いた「ヴィーナスとアドニスの噴水（Fontana di Venere e Adone）」（サロモーネ作 1789）だ。[25] カルロ3世は狩猟が好きであったので、気を利かせたヴァンヴィテッリは、このような狩りをテーマにした彫刻を指示していた。そのほかにも、長い水路を囲む手すり部分には、イノシシやシカなどの狩猟動物の頭部が彫刻されていて、大滝の滝つぼには、狩りの女神をモチーフにした彫刻「ディアナとアクタイオンの噴水（Fontana di Diana e Atteone）」が置かれた（図20）。滝つぼの右側がニンフに囲まれたディアナが水浴しているシーンの彫刻で、一方左側は、ディアナの裸体を見てしまったアクタイオンが鹿に変えられて、猟犬に吠え立てられている様子が彫刻で表現されている。[26] 以上が、大滝から約2キロメートルも続く水路につくられた噴水と彫刻群である。大滝と水路のある部分の庭園は、現代風に言うならば、オヴィディウスの『変身譚』の登場人物を配したテーマパークとなっているのだ。[27]

イタリア式庭園と英国式庭園

宮殿から大滝を背景にする長い水路の眺めは、遠近法の効果もあり、立版古《ピープショー》をのぞいたような世界が広がるが、宮殿の背後からすぐに水路が始まるわけではなく、水路と宮殿の間には、広大なイタリア式庭園も配されている。長方形の土地に十字と対角線で整然とした区画に通路を配した庭園だ（図21）。通路以外の部分の多くは木が密に植えられている。特に左手の土地の

24 大理石はカッラーラ産。

25 大理石はカッラーラ産。

26 トンマーゾ＆ピエトロ・ソラーリ、ペルシコ、ブルネッリの作。

27 Starace, Francesco, *Le fontane del "giardino grande" della Reggia di Caserta. Fotografie (1889–1892) di Pilade Cini*, in AA.VV., *L'acqua e l'architettura. Acquedotti e fontane del regno di Napoli*, Lecce, 2002, pp. 353–375.

図21　カゼルタ王宮とイタリア式庭園の地図、ヴァンヴィテッリ『カゼルタ王宮の設計についての表明』（1756）より

ほとんどは森のようになっていて、その真ん中には、小さな池に浮かぶ「小さな城壁《カステッルッチャ》（Castelluccia）」（1769）と呼ばれる八角形の塔状の東屋《あずまや》が置かれ、展望塔にもなっていた。さらに敷地の上方の一角には、フェルディナンド４世の希望で、大きな養殖池（Grande Peschiera）もあり、ここで釣った新鮮な魚が宮廷で供せられた。これらの設計は１７６９年、ヴァンヴィテッリとともに王宮の設計に協力していた建築家フランチェスコ・コッレチーニが担当した。大きな養殖池は、隅部がバロックの凹凸のある曲線でカーブしている細長い長方形のような形で、池の中心には木が生い茂った小島も浮かび、優雅に舟遊びができるようデザインされている。長辺２７０メートル、短辺１０５メートルもの広さがあるので、ときにはここで海戦のシミュレーションも行われていた。

整然としたこのイタリア式庭園と対象的なのが、滝のあるエリアの右手（東部）の24ヘクタールもの土地につくられた「英国式庭園（giardino inglese）」である。ここは王宮建設で最後に整備された部分である（図22）。

英国式庭園とは、英国本国ではもっぱら「風景式庭園《ランドスケープガーデン》」と呼ばれている。自然の風景その

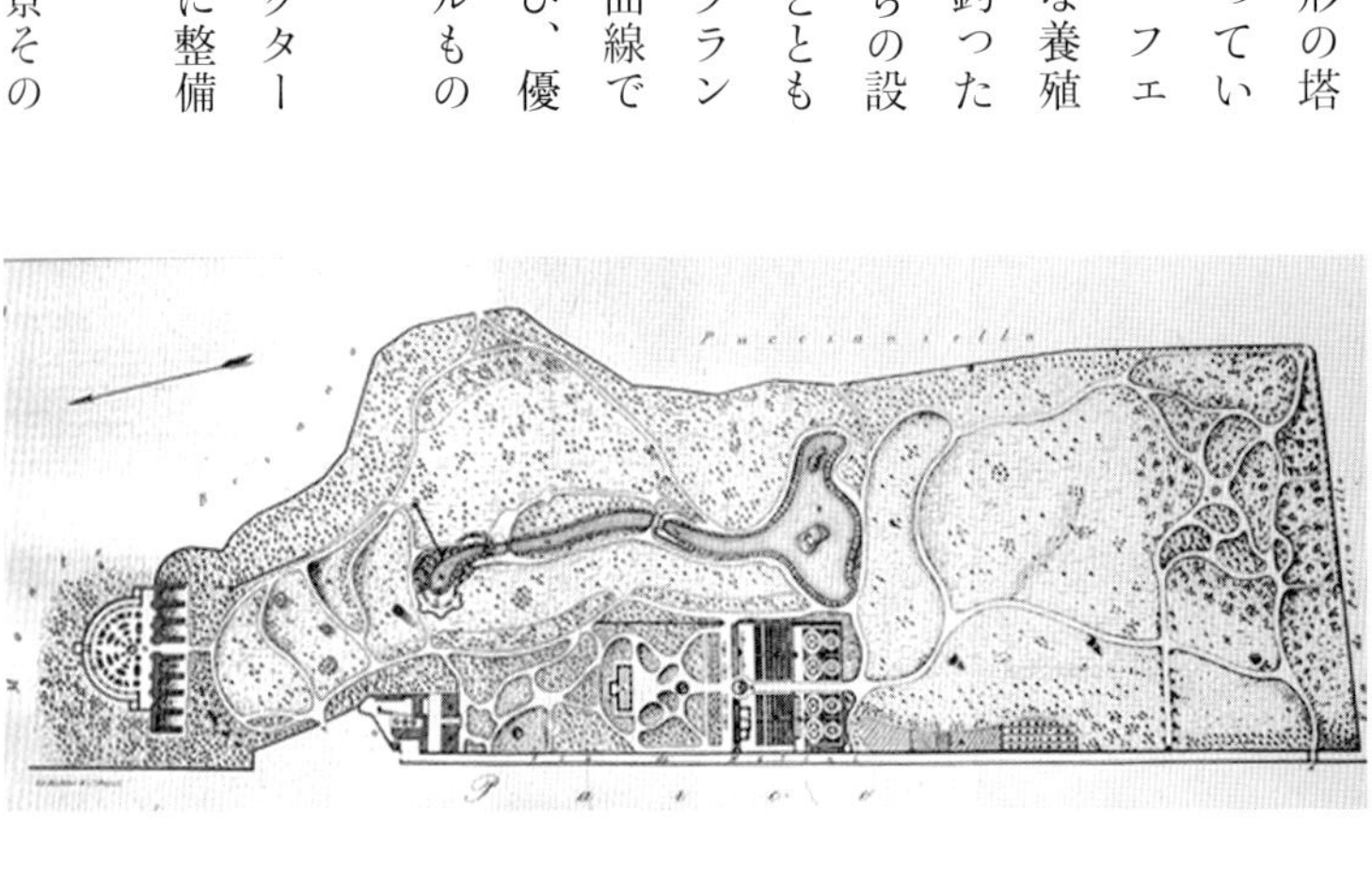

図22　カゼルタ王宮の英国式庭園の地図

もののように見せるため、わざと不規則な配置に植栽を施した庭園で、フランス式庭園のような整然とした幾何学的な配置は一切行われない。英国で流行の火ぶたが切られ、英国外で〝英国式〟庭園と呼ばれており、当時、英国貴族のあいだで流行していたイタリアを最終目的地とするグランドツアーの副産物でもある。グランドツーリストの間で特に人気のあった17世紀ローマで活躍した画家、プッサンやロラン、デュゲらが描く「理想風景《アルカディア》」を、彼らが祖国に帰った後、カントリーハウスの広大な敷地で再現しようとしたのがはじまりだった。それゆえ文字どおり「絵に描いたよう《ピクチャレスク》」にデザインされる英国式庭園は、18世紀後半よりヨーロッパ各地へ波及しはじめた。すでにヴェルサイユ宮では1777年につくられ、カゼルタ王宮の英国式庭園は、それから約10年後、フェルディナンド4世の妻マリア・カロリーナの希望で1786年に造営、イタリア初の英国式庭園となったのだ。やがてフォンテーヌブロー宮の庭園にも英国式庭園が取り入れられるが、それは19世紀に入った1812年のことで、ヨーロッパ各地ではロマン主義時代にも、英国式庭園のさらなる流行が続いていった。

カゼルタの英国式庭園では、英国から専門の庭師ジョン・アンドリュー・グレーファーが呼ばれ[28]、カルロ・ヴァンヴィテッリとともに設計を任されることとなった。

英国式庭園の発想源であるプッサンやロラン、デュゲが描いた理想風景画は、ローマ平原の自然の風景から着想されたもので、その中に東屋《あずまや》風の円形神殿などの小ぶりな古代ローマ風建築が、自然景観の中にぽつんと配置されていることが多い。よって初期の英国式庭園には、こういった点景にすべく古代遺跡のフェイクが随所に置かれていて、カゼルタでは本物の遺跡か

28 グレーファーは、スコットランドの植物学者で園芸家のフィリップ・ミラーの弟子だった。英国庭園内に1794年に建てられた英国小館（Palazzina Inglese）という2階建ての建物に住んで庭を管理していた。1798年、フランス軍が攻めてくる前に、グレーファーは王族とともにカゼルタを脱出し、のちの造園はグレーファーの息子たちが引き継いだ。グレーファーについては、Knight, Carlo, *Il giardino inglese di Caserta : un'avventura settecentesca*, Napoli, 1986. が詳しい。

図24　カゼルタ王宮の英国式庭園内にある人工廃墟「ヴィーナスの浴場」

のように見せるため、古代ローマ風建築を新築してから、わざと破壊して廃墟にすることが行われた。

庭園内にある池のほとりには、水浴しようと岩に腰かけたヴィーナスの像（ソラーリ作 1762）があり[29]（図23、口絵8）、ここは「ヴィーナスの浴場」と呼ばれ、その背後にはドーリス式の柱と彫刻で飾られた半円状のトンネル状の回廊《クリプトポルティコ》がつくられた。これは、古代ローマ建築でおなじみのニンフェウム（水際につくるニンフを奉る建物）の役割を担っている。先にも述べたように、建物は古代ローマ建築の廃墟のフェイクだが、フェルディナンド4世は、父のカルロ3世の偉業の一つであったポンペイ遺跡の発掘（1748）に敬意を払い、この内部にはポンペイで発掘された本物の古代彫刻の立像11体（ファルネーゼケ家のコレクションでもある）を置

29　大理石はカッラーラ産。わざと古代の発掘品のように古めかしく彫られている。

図23　カゼルタ王宮の英国式庭園内にある「ヴィーナスの浴場」の池にあるヴィーナス像

いて、客人を驚かせた（図24）。園内では、「小さな湖（laghetto）」と呼ばれている大きな池にも古代神殿の廃墟のフェイクがあるが、ここに使用された花崗岩の柱には、本物のポンペイの発掘品が使用されている（図25）。また園内には、ヴァンヴィテッリが貯水槽として設計した半円形の立派な新古典主義様式の建物が養蜂場として使用されていたが、のちに温室に転用された。

カゼルタの英国式庭園の魅力はそれだけではない。アフリカ、オセアニア、ニュージーランド、南米など、世界各地から珍しい植物が集められ、1782年、マリア・カロリーナの希望により、日本の大島椿《カメリア・ヤポニカ》の種がヨーロッパで初めて植えられたのだ。[30] ここで育った椿はヨーロッパ中の宮廷に贈られ、その結果デュマの小説『椿姫』（1848）とヴェルディのオペラ『椿姫』（1853）が誕生するに至った。1840年代から60年代には、英国式庭園内で栽培された花や植物は一般に販売もされていて、カタログも出版されていた。特に日本の椿は品種改良が重ねられた結果、品種が増え、比較的高価で取り引きされていたようだ。[31]

理想都市サン・レウショ

大滝の滝つぼの右手（東側）は英国式庭園、その左手（西側）には、サン・レウショ[32]へ通じる道が敷かれている。サン・レウショはカゼルタの西方3・5キロメートルほどに位置し、ここもガエターニ伯爵の土地だったものをカルロ3世が購入、当初は王の狩猟場として使っていた

図25　カゼルタ王宮の英国式庭園の湖にある人工廃墟、柱はポンペイの発掘された本物が使用されている

30　日本はまだ鎖国中であったので、オランダを経由して仕入れられた。

31　S.A., *Catalogo delle piante moltiplicate che di edono nel Real giardino inglese di Caserta*, Napoli, 1852, pp. 8–10.; S.A., *Catalogo delle piante vendibili nel Real giardino inglese di Caserta*, Napoli, 1863, pp. 15–19.

場所だった。ヴァンヴィテッリのカゼルタ宮の設計に合わせて、王宮の庭園から一直線に直結する道も建設する予定であったが、それは実現しなかったが、[33]サン・レウショはカゼルタの王宮建設に伴い、18世紀の啓蒙思想に基づいた王直轄の織物工場を中心とする労働者のための理想都市として生まれ変わったのだ。

サン・レウショの地はなだらかな斜面にあり、背後にはサン・レウショ山が広がっている。その中腹の最も高い位置に、1778年、「良い眺め《ベルヴェデーレ》」と名づけられた王の館（Palazzo Belvedere）が建てられた（図26）。設計はヴァンヴィテッリの死後、王宮の設計を息子カルロとともに全面的に任された建築家フランチェスコ・コッレチーニによった。[34]イオニア式の付け柱で飾られた新古典主義様式の建物で、ファサードの中心上部には三角破風が置かれ、その中には時計がついている。

サン・レウショには、綿の紡績工場や牛舎なども建てられたが、[35]1789年、フェルディナンド4世は、サン・レウショを絹織物工業で発展させようと思いたった。それは父カルロ3世が、ナポリ王国の財務大臣ベルナルド・タヌッチの提言によって、フランスの紡績技術に通じていたことにさかのぼる。またヴァンヴィテッリの水道土木術によって、カゼルタとサン・レウショには、十分な水が引かれていたので、サン・レウショでは水の動力で動く高さ12メートルものある巨大な紡績機の投入も可能であったのだ。ベルヴェデーレ館の右手に建てられた王立絹織物工場（Reale Opificio della Seta）で生産された絹織物は（図27）、カゼルタ王宮の内装を飾るのはもちろんのこと、ナポリのサン・カルロ劇場、ヴァチカン宮殿、イタリア大統領官

32　サン・レウショ（San Leucio）は、イタリア語のC（チ）の例外発音となる。日本では誤解されたままサン・レウチョで普及しているが、本書では正式発音に近いサン・レウショで統一する。

33　Alisio, *op. cit.*, p. 41.

34　ベルヴェデーレ館を設計したコッレチーニは、教会、絹織物工場なども含めたサン・レウショの一連の建物すべての設計も行った。Alisio, *op. cit.*, p. 42.

35　サン・レウショには織物工場のある地区のほか、ここから西北1・5キロメートルのところに牛舎のある地区（Vaccheria）もあり、この地区の中心となるサンタ・マリア・デッレ・グラツィエ教会（1803）もコッレチーニによって設計されている。Patturelli, Ferdinando, *Caserta e San Leucio*, Napoli, 1826, p. 17.

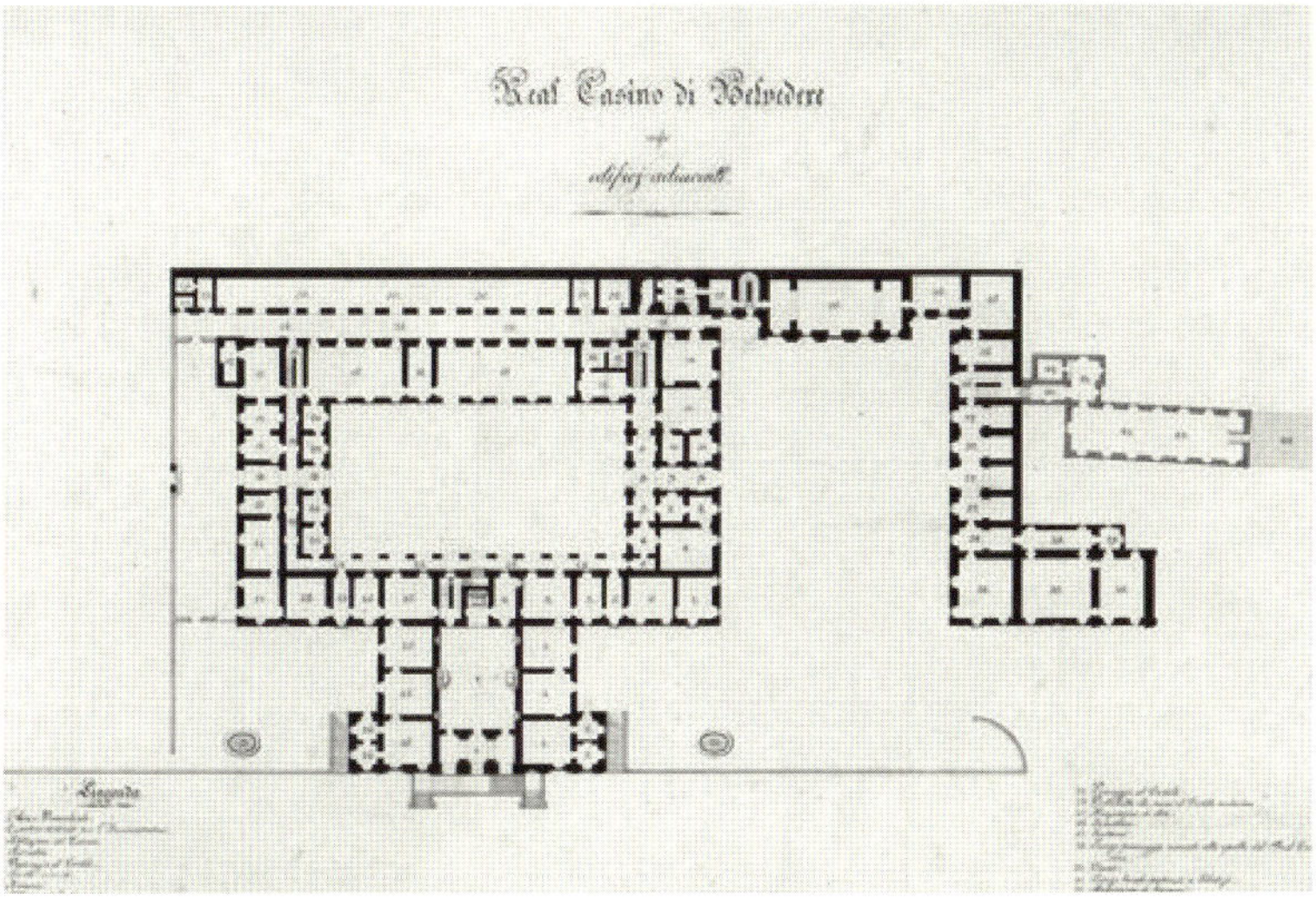

図26　上：サン・レウショにある王の館「ベルヴェデーレ」　下：サン・レウショにある王の館「ベルヴェデーレ」の平面図

図27　サン・レウショの王立絹織物工場の内部

図28　サン・レウショの町並み、中央奥にはバロック様式の凱旋門の裏側がみえる

邸、ホワイトハウス、アルバッキンガム宮殿などからも注文を受けているほど、質が高く現在も珍重されている。[36]

フェルディナンド4世は、当時のフランスで流行していた労働者の理想都市計画に関心を示し、サン・レウショを絹織物を産業の中核にした労働者のユートピアにしようとした。こうしてサン・レウショは、フェルディナンドーポリ（フェルディナンドの町）と命名され、王の狩猟の館であるベルヴェデーレ館を中心軸の頂点として、その下に労働者の住宅コロニーが建設されたのだ。当時流行していた啓蒙思想に基づいたユートピア的都市計画で、左右上下対称に近い区画整備をしたデザインとなった。

類似の都市計画では、同時代のドイツの町カールスルーエや、労働者のためのコロニーという発想では、ルドゥーの設計した

36　1992年より、ベルヴェデーレ館と絹織物工場の建物の一角は、ナポリ第二大学政治学部のキャンパスとして使用されている。

フランス東部にあるアル＝ケ＝スナンの王立製塩所の例を思い浮かべればよいだろう。

このフェルディナンドーポリもコッレチーニの設計で、円形都市プランの中心には、円形の広場が置かれた。広場の北側に劇場、南側に教会が、ベルヴェデーレ館から続く縦に延びる中心軸上に沿って配される。中心の広場からは放射状に、弧を描いた道が延び、その区画内に絹織物工場に勤務する労働者の住宅が規則的に配置されている。ナポリ王国の先進性の証となるはずのフェルディナンドーポリの建設計画は、1799年のナポリで起こったパルテノペ革命とナポレオンの侵攻によって頓挫してしまった。プラン通りには実現できず、今日みるような、ベルヴェデーレ館の中心軸から左右に延びた一部の整然とした住宅群と絹織物工場のみの建設にとどまった。その中心軸上、ベルヴェデーレ館と労働者の住宅群を隔てる位置には、ブルボン家の紋章彫刻（アンジェロ・ブルネッリ作）をのせたバロック様式の凱旋門が置かれ、この地区のモニュメンタル性が演出されている（図28・29）。

カロリーノ水道橋

カゼルタ宮、人工の大滝と長い水路で飾られた庭園、サン・レウショの誕生は、いずれもヴァンヴィテッリの行った高度な水道工事と土木術のおかげで、乾いたカゼルタの地に、遠方から豊富に水を引くことができたからである。先にも述べたよう、乾いた土地にあえて水を引

図29 サン・レウショのバロック様式の凱旋門

くことは権力者の力を測る尺度でもあり、ヴェルサイユ宮殿の場合は10キロメートル離れたセーヌ川から水を引いていたが、カゼルタでは土木技術者でもあるヴァンヴィテッリの功績によって、水道橋が建設され、40キロメートルも離れている水源から水を引くことが実現でき、ヴェルサイユをはるかに凌ぐ結果となったのだ。

ベネヴェント県にあるタブルノ山にある海抜２５４メートル地点の水脈が選ばれ、カゼルタ宮からおよそ東へ約８キロメートル離れたマッダローニの谷に、１７５３年から62年にかけて、ヴァンヴィテッリのデザインした水道橋が建設された。この水道橋は、国王カルロ３世の愛称、カロリーノ（カルロちゃん）を冠して、「カロリーノ水道橋（Acquedotto Carolino）」と命名された（図30）。

水道橋の建設にあたって、ヴァンヴィテッリは古代ローマの水道技術を研究し、そのためカロリーノ水道橋は、古代の水道橋のようなアーチが連なる３層構造の意匠となっている。高さは約56メートル、長さは約５３０メートルに及び、水道橋の各層の上にはパラペットがついているため人が歩行できる。最上部の真下の部分に水道管が通る仕組みになっていて、水道橋内の水道管は引き続き両脇の山の中を通って、地下水路へ水が流れていく。[37] １９９７年、ユネスコ世界遺産に登録されたのは、カゼルタの王宮・庭園、サン・レウショとともに、この水道橋だった。

図30　ヴァンヴィテッリ設計のカロリーノ水道橋、マッダローニの谷

37　増水時の激流に対応できるよう、宮殿へと下っていく水道管の勾配は緩やかで、10メートルの距離に対して1センチの高低差になるように、綿密な設計が施されている。

VI

ブルボン王朝の最後の華、王国の終焉——新古典主義様式の流行とその後のナポリ建築

ブルボン王朝期の「王の土地」の数々

カゼルタ王宮から西へ10キロメートルほどに位置するサン・タンマロ村にもカルロ３世の狩猟場があり、フェルディナンド４世の時代になると、ここにカルディテッロ宮殿（Reggia di Carditello 1787）が建設された（図１）。サン・レウショと同じ建築家コッレチーニの設計による新古典主義様式のシンメトリーな建物で、T字型の平面を横に二つつなげた形になっている。[1] 他のアルファベットに例えるなら、横に長く平たいH型、あるいは横に倒したI型平面計画となる。

この建物の南側ファサード前には、啓蒙主義時代のユートピア的都市計画らしい大きな広場が広がっていて、ここには二つの正円を横に並べてつなげた競馬場のコースのような楕円の道が敷かれている。言い換えるならば、横に細長い長方形の４つの角を円形に面取りした形状で、左右の円の中心となる焦点には、オベリスクがそれぞれ一つずつ建てられ、典型的な啓蒙時代の趣味で飾られている。建物の中心軸と交差する長方形の中心には神殿風の円形の東屋《あずまや》も置かれ、さらにこの軸は広場が終わった地点からは道路となってさらに直進していき、この道路と放射状になるように、左右に１本ずつ斜めに走る道路もこの広場から延びていく。競馬場コースのようになっているのは、ここは馬の飼育場でもあったからである。[2] 一方、北側ファサードに面した細長い長方形の土地は、５つの正方形に区切られている。

カルディテッロ宮殿の敷地内には馬の飼育小屋のほか、小麦粉を栽培する農場もあった。[3] し

図１　サン・タンマロにあるカルディテッロ宮——Wikepedia より GMS-MLF 撮影

1　Alisio, Giancarlo, *I Siti reali*, in AA.VV., *Civiltà del '700 a Napoli 1734–1799*, I, Firenze, 1979, p. 82.

2　馬の飼育場にすることはすでにカルロ３世の時代の１７４４年、アチェッラ伯爵のものだったこの土地を購入する際に決定していた。カルディテッロについて詳しくは、Alisio, Giancarlo, *Il sito reale di Carditello*, in Napoli Nobilissima, volume XIV, fascicolo II, Napoli, 1975, pp. 41–54.

かし1799年のパルテノペ革命で荒らされ、1920年にはファシスト政権に、第二次世界大戦後はアメリカ軍に接収され、館内は落書きもされて荒廃、年月とともにカルディテッロ宮は無残な廃墟となってしまった。多くの壁画や装飾は破壊され、絵画コレクションはナポリの博物館へ移動されたが、天井画は随所に残っており、なかにはフィリップ・ハッカート筆のフレスコ画もある。[4]ようやく近年になってイタリア文化省の管轄下で修復作業が進められるようになり、近い将来は一般公開ができるようになるという。

ナポリとその近郊には、カルディテッロのような王の狩猟地や避暑地が他にもいろいろあり、これらは「王の土地《シーティ・レアーリ》(Siti reali)」と呼ばれている。ほとんどの「王の土地」は、カルロ3世とフェルディナンド4世の治世のときに整備・拡大されているが、なかにはアラゴン家がナポリを支配していた時代の、16世紀の建物を18世紀に改築したものもある。ナポリとその近郊にある主な「王の土地」には、すでにⅣ章でみたカポディモンテ丘の王宮やポルティチの王宮のほか、カステッラマーレ・ディ・スタビアのクイシサーナ宮、プロチダ島の狩猟の館、イスキア島の狩猟の館、ナポリ・キアタモーネの小屋《カジーノ》、フザーロ湖の小屋《カジーノ》、アストローニの狩猟の館、ペルサーノの狩猟の館などがある。[5]

なかでも特に建築的に興味深いのは同名の湖上にある「フザーロの小屋《カジーノ》(Casino del Fusaro)」である(図2、口絵3)。ナポリから西方約25キロメートルに位置するフザーロ湖は、カキの養殖でも有名だが、カルロ3世の時代はオオバン(水辺に生息するクイナ科の鳥)の狩猟場だった。1782年、フェルディナンド4世のために、この湖上に浮かぶフザーロの小屋が、ヴァン

3 かのモッツァレッラ・チーズが発明されたのも、このカルディテッロだった。詳しくは、D'Iorio, Aniello, *Carditello: da feudo a Sito Reale*, Verona, 2014. を参照。

4 ハッカートが、カルディテッロの風景画を描いたカルディテッロ宮のフレスコ画ための習作は、ナポリの国立サン・マルティーノ博物館に保管されている。*Idem.*, pp. 42–43; p. 49.

5 Alisio, *op. cit.*, pp. 72–85. ペルサーノの狩猟の館(1754)については、Alisio, Giancarlo, *Il sito reale di Persano*, in Napoli Nobilissima, volume XII, fascicolo VI, Napoli, 1973, pp. 205–216. に詳しい。

図2　フザーロの小屋、通称「カジーナ・ヴァンヴィテッリアーナ」

ヴィテッリの息子、カルロ・ヴァンヴィテッリの設計によって建てられた。[6] 設計者の名をとって「ヴァンヴィテッリの小さな家《カジーナ》（Casina Vanvitelliana）」とも呼ばれ、湖上といっても湖の岸辺から50メートルほどの距離のある木の橋で、建物の床面積に合わせてつくられた浮島へ渡るようになっているが、ハッケルトが1783年にフザーロを描いたテンペラ画には橋はなく、ボートで行くしかなかったのだろう[7]（図3）。

この「小屋《カジーノ》」あるいは「小さな家《カジーナ》」は、人が住める広さの小規模な2階建ての建物で、ときには要人を宿泊させることもあった。正十二角形などの多角形を組み合わせた独特の幾何学的平面計画で、1968年のヴォルフガング・クレーニヒの論文によれば、バロックの建築家フィッシャー・フォン・エアラッハが17世紀末

6　詳しくは、Cirillo, Ornella, *Carlo Vanvitelli: architettura e città nella seconda metà del Settecento*, Firenze, 2008. を参照。

7　現在はカポディモンテ美術館に収蔵されている。

図3　1827年の版画に描かれたフザーロ湖の「ヴァンヴィテッリの小さな家」

に設計したウィーン貴族の邸宅パレ・アルトハン＝プトン（Palais Althan-Pouthon）の平面計画と似ているため[8]、カルロ・ヴァンヴィテッリがその建物が描かれた版画を見て影響された可能性があるという[9]。なおハッカートはこの建物のサロンを飾るために、四季をテーマにしたナポリ王国の風景画４部作（『春のサン・レウショ』『夏のカゼルタ・サンタルチア』『秋のソレント』『冬のペルサーノ』）を描いたが、１７９９年のパルテノペ革命のときに荒らされて、これらの絵は行方不明になってしまった[10]。

ナポリのヴァンヴィテッリ

ナポリの貴族たちは、宮廷建築家に邸宅を設計してもらうことを最高ステイタスと考えていたので、ヴァンヴィテッリにナポリ貴族からの注文が度々舞い込むようになった。Ⅳ章でみたヴィラ・カンポリエートやヴィラ・ジュリアの例のように、ヴェスヴィオ山麓に別荘を建ててもらう貴族もいれば、ナポリ市内の邸宅の建設を依頼する者もいた。以下に４例、ヴァンヴィテッリの設計したナポリの貴族の館を挙げておく。

当時は城壁外だったキアイア地区、マルティィリ広場にあるカラブリット館（Palazzo Calabritto）は、カラブリット公爵家が17世紀に建てた館にさかのぼる[11]。１７５６年、ヴァンヴィテッリが、この建物の改築を担当した際、新古典主義様式のファサードにつくり替えた（図４）。メインフ

8　１６９３年にウィーンのアルザーグルント区に建設されたが、１８６９年、フランツ・ヨーゼフ駅の建設のため取り壊され現存しない。

9　Cirillo, Ornella, *Carlo Vanvitelli. Architettura e città nella seconda metà del Settecento*, Firenze, 2008, p. 94. のちに発表されたナポリ・フェデリコ２世大学教授ジュリオ・パーネの論文では、さらに同時代の様々な類似した平面計画をもつ邸宅の事例が紹介されている。Pane, Giulio, *Carlo Vanvitelli e il Casino del Fusaro*, in Napoli Nobilissima, volume XIX, fascicolo III, Napoli, 1980, pp. 131–146.

10　Attanasio, Sergio, *I Siti Reali*, in AA.VV., *Ville vesuviane e Siti Reali*, Napoli, 1998, p. 83.

11　この建物を１７３６年にカルロ３世が購入し、宮廷建築家のメドラーノに命じて厩舎にさせようとしたが、結局１７５４年に、カラブリット公爵が買い戻した。

ロアである「高貴な階《ピアノ・ノビレ》」に相当する3階をバルコニーで取り囲み、各窓の上にはピペルノ石の枠のある楕円の小窓《オクルス》をつけた。その下のピペルノ石のペディメントは、三角の形状のものとカーブしたものが交互に使用され、ローマのトライヤヌス帝の市場で使われたモチーフにさかのぼるデザインだ。2階の高さまであるアーチの玄関のついたファサードを2方向（マルティリ広場とカラブリット通り）につくり、カラブリット通り側のファサードのほうに、門枠《ポルターレ》の装飾をより豪華にしたメインの入り口を設けた。門枠の両側の付け柱はイオニア式で、柱頭の下には女性の頭部《カリアティード》、その下には果物や草花が密になって巻きついているリボン状の飾り《フェストーネ》彫刻がクロスしながら巻かれている。[12]

1765年、メディーナ通り64番地のフォンディ館（Palazzo Fondi）も、ヴァンヴィテッリが改築を任された館《パラッツォ》だが、19世紀に改築されその痕跡は少ないものの、門とその上のバルコニーの大理石の手すり、中庭に面したピペルノ石を使ったセルリアーナ開口部に、今もヴァンヴィテッリの意匠が見てとれる[13]（図5）。

1760年から78年にかけて建設されたドリア・ダングリ館（Palazzo Doria d'Angri）は、ヴァンヴィテッリの晩年の傑作である[14]（図6）。18世紀半ばにダングリ公マルカントニオ・ドリアが購入した2軒の古い建物の改築を、父亡き後息子のジョヴァンニ・カルロ・ドリアが、ヴァンヴィテッリに依頼した。これらの建物はフォーロ・カロリーノ（現・ダンテ広場／IV章参照）のすぐ近くにあり[15]、ヴァンヴィテッリは、枝分かれした通り（トレド通りとサンタンナ・デイ・ロンバルディ通り）の形状に合わせて、その形を反映した台形平面のプランで一つの館に改築した。中庭は二つあ

図4　ヴァンヴィテッリ設計、カラブリット館、マルティリ広場

12 Attanasio, *op. cit.*, pp. 25–26.

13 *Idem.*, p. 74.

図6　ドリア・ダングリ館——カミッロ・ナポレオーネ・サッソ著『モニュメンタルなナポリ』1858年より

り、一つは長方形、もう一つは六角形である。メインファサードは、フォーロ・カロリーノのある側で、台形の短辺のほうにあたり、その真裏にある長辺側のファサード前には、ファンザーゴ設計のカラーファ・ディ・マッダローニ館（II章参照）がある。メインファサードは、他の3方向とは全く異なるモニュメンタルなデザインになっている。外壁にはトラバーチンが使われ、玄関の両脇には2本ずつトスカーナ式の柱が立ち、3階のピアノ・ノビレのバルコニーを支えている。こちらはイオニア式の付け柱で飾られ、中心には玄関と同じように大きいアーチの窓があり、上部はカーブのあるペディメントが置かれ、さらにその上には紋章彫刻がのせられていた。付け柱の位置に合わせて、最上部のパラペットの手すりの上に、「徳」を擬人化した寓意立像が8体（アンジェロ・ヴィーヴァ作）並べられたが、右側の2体を除き、紋章彫刻とともに第二次大戦で破壊され残っていない（図7）。

図5　ヴァンヴィテッリ設計、フォンディ館のファサード玄関部分、メディーナ通り

14　彼の死後はフェルディナンド・フーガとマリオ・ジョッフレードが引き継いだ。

15　9月7日広場28番地にある。

図7　ヴァンヴィテッリ設計、ドリア・ダングリ館、9月7日広場

ピアノ・ノビレの内部はバロックの時代の華やかさに満ちた装飾がなされ、メインの楕円形平面の広間には、ジェノヴァ出身のドリア家の栄光の歴史を描いた天井フレスコ画（フェデーレ・フィスケッティ筆）が描かれ、壁には鏡が多く取りつけられ、鏡の間のようになっている（図8）。1860年、この建物は歴史的瞬間の舞台となった。イタリア統一運動の立役者ジュゼッペ・ガリバルディがナポリに入場した際、ドリア・ダングリ館の正面バルコニーから、両シチリア王国がイタリアに吸収されることを国民に告知したのだ。

トレド通り256番地にあるベリオ館（Palazzo Berio）も、ヴァンヴィテッリ父子が改築した建物だ。16世紀にさかのぼる貴族の館《パラッツォ》だが、[16]1772年にサルサ侯爵ジョヴァンニ・ドメニコ・ベリオが、ヴァンヴィテッリに改築を依頼した。1、2階部分は切り石積みの外壁で水平方向の溝があり、2階の壁には古代ギリシャ風のグリーク・キー模様が連なるアーチを貫通しながら延びている。3、4階をピアノ・ノビレとし、窓ごとに厚みの薄い付け柱がついていて、各階の間はコーニス《マルカピアーノ》で区切られている。館内には小劇場もつくられ、1780年、サロンの内部のフレスコ画は、カゼルタの王宮内の劇場の装飾を担当した画家ガエターノ・マグリが描いた。[17]19世紀初頭、この館の目の前には、サン・カルロ劇場などの興行師ドメニコ・バルバーヤも住んでいて、文才のあったジョヴァンニ・ドメニコ・ベリオの息子は、バルバーヤがプロデュースしたロッシーニのオペラ『オテロ』[18]（1816）の台本を書いている。館内の美術コレクションは素晴らしく、ベリオは1795年にカノーヴァの彫刻作品『ヴィーナスとアドニス』を購入し、館内の庭にギリシャ風の神殿をつくってそこに展示していた。こうしたこ

図8　ドリア・ダングリ館の天井画に描かれた建物平面図（左手の天使が館の設計図面を手で支えている）

16　モーラ公爵シモーネ・ヴァアースの所有で、建築家はかのジュリオ・ロマーノとの説がある。

17　*Idem.*, pp. 39–40.

18　ロッシーニはこのオペラを、バルバーヤの屋敷に缶詰め状態にされて書き、バルバーヤが興行していたナポリのフォンド劇場で初演された。

とからベリオ館は、当時の旅行者たちの間ではとても有名な館だった。[19] しかしベリオの死後に、美術コレクションは子孫に分配、売却され今は何も残っていない。[20]

ヴァンヴィテッリの設計したナポリ市内の教会建築には、サンティッシマ・アヌンツィアータ・マッジョーレ教会（Basilica della Santissima Annunziata Maggiore）がある[21]（図9）。13世紀にまでさ

図9　1697年のサルネッリによるナポリ案内書に掲載された、サンティッシマ・アヌンツィアータ・マッジョーレ教会の主祭壇

19　当時のイタリア旅行ガイドブックで、よく紹介されていた。Vallardi, Pietro, *Itinerario italiano o sia Descrizione dei viaggi per le strade più frequentate alle principali città d'Italia*, Milano, 1820, p. 272.

20　Doria, *op. cit.*, p. 212.

21　サニタ地区のヴェルジニ通りにあるミッシオーネ・アイ・ヴェルジニ教会（Chiesa della Missioni ai Vergini）もヴァンヴィテッリの設計だが、死後の1788年、ミケランジェロ・ジュスティニアーニが完成させた。

図10　ヴァンヴィテッリ設計、サンティッシマ・アヌンツィアータ・マッジョーレ教会、アヌンツィアータ通り

かのぼるこの教会は、ナポリの老舗ピッツァ店が並ぶ界隈のすぐ近くのフォルチェッラ地区にある。１７５７年の火災で損傷し、その再建をヴァンヴィテッリが請け負った。[22] ヴァンヴィテッリがデザインしたファサードには、ローマのバロック建築の影響が如実に表れている（図10）。ローマのコルソ通りにあるサン・マルチェッロ教会（17世紀　カルロ・フォンターナ設計）の凹状にカーブしたファサードとよく似ているのだ。ウィットカウアーによれば、内部デザインもローマのバロック建築から着想したもので、サンタ・マリア・イン・カンピテッリ教会（１６６７年、カルロ・ライナルディ設計）と、クーポラ部分はサンティ・ルーカ・エ・マルティーナ教会（１６６４年、ピエトロ・ダ・コルトーナ設計）を参考にしたという。[23] 身廊には44本のコリント式の太い柱が連なり、カゼルタ宮のパラティーナ礼拝堂（V章参照）を彷彿とさせる[24]（図11）。

一方息子カルロ・ヴァンヴィテッリの設計したナポリ市内に残る教会に、サンティッシマ・トリニタ・デイ・ペッレグリーニ教会（Chiesa della Santissima Trinità dei Pellegrini）があるが、[25] 父が用いたバロックと古典主義の混在したスタイルとは異なり、時代の流行の移り変わりも手

22　主祭壇はファンザーゴ（II章参照）のデザインであったが（図９）、この火事で失われてしまった。なお、アヌンツィアータ教会は、第二次大戦で爆撃されたが、当時の姿を復元して修復された。

23　Wittkower, *op. cit.*, p. 341 e p. 351.

24　同じころ、ヴァンヴィテッリは、ナポリのサンティ・マルチェッリーノ・エ・フェスト教会の修復を担当しており、そのためにポッツオーリまで、使用する石材のアラバスターを見にいっている。Strazzullo, Franco, *Le lettere di Luigi Vanvitelli della Biblioteca Palatina di Caserta*, vol. 2, Napoli, 1974, p. 494.

図11　ヴァンヴィテッリ設計、サンティッシマ・アヌンツィアータ・マッジョーレ教会の内部

伝って、より古代建築趣味に傾倒した新古典主義様式のファサードとなっている（図12）。もともとあった16世紀の教会の改築であるが、1792年から96年にかけて、ファサードを一新して建設し直したものだ。コリント式の付け柱と三角破風がある古代神殿のようなデザインのファサードで、両脇にある壁龕には、サン・ジェンナーロ像（左）とサン・フィリッポ・ネーリ像（ともにアンジェロ・ヴィーヴァ作）が置かれている。

ヴァンヴィテッリのライバル——フェルディナンド・フーガ

フェルディナンド・フーガ（Ferdinando Fuga 1699–1782）は、ヴァンヴィテッリと同じように、ローマ法王庁お抱えの重要な建築家で、同じ年にナポリ宮廷に呼ばれて、ローマからナポリへやって来た。ヴァンヴィテッリは、カゼルタの王宮を中心に華やかな建築を担当してきたが、フーガはそれとは対照的に、ナポリの暗部に関わる建築で手腕を発揮した。ナポリで行ったフーガの代表的な建築作品を3つ挙げるとするならば、疑いもなく、王立救貧院[26]、港の穀物倉庫、コレラ患者専用の366穴の墓地だ。

フィレンツェ出身のフーガは、1718年よりローマに移住し、法王クレメンス12世とベネディクトゥス14世の庇護のもと、数々の重要な仕事を請け負っていたが、1751年、ナポリ国王カルロ3世の命により、ナポリ最大の巨大公共建築となる「王立救貧院（Real Albergo dei

25 ダンテ広場に近いポルタメディーナ通りにあるペッレグリーニ病院の敷地の内部にある。

26 近年は、設計者の名をとってフーガ館（Palazzo Fuga）とも呼ばれている。

図12 カルロ・ヴァンヴィテッリ設計、サンティッシマ・トリニタ・ディ・ペッレグリーニ教会、ポルタメディーナ通り

Poveri）」の設計に携わることとなった。ヴァンヴィテッリが国王の住居を担当し、フーガが貧民のための住宅を任されたのは対照的だが、双方とも王国を象徴する大規模建築で、どちらも巨大性と正方形をグリッドにした平面計画という共通点がある。

王立救貧院《アルベルゴ・デイ・ポーヴェリ》

「救貧院（Albergo del Poveri）」は、バロック時代に特有の宮廷管轄の公共建築で、パレルモ（1773）とジェノヴァ（1652）にもあるが、規模はナポリのものには及ばない（図13）。１７４８年から49年にかけて、フーガはナポリの城壁外にあるサンタ・マリア・ディ・ロレート地区に、「貧民のための寄宿舎（Conservatorio dei Poveri del Borgo Loreto）」を建設する案を練っていたが、実現せず、これが救貧院のプランの原型となった。救貧院と同じように、「貧民のための寄宿舎」も正方形グリッドの平面プランであるが、十字型に区切って同じ大きさの４つの正方形の中庭をつくるデザインとなっていて、それはむしろヴァンヴィテッリのカゼルタ王宮と酷似したプランであった。このタイプの平面計画は、ジェノヴァの救貧院も同様のタイプであり、もっとさかのぼればユヴァッラが設計したコンクラーベ館（Palazzo dei Conclavi）にもみることができる。[27] このコンクラーベ館は、ローマのサン・ジョヴァンニ・イン・ラテラーノ教会の設計競技（フーガもヴァンヴィテッリも参加して落選）のとき、教会に隣接することを予定して描いた図面だったが、実現に至らなかった。

フーガは、貧民のための寄宿舎の計画案で、ファサードの中央に高いドームをのせ、ローマ

図13　フェルディナント・フーガ設計、救貧院（アルベルゴ・ディ・ポーヴェリ）、カルロ３世広場

27　Girodano, Paolo, *Ferdinando Fuga a Napoli. L'Albergo dei Poveri, il Cimitero delle 366 fosse, i Granili*, Napoli, 1997, pp. 48–50.

のサンタニエーゼ・イン・アゴーネ教会を彷彿とさせるバロック様式のデザインとしている。[28]ローマで活躍中のフーガが、この教会を知らぬはずはなく、参考にしたことは想像に難くない。しかしこの最初の案は改訂され、救貧院の設計では正方形を十字に４つに区切るのではなく、正方形を５つ横長に並べた細長い平面計画に変更された。その中央に位置する正方形だけが、中央を縦横に通る廊下によって２分割され、かつ対角線上を走る廊下が付く。さらにその正方形プランの中心には円形の広間が置かれ、そこから６本の廊下が放射状にめぐらされるようになっている。

　今日みられるような、実際に建った救貧院は、両脇の正方形平面の建物部分が割愛され、平面プランは正方形を５つではなく３つ横に並べた形となった。つまりファサードの長さは予定の６００メートルではなく、当初の計画の５分の３にあたる約３６０メートルで実現したのだが、それでも十分に常識破りに長大な建物となった。[29]このとてつもなく長いファサードは、全長３００メートルを超えるリヨンの病院オテル・デュー（1741–61 スフロ設計）を思い起こさせる。ほぼ同じ時期に建設工事の行われていたオテル・デューの中央部にはドーム天井の塔屋があるが、フーガの救貧院のファサードの中央部は、当初の計画案にあったバロック様式のドームはなく、シンプルな三角破風が取りつけられた新古典建築的なデザインで落ち着いた。フーガが世を去った後も工事が続けられたが、革命の動乱や、フランス軍の新政権など、結局は図面どおりの完成には至らず、内部の教会やファサードも簡素化され、救貧院としての役割も部分的なものにとどまった。

28 Guerra, Andrea, *L'albergo dei poveri di Napoli*, in AA.VV., *Il trionfo della miseria. Glia alberghi dei poveri di Genova, Palemo e Napoli*, Milano, 1995, p. 162.

29 Pane, Giulio, *Ferdinando Fuga e l'Albergo dei Poveri*, in Napoli Nobiissima, volume V, fascicolo II, Napoli, 1966, pp. 72–84.

図15　１７７５年のノーヤ公爵の地図に描かれた王立救貧院、完成予定の長さで描かれている

救貧院の最初の計画案は、１７７５年の「ノーヤ公爵の地図」にも反映されていて（図14）、予定されていた長大なファサードも描き込まれている。その建物の巨大さは、左上に描かれたカポディモンテの王宮と比べてみると明白で、その大きさの６倍ほどにも達している（図15）。救貧院は、鉄道のない時代、馬車でローマからナポリへ入るとき、最初に目にするナポリ王国を象徴するモニュメントとなり、当時の旅人にとって誰もが知る建造物となった。19世紀初頭、建物内には、ナポリ湾の特産工芸品である珊瑚《サンゴ》の加工所もあり[30]、戦後は学校も入居していたが、１９８０年の地震の被害によって廃墟となってしまった。近年ファサードは黄色から白へ塗り替えられ、文化的なイベント時のみ部分的に使用されている。

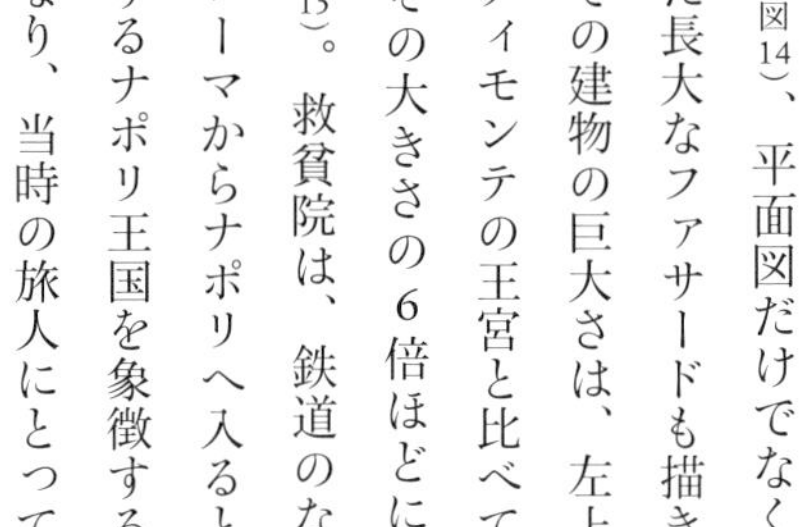

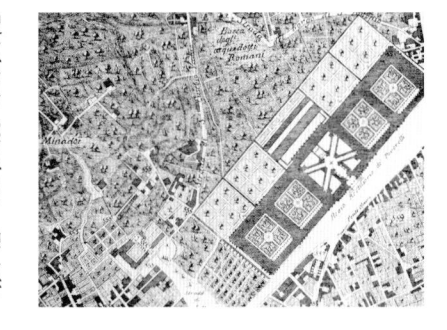

図14　１７７５年のノーヤ公爵の地図にみる王立救貧院、完成予定の全長で描かれている

30　D'Arbitrio, Nicoletta – Ziviello, Luigi, *Il Reale Albergo dei Poveri di Napoli. Un edificio per le "Arte della città" dentro le Mura*, Napoli, 1999, pp. 109–114 e pp. 183–186.

穀物倉庫《グラニーリ》

フーガの設計したもう一つの巨大建造物が、穀物倉庫《グラニーリ》（Granili 1779）である（図16）。現在のマリーナ通りに接する港の近くに建設されたが、第二次世界大戦の爆撃で破壊され、現存しない。馬車でポルティチの王宮へ向かうときにナポリの街から出るときに渡るマッダレーナ橋の近くにあったので、ヴェスヴィオ山麓のヴィラ（Ⅳ章参照）へ行くナポリ貴族やポンペイやヴェスヴィオ方面を目指す旅行者ならば、必ず目にする建物だった。

倉庫という性質上とてもシンプルなつくりで、全く同じ広さの部屋にいくつも小分けにされ、各部屋（角部屋を除く）には一つの窓と５つの開口部があり、その一つの開口部は廊下と接し、残りの４つは両脇の部屋につながっている。これらの部屋が横に延々と連なった長細い平面プランである。各階およそ１６０室ある４階建ての建物で、[31] 実現しなかった救貧院のプランよりもさらに長く、ナポリで最長で最大の建物となった。この建物はまだ「ノーヤ公爵の地図」（1775）には表れていないが、「リッツィ・ザンノーイの地図」[32]（1812）や「スキアヴォーニの地図」（1880）上で、[33] その巨大さが如実に記録されている。

３６６穴の墓地

フーガの作品のなかで、特に特異なのが「３６６穴の墓地[34]（Cimitero delle 366 Fosse）」（1762）である。ナポリ東側の城壁外ポッジョレアーレ地区にある貧民区につくられた墓地である（図17）。救貧院からさほど遠くなくて城壁内にある「不治の病の患者ための聖母マリア病院[35]（Ospedale di

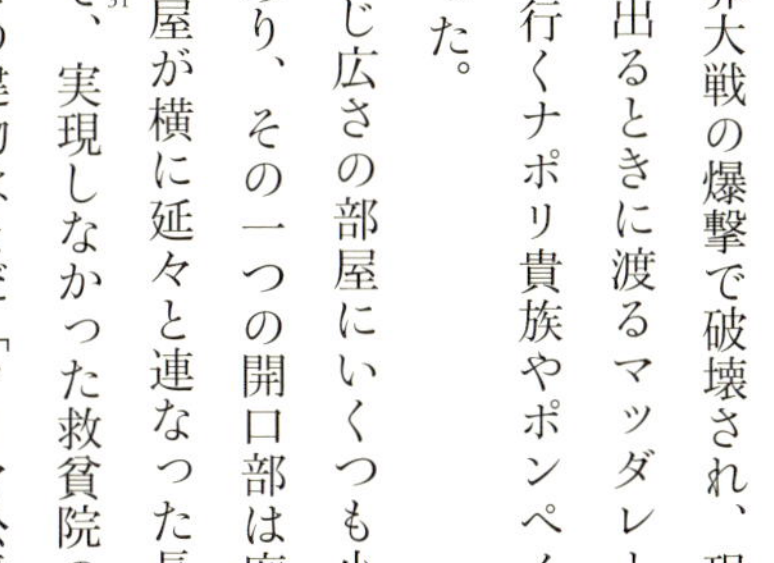

図16　１８２４年の版画に描かれたフーガ設計の穀物倉庫

31　Girodano, Paolo, *Ferdinando Fuga a Napoli. L'Albergo dei Poveri, il Cimitero delle 366 fosse, i Granili*, Napoli, 1997, pp. 102–110.

32　貴族出身の地図製作者ジョヴァンニ・アントニオ・リッツィ・ザンノーイ（Giovanni Antonio Rizzi Zannoi 1736–1814）が、フェルディナンド４世の依頼で製作したナポリの都市地図で区画ごと（31枚）に分かれている。

上：図17　フェルディナンド・フーガ設計、３６６穴の墓地、フォンタネッツレ・アル・トリヴィオ通り　下：図18「３６６穴の墓地」の敷石（墓石）の一つ（この下は墓穴）

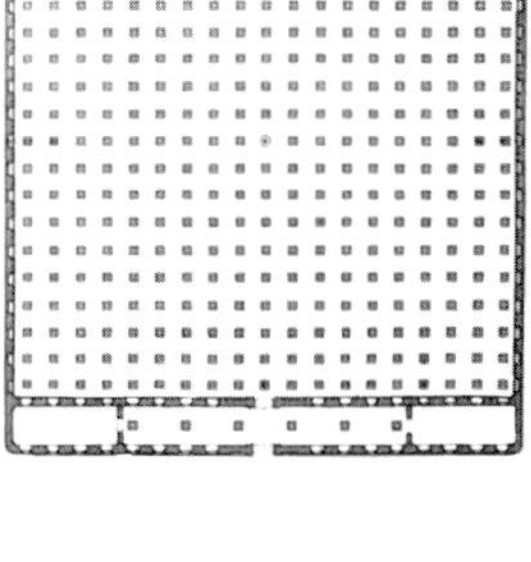

図19「３６６穴の墓地」の平面図

Santa Maria del Popolo degli Incurabili）」の付属墓地として、フェルディナンド4世下の王国の資金で建設された。フーガは、18世紀の啓蒙時代に好まれたシンプルで均整のとれた平面プランを採用している。正方形ができるように建物を取り囲んで、その内部の敷地では、正方形を基本グリッドにし、各辺19個、つまり19×19＝361個の正方形に分割した。中央にできた1つの正方形を除外して、360個の正方形の〝敷石〟兼〝墓石〟をつくり（図18）、同時にその下が墓穴（深さ7メートル）ともなる仕組みである。合計366穴とすべく、残りの6穴（6つの墓となる敷石）は、別途この正方形プランの外に一列に並べられている（図19）。墓石に名前の掘ることのできない貧しい人や、身元のわからない人の墓地であり、街の不衛生さからコレラが定期的に流行していたナポリでは、ここはコレラで亡くなった人の墓地でもあった。この366穴の墓地は、19世紀の旅行ガイドブックによく紹介されており、当時のナポリ旅行者では訪れる者も少なくなく、英国の作家チャールズ・ディケンズもここに立ち寄っている。現在は埋葬は行われておらず、特別な許可を除き、墓参者以外の入場が禁じられている。

ナポリ王宮内の小劇場

フーガの宮廷依頼の仕事で最も華やかなものは、ナポリ王宮内の小劇場（Teatrino di corte）の設計だが、その名の通り小規模なもので、1768年、フェルディナンド4世の命で、王宮内の舞踏室を小劇場風のホールに内装し直す仕事だった（図20）。従来の劇場のように馬蹄形ではなく、平土間席に傾斜もつけられていないので、本格的なオペラの上演を鑑賞するには不向き

33 イタリア測地委員のフェデリコ・スキアヴォーニ（Federico Schiavoni 1810–94）が、1872年から1880年にかけて編纂したナポリの都市地図で、縮尺1：2000（全24葉）、通称「ジャンバルバの地図（Pianta di Giambarba）」とも呼ばれている。

34 正式名は、サンタ・マリア・デル・ポポロの墓地（Cimitero di Santa Maria del Popolo）であるが、通称「366穴の墓地」で呼ばれている。

35 現在も同名の国立病院として運営され、一角には衛生博物館もあり、マヨルカ焼の薬壺と床のタイルの内装が見事な18世紀の薬局（III章参照）が一般公開されている。

な劇場であるが、フーガはいくつか工夫を凝らしている。もとの長方形平面の部屋の長辺側の壁にバルコニー席を設け、その背後に合計12個の壁龕を設け、中に1体ずつ芸術にまつわるギリシャ神の石膏像（アンジェロ・ヴィーヴァ作）置き、付け柱も多用しながら新古典主義様式で飾った。短辺側にあたる舞台の正面にあるバルコニーの中心部には、大きな王冠の形をした天蓋とレリーフでカーテンをかたどり、サン・カルロ劇場にあるような王の桟敷席をつくった。しかしこの劇場は、第二次大戦の爆撃で破壊され、修復の際、天井のフレスコ画は20世紀の画家によって全く別のものに描き変えられた。

チェッラマーレ館ほか、ナポリ市内のフーガの建築作品

フーガはナポリで、いくつかの重要な貴族の館《パラッツォ》の改築も行っている。宮廷建築家に自邸を設計してもらうのはステイタスシンボルとなるので、ヴァンヴィテッリのときと同様に、フーガに館の増改築を依頼するナポリ貴族も少なくなかった。

16世紀に遡るチェッラマーレ館（Palazzo Cellammare）もその一つである（図21）。チェッラマーレ館は現在繁華街のキアイア通り１３９番地にあるが、当時はナポリの城壁外で、郊外の緑豊かな田舎のような環境であった。館は数々の所有者の変遷を経ているが、そのうちの一人、カラーファ・ディ・スティリアーノ公は、当時名を馳せていた建築家フェルディナンド・マンリオ（Ferdinando Manlio 1499–1572）に改築させ[36]、偉大なルネサンス詩人タッソーをここに招いている。バロック時代には二人の重要な建築家がこの館に手を加えた。１６６８年、フランチェスコ・

図20　フェルディナンド・フーガ設計、ナポリ王宮内の小劇場

アントニオ・ピッキアッティ（Ⅳ章参照）が改築、そして1726年にフェルディナンド・フーガがリニューアルを担当し、その際にはモニュメンタルな門を建設した（図22）。館と敷地の塀の壁にあるスペースに建てられ、バロックらしい曲線装飾を多用した凱旋門のような意匠である。

当時の所有者は、館の名の由来となるチェッラマーレ公アントニオ・ジューディチェであったが、18世紀よりフランカヴィラ公ミケーレ・インペリアーリ（Michele Imperiali 1719–82）がここを借りて住むようになった。館内は有名画家たちの筆になるフレスコ画で装飾されていて、フランカヴィラ公はそんな豪華な空間で、とてつもなく豪勢なパーティを主催することで知られており、その様子はカサノヴァの『回想録』にも出てくる。またナポリ王室がこの館を借りていた時期があり、王室はアンゲーリカ・カウフマンやフィリップ・ハッカートといった一流画家の住居に使用され、1787年、ゲーテはハッカートに会うときにこの館を訪れている。[37]

ナポリの中心区にあるメディーナ通りにも2軒、フーガが設計した貴族の館がある。61番地のダクイーノ・ディ・カラマニコ館[38]（Palazzo d'Aquino di Caramanico／図23）と63番地のジョルダーノ館（Palazzo Giordano／図24）である。ダクイーノ・ディ・カラマニコ館は、1775年にフーガによって建設、ピペルノ石製の厚みの薄い付け柱で縦軸を区切り、1、2階部分は壁もピペルノ石で、水平方向に筋の入った切り石積みとなっている。2階の高さ近くまで延びた中央の玄関の門枠《ポルターレ》の両側にはライオンの頭部《プロトメ》の彫刻がついている。2匹のライオンは、ダクイーノ・ディ・カラマニコ家の紋章に登場するモチーフだからである。[39]

道を挟んで隣にあるジョルダーノ館も、同じく1775年にフーガによって改築された。[40] ピ

図21　フェルディナンド・フーガ設計、チェッラマーレ館、キアイア通り

36　Attanasio, *op. cit.*, p. 26.

37　Doria, *op. cit.*, p. 209.

38　この建物にはナポリの高級紳士服店チレント（1780年創業）の店舗が1820年より入っていて、現在に至っている。

39　Attanasio, *op. cit.*, pp. 73–74.

図22　チェッラマーレ館の門

図23　フェルディナンド・フーガ設計、カラマニコ館、メディーナ通り

図24　フェルディナンド・フーガ設計、ジョルダーノ館、メディーナ通り

ペルノ石でできた厚みの薄い付け柱で縦軸が区切られ、外壁はレンガの素地を見せている。中央の玄関アーチの開口部の上には、白大理石製のジョルダーノ家の紋章がのせられている。[41] メインフロアとなる「高貴な階《ピアノ・ノビレ》」は３階と４階に置かれ、窓枠の上部中央はロココ趣味のロカイユで飾られた。

なお、フーガは１７８０年、ナポリの名だたるバロック教会の一つであるジロラミーニ教会の改築（1639）も行っている（図25）。ディオニジオ・ラッザリ（III章参照）がデザインした古いファサードを取り壊して、今日見られる姿に一新させたのがフーガだった。ゲーテが見たのもこの改装後の１７８７年で、ペトリーニの版画（1718）やサルネッリのガイドブック（1713）で伝えられるデザインとは全く異なっている。フーガはローマで活躍していたので、この教会のファサードは、ローマ・バロック風だ。[42] 特に両脇の鐘楼は、ベルニーニがパンテオンの両脇につけ足した鐘楼や、ボッロミーニ設計のサンタニェーゼ・イン・アゴーネ教会の両脇にある鐘楼を彷彿とさせる。この教会の立地は当時のメインストリートである中央デクマヌス[43]（現・トリブナーリ通り）に位置するため、馬車で駆けつける貴族の便も考えて前面に広場が設けられている。当時ジロラミーニ教会は、サン・フィリッポ・ネーリ教会（Chiesa di San Filippo Neri）と呼ばれていて、有名画家の作品も多く、18世紀末の旅行作家マリアーナ・スタークは、ナポリで最も美しい教会と絶賛している。[44]

40 ジョルダーノ館は、１５４０年、建築家ジョヴァンニ・フランチェスコ・ディ・パルマによって建設されていた。

41 *Idem.*, p. 75.

図25　フェルディナンド・フーガ設計、ジロラミーニ教会、トリブナーリ通り

42 Cantone, *op. cit.*, p. 170.

43 碁盤の目状につくられる古代ローマ都市計画で、東西を結ぶ直線道路のことを「デクマヌス」という。

44 Starke, Mariana, *Letters from Italy between the Years 1702 and 1798*, vol. 2., London, 1800, p. 84.

フランス軍支配期の新古典主義の建築家たち

18世紀のブルボン王朝期、ナポリの街を象徴する重要建築物のほとんどが建設されていたが、1799年、ナポリにもフランス革命の余波となったパルテノペ革命が起こり、建設途中のものは中断せざるを得なくなった。フランス軍の侵攻によってナポリは「パルテノペ共和国」となり、前章までに何度か触れたよう、ナポリ王フェルディナンド4世は、シチリア王としてパレルモへ亡命することとなった。1806年、ナポレオンのイタリア遠征で活躍した軍人ジョアッキーノ・ミュラ（Giacchino Murat 1767–1815／図26）が、ナポリ王となり、ナポリの都市計画や主要建築物は、1815年まで続いたフランス軍支配体制下で、新しい時代の流行に沿った新古典主義様式で建設されることとなった。[45]

この時代にナポリの宮廷建築家として起用されたのが、トスカーナ州のサン・ミニアート生まれの建築家アントニオ・ニッコリーニ（Antonio Niccolini 1772–1850）だった。ニッコリーニは、ナポリで数多くの仕事を請け、生涯のほとんどをナポリで過ごした。自伝の中でニッコリーニは、「ナポリでは、トスカーナ人が切に求められており、トスカーナ人はとても歓待される」と書き残している。[46] ナポリではルネサンスやバロックの時代より、建築界を牛耳った建築家にトスカーナ出身者が多かったので、その伝統が当時も続いていたのだろう。

ニッコリーニがナポリにやって来たのは1807年、当初はナポリの王立サン・カルロ劇場の舞台美術家としてであった。それ以来、宮廷や貴族のパーティや冠婚葬祭の飾りつけも担当

図26　ナポリ王宮のファサードの壁龕に置かれたジョアッキーノ・ミュラ像

45　詳しくは、Villari, Sergio, *Napoli capitale nel progetto urbano del decennio napoleonico (1806–1815)*, Venezia, 1989. を参照。

46　Mancini, Franco, *Un'autobiografia inedita di Antonio Niccolini*, in Napoli Nobilissima, volume III, Napoli, 1963–64, p. 193.

するようになり、サン・カルロ劇場の興行師ドメニコ・バルバーヤ（Domenico Barbaja 1777–1841）と親交を結び、彼のためにいろいろと尽力した。実現しなかったもの、バルバーヤの運営するもう一つ劇場（王立フォンド劇場、現・メルカダンテ劇場）の改築案、バルバーヤのメルジェッリーナ地区の別荘の改築計画（図27）や、トレド通りにある本宅に収蔵されている美術コレクションのカタログも、ニッコリーニが編纂している。

ナポリでの最初の建築家としての重要な仕事は、1809年、サン・カルロ劇場のファサード改築だった（図28）。新古典主義様式を採用、トスカーナの建築家パスクワーレ・ポッチャンティ（Pasquale Poccianti 1774–1858）が1806年に設計したメディチ家のヴィラ・ディ・ポッジョ・インペリアーレのファサードをモデルにしたという（図29）。サン・カルロ劇場のファサードデザインは2層に分けられていて、1層目は立体感ある粗い切り石積みのポルティコで玄関が覆われ、上部は一連の古代風レリーフで飾られている。2層目はイオニア式の列柱が連なり、左右の壁面は目地の入った平たい切り石積みで、左側には当時のイタリアを代表する劇作家3名（アルフィエーリ、メタスタジオ、ゴルドーニ）、右側には有名なナポリ派のオペラ作曲家3名（ヨメッリ、ペルゴレージ、ピッチンニ）の名前を彫ったプレートがはめ込まれている。

しかしサン・カルロ劇場は1816年に焼失してしまった。同年ニッコリーニは『劇場の音響についてのアイディア』という著書を出版し、[47]すぐさま翌年に、1809年のものと同じデザインのファサードでサン・カルロ劇場を再建させている。1817年1月12日の柿《こけら》落としでは、ナポリ建国にちなんだカンタータ『パルテノペの夢』（ジョヴァンニ・シモーネ・マイール作曲）が上

図27　アントニオ・ニッコリーニによるメルジェッリーナのバルバーヤ邸設計案

47
Niccolini, Antonio, *Alcune idee sulla risonanza del teatro dell'architetto cav. Antonio Niccolini*, Napoli, 1816.

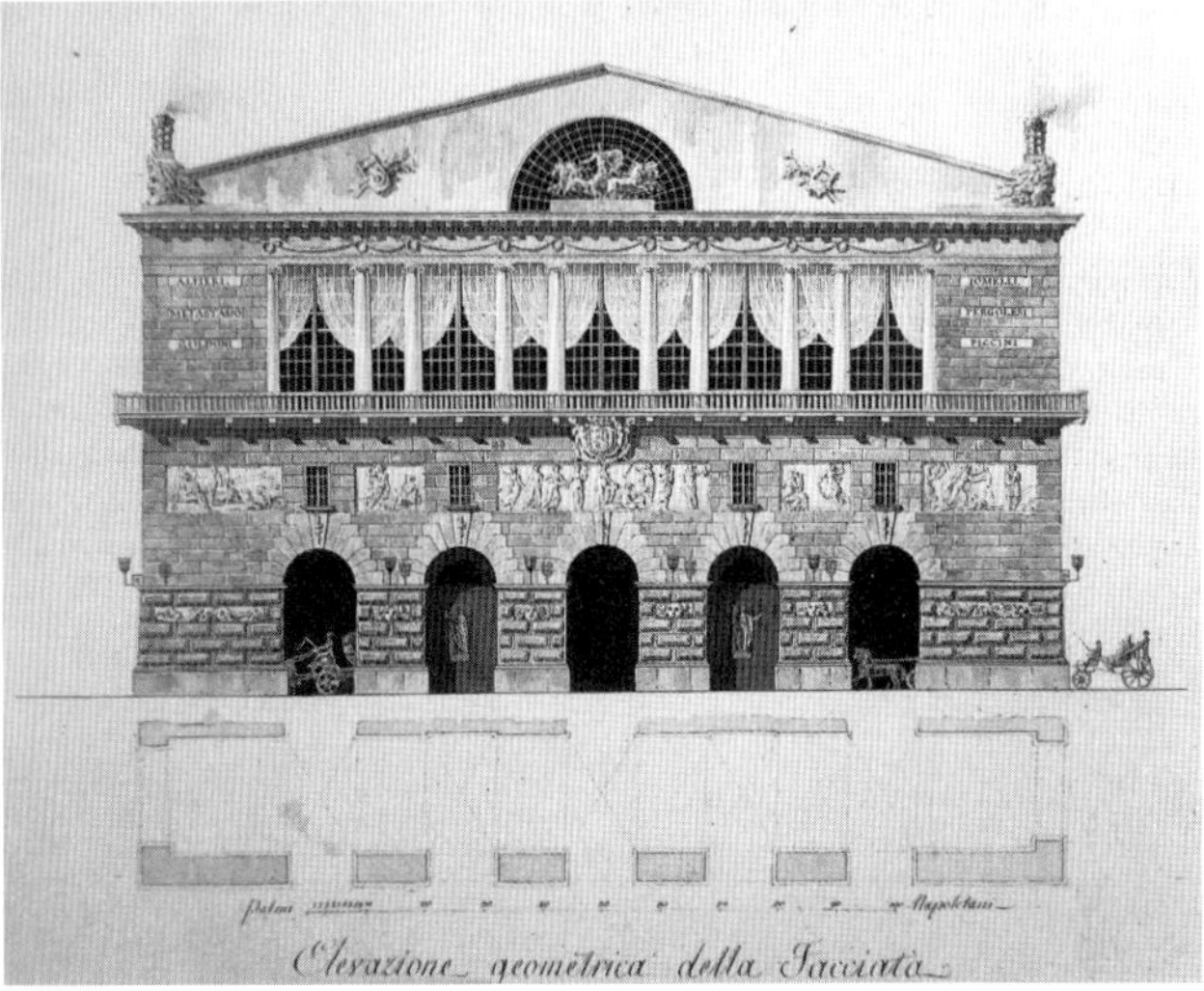

上：図28　アントニオ・ニッコリーニ設計、サン・カルロ劇場の立面図　下：図29　サンカルロ劇場のモデルになったヴィラ・ディ・ポッジョ・インペリアーレ（パスクワーレ・ポッチャンティ設計）

演された。当日ローマにいたフランスの文豪スタンダールは、初演を鑑賞できなかったが、2日目の公演に駆けつけ、劇場内部の様子を次のように回想している[48]（図30）。

「はじめ、東洋の皇帝の宮殿にでもやって来たかのように思われた。目は眩み、魂は魅了された。これ以上に荘重なものはない。たやすくは結びつかないものが二つながら存在する」[49]

これは、おそらく王の桟敷を支える柱頭が、金箔で張られた木彫のヤシの木の葉で飾られていることや、天井画[50]の縁回りが豪華絢爛なアラブ風のテントを思わせるだまし絵になっていることから、劇場の内装に使われた南国風でオリエンタルな要素を即座に感じ取ったことからであろう。そのほかは新古典主義様式の装飾で統一されている。

またスタンダールはナポリの観客の態度を批判しながら、つねづね現代建築を嫌悪しているスタンダールとは思えぬ口ぶりで、サン・カルロ劇場の建築美を褒め称えている。

「わたしはサン・カルロ劇場に飽きない。建築を楽しむということはめったにないことだ。音楽の楽しみは、ここでは求めてはいけない。というのも、観客は聞いていないのだ、全然」[51]。ナポリの観客は、劇場では音楽鑑賞よりも知人同士の社交を求める傾向があり、シニカルなスタンダールは、今でもおそらく同じ感想を持つかもしれない。

精力的なニッコリーニは、ナポリでは王宮のファサードのリニューアル、王立ブルボン博物館（現・国立考古学博物館）の改築、美術大学の設計など、様々な設計案を提出しているが、その多くは実現されなかった。実際にナポリで建設されたニッコリーニの作品は、前章でみたカポディモンテの王宮に関するもののほか、フランス軍支配期が終わりナポリに帰って来たフェル

48 しかし彼のフィクションとノンフィクションの混在する旅行記の中では、実際には立ち合わなかったこの初演を聞きに行ったかのような設定で書かれている。

図30 サン・カルロ劇場の内部

49 スタンダール、前掲書、50頁。

50 天井画は、ナポリで活躍する画家カンマラーノ兄弟の筆。音楽と詩の神アポロンが、芸術の女神ミネルヴァに偉大な詩人たちを紹介する場面が、描かれている。

ディナンド４世の後妻のための建物がいくつかある。

フェルディナンド４世は両シチリア王フェルディナンド１世と改名し、パレルモに滞在していたが、１８１２年、政治的対立からハプスブルク家出身の王妃マリア・カロリーナを故郷ウィーンに退去させ別居していた。そして１８１４年９月にマリア・カロリーナが病死すると、フェルディナンド４世は、２か月後に王族でない女性、フロリディア公爵夫人ルチア・ミリアッチョ（Lucia Migliaccio 1770–1826）と貴賤結婚をした。彼女の死別していた元夫は、パルタンナ公爵ベネデット・グリフェオで、先に述べたマルティリ広場にあるパルタンナ館の所有者だった。彼の死後は彼女が館を相続し、１８２４年、宮廷建築家のニッコリーニが改築を担当、ジョッフレード設計の門枠《ポルターレ》を残しながらも、ファサードは新古典主義様式に一新された。

パルタンナ公爵は、ナポリのヴォメロの丘の斜面に広大な敷地「パルコ・グリフェオ」も所有していて、１８１５年、この近隣のさらに標高の高い部分の土地を、フェルディナンド１世（旧４世）が妻ルチアのために購入し、ここにニッコリーニの設計による広大な英国式庭園と彼女のための邸宅ヴィッラ・フロリディアーナ（Villa Floridiana 1818–26）が建設された（図31・32）。イオニア式の薄い付け柱で飾られた新古典主義様式の建物で、20世紀に国立マルティナ公爵陶器博物館（Museo nazionale della ceramica duca di Martina）に転用され、今に至っている。庭園内には、ニッコリーニの設計でイオニア式の円形神殿風の東屋、小さな古代風の半円形劇場もつくられ（図33）、隣接した土地にあった王が所有していた既存のカフェハウスの建物も、同じくニッコリーニの設計によって、ドーリス式のプロナウスのあるギリシャ神殿風の邸宅「ヴィラ・ルチ

51　同前書、55頁。

図31　アントニオ・ニッコリーニ設計、ヴィッラ・フロリディアーナ（現・国立マルティナ公爵陶器博物館）、ヴォメロ地区

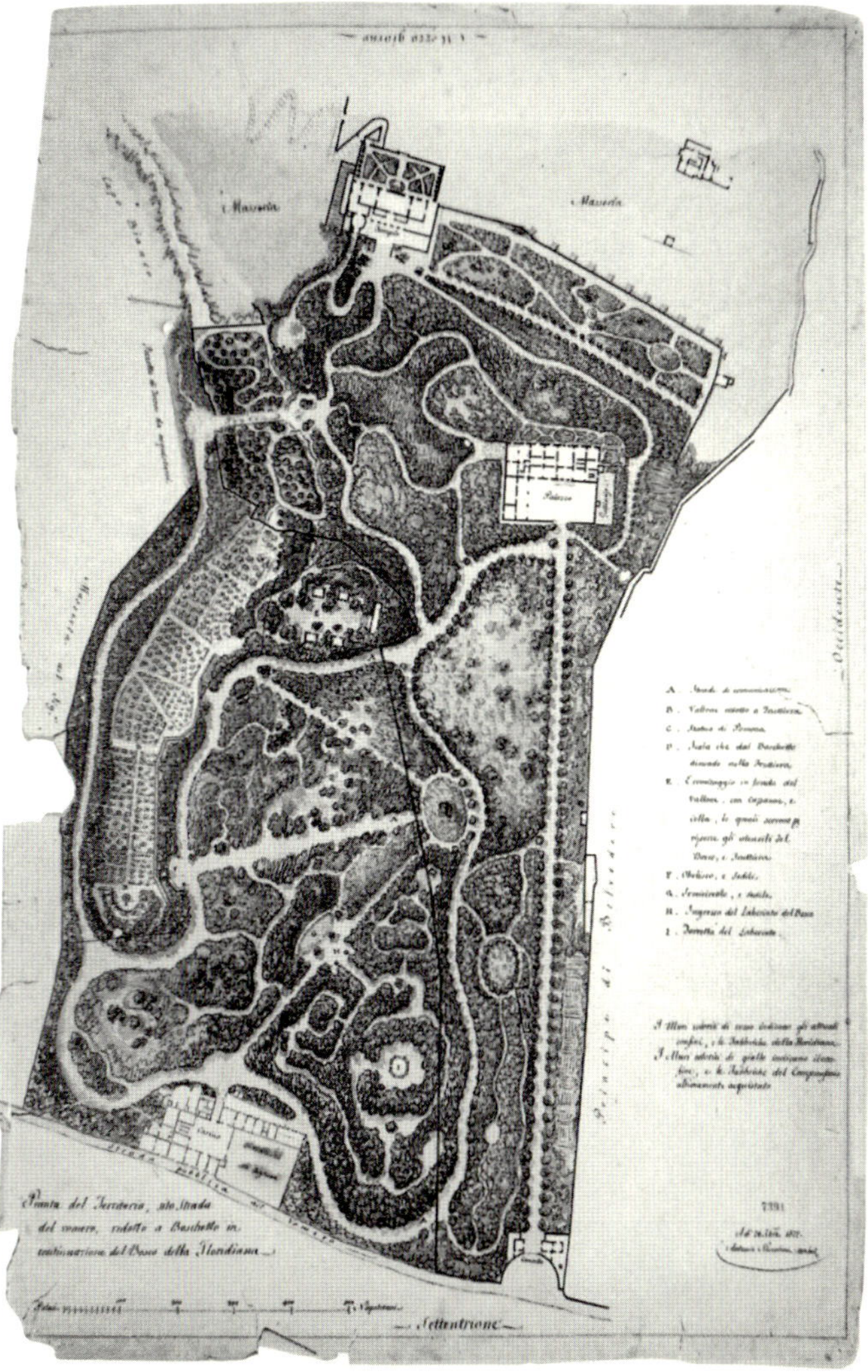

図32　ヴィッラ・フロリディアーナと庭園の敷地図

図33　ヴィッラ・フロリディアーナの庭園内の古代風の半円形劇場

ア（Villa Lucia）」に改築された。いうまでもなくその命名は、王の愛妻ルチアからである（図34）。

19世紀初頭から半ばにかけてナポリで建設された建物はいずれも新古典主義様式で、ヴィラ建築のような広い敷地に建てられる建物の多くは、ファサードに三角破風がついたり、列柱つきのプロナウスが好まれたりして、古代神殿風のデザインが流行した。[52] たとえばニッコリーニと同時代の建築家で、ナポリ生まれの建築家ステファノ・ガッセ[53]（Stefano Gasse 1778–1840）は、ジョアッキーノ・ミュラの命によって、カポディモンテに天文観測所（Osservatorio astronomico 1812）を設計したが、ファサードはドーリス式のプロナウスのある神殿風のデザインになっている。現在、イタリア共和国大統領の別荘として使用されているポジリポ地区にあるヴィラ・ローズベリー（Villa Rosebery 1857）も、ガッセによるデザインで、シンプルな新古典主義様式の建物だ。

フランス軍支配期のナポリでは、ジョアッキーノ・ミュラの名を冠した広場の設計計画が持ち上がっていたが、１８１５年、両シチリア王フェルディナンド1世（旧ナポリ王フェルディナンド4世）がナポリに戻ると、当然のことながらその命名の広場の実現はあり得ないものの、計画はそのまま進められ、ナポリで最も重要な広場がつくられることとなった。それはナポリ王宮に面した現在のプレビシート広場（Piazza Plebiscito）である（図35）。当時この広場は「宮殿の広場（Largo di Palazzo）」と呼ばれていたが、雑多な建物が多く、それらを一掃して新しい広場を整備することとなった。そのため、既存の2件の教会も取り壊された。「宮殿の聖ルイージ教会（Chiesa di San Luigi di Palazzo）」と「宮殿のサント・スピリト教会（Chiesa di Santo Spirito a Palazzo）」で、

図34　アントニオ・ニッコリーニ設計、ヴィラ・ルチア、パルコ・グリフェオ（ヴォメロ地区）

52　詳しくは、Venditti, Arnaldo, *Architettura neoclassica a Napoli*, Napoli, 1961. を参照。

53　双子の兄弟ルイージ・ガッセ（Luigi Gasse 1778–1833）とともに活躍した。

いずれもルーカ・ジョルダーノやパオロ・デ・マッテイスらのナポリ派の名画もあって、当時のガイドブックによく紹介される重要な教会であった。[54]

この広場の中心を飾る新建築として、サン・フランチェスコ・ディ・パオラ教会（Chiesa di San Francesco di Paola）の設計競技が行われ、アントニオ・ニッコリーニも参加したが、当時はまだ宮廷建築家の地位を得ておらず落選してしまった。[55] 入選したのはスイス・ルガノ出身の建築家ピエトロ・ビアンキ（Pietro Bianchi 1787–1849）で、スタンダールはナポリ滞在中、彼の図面を見る機会に恵まれ、その新古典主義様式のシンプルなデザインに好意的な印象を持ったことを旅行記に書き残している。[56]

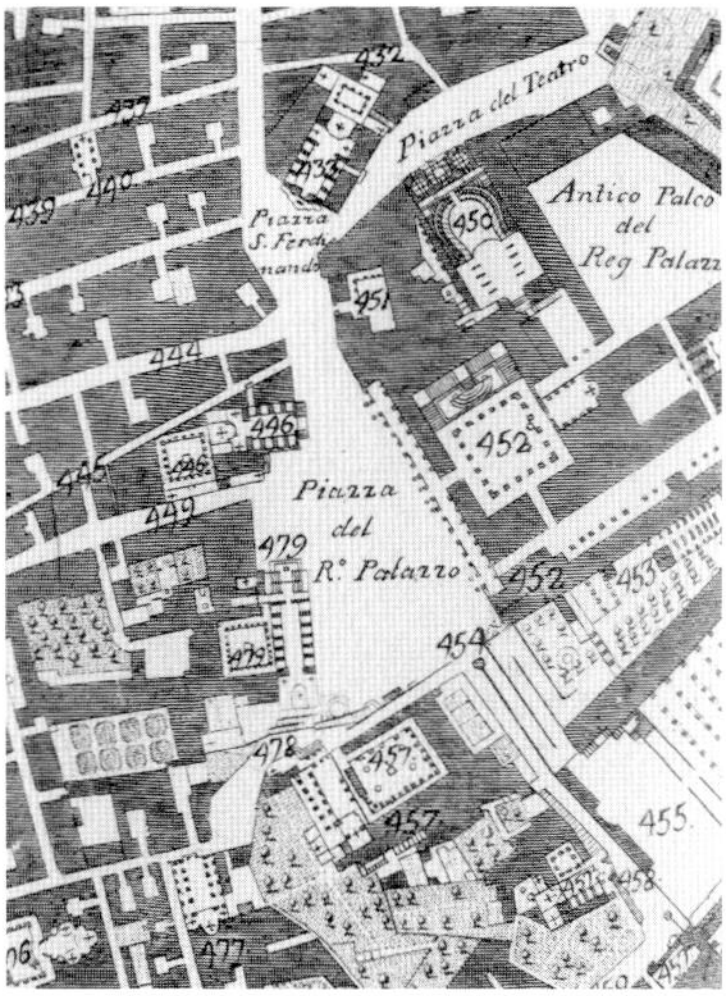

図35　1775年のノーヤ公爵の地図に描かれた、プレビシート広場建設前の王宮前広場

1824年に完成することとなるサン・フランチェスコ・ディ・パオラ教会は、ビアンキの代表作となった。[57] 外観も内部もローマのパンテオンを模したデザインで、ヴァチカンのサン・ピエトロ広場のように半円形の形の広場に沿って、教会の両脇はドーリス式のポルティコで飾られ、ローマの古代建築的でモニュメンタルな教会ができあがった[58]（図36）。

教会の真向かいには王宮のファサード

54　Starke, *op. cit.*, p. 71.

55　1822年に第一級クラスの宮廷建築家に任命された。AA.VV., *Antonio Niccolini architetto e scenografo alla Corte di Napoli (1807–1850)*, Napoli, 1997, p. 191.

56　スタンダール、前掲書、66—67頁。

57　ビアンキのその他の作品については、AA.VV., *Pietro Bianchi 1787–1849*, Milano, 1995. を参照。

58　Catello, Elio, *Architettura neoclassica a Napoli. La Basilica di S. Francesco di Paola*, in Napoli Nobilissima, volume XVII, fascicolo III, Napoli, 1978, pp. 81–92.

図36　サン・フランチェスコ・ディ・パオラ教会。プレビシート広場

が広がるが、ドメニコ・フォンターナが設計した当時のファサードの1階部分に広がるポルティコは、1751年、ヴァンヴィテッリの案による補強工事によって一つ置きに、つまり半数が壁で埋められていた。[59] 1837年、ナポリ王宮の大々的な改築が行われ、新古典主義様式の建築家ガエターノ・ジェノヴェーゼ（Gaetano Genovese 1795–1875）が担当した。ジェノヴェーゼは宮廷建築家となり、ナポリの様々な建物を新古典様式で新築・改築している。現在ナポリ市役所として使用されているサン・ジャコモ館（Palazzo San Giacomo 1819–25）もジェノヴェーゼの設計で、内部にはフランスのパサージュの影響を受けた温室のような鉄骨とガラスの天井のある長い廊下「ガレリア（Galleria）」があり、ナポリ初のガレリア建築となった（図37）。さらにジェノ

59　そこに壁龕が設けられ内部には、イタリア統一後の1888年、歴代のナポリの君主の像が置かれた。左から、ノルマン朝のルッジェーロ（エミリオ・フランチェスキ作）、フリードリヒ2世（エマヌエーレ・カッジャーノ作）、アンジュー家のシャルル1世（トンマーゾ・ソラーリ作）、アラゴン家のアルフォンソ1世（アキッレ・ドルシ作）、カルロ5世（ヴィンチェンツォ・ジェミト作）、ブルボン家のカルロ3世（ラッファエーレ・ベッリアッツィ作）、ジョアッキーノ・ミュラ（ジョヴァン・バッティスタ・アメンドラ作）、ヴィットリオ・エマヌエーレ2世（フランチェスコ・イエラーチェ作）となっている。

図37　サン・ジャコモ館（現・ナポリ市庁舎）内のガレリア――1830年代の版画より

ヴェーゼは、ヴァンヴィテッリ設計のベリオ館（V章参照）の内装のリニューアル（1826）や、リヴィエラ・ディ・キアイア通りにあるロスチャイルド家の邸宅（現・ヴィラ・ピニャテッリ博物館）の改築（1841／図38）も行っている。[60]

イタリア統一と王国の終焉、その後のナポリ建築の行方

ナポリのブルボン王朝支配は、１８６１年のイタリア統一によって終わりを告げる。近代都市になるべく、丘陵部を囲むようにしてつくられた、ナポリ初の環状道路ヴィットリオ・エマヌエーレ大通り（旧マリア・テレーザ大通り 1860）はすでに完成していた。ミラノ生まれだが、ナポリとその近郊の町で活躍した建築家で都市計画家のエンリコ・アルヴィーノ（Enrico Alvino 1809–72）による設計で、彼は他にもナポリの近代化に貢献する仕事を数多くこなしている。

都市計画家としては、サンタ・ルチア地区の開発（1862）で、ナポリ民謡《サンタ・ルチア》にも歌われるようにかつて海に面して風光明媚だった同名の通りとキアタモーネ通りの前にある海を埋め立てて、並行してできる新しい海浜大通りとなるパルテノペ通りの建設を行った。

建築家としては折衷様式を得意とし、今は無きネオルネサンス様式のナポリ中央駅[61]（1867／図39）、ネオゴシック様式の大聖堂《ドゥオーモ》の新ファサード[62]（1870）、市民公園《ヴィッラ・コムナーレ》（旧王立公園、IV章参照）内の鉄骨のオーケストラボックス用東屋（Cassa armonica 1877／図40）をデザインした。

図38　現在のヴィラ・ピニャテッリ、リヴィエラ・ディ・キアイア通り

60　詳しくは、Genovese, Rosa Anna, *Gaetano Genovese e il suo tempo*, Napoli, 2000. を参照。

61　現在の駅は１９５４年のピエール・ルイージ・ネルヴィ（Pier Luigi Nervi 1891–1979）の設計のもので、ネルヴィはナポリのアウグステオ劇場（Teatro Auusteo）の設計にも関与している。

62　アマルフィの大聖堂のファサードのリニューアルもアルヴィーノの設計によるものである。

上：図39　エンリコ・アルヴィーノ設計のナポリ中央駅——1930年代の観光絵葉書より　下：図40　エンリコ・アルヴィーノ設計、市民公園のオーケストラボックス用東屋「カッサ・アルモニカ」

アルヴィーノの弟子で、ナポリ生まれの建築家アルフォンソ・グエッラ（Alfonso Guerra 1845–1920）も折衷様式を得意とし、ネオルネサンス様式でナポリの商工会議所（Palazzo della Borsa 1895）や、ネオエジプト様式で、リヴォルノ出身の銀行家スキリッツィ一族のポジリポにある霊廟（Mausoleo Schilizzi 1889）を設計した。[63]

イタリア統一後は、イタリア国家の愛国心を象徴する様式として、イタリアが最も華やかだったとされるルネサンス時代にあやかって、ネオルネサンス様式が奨励された。それはイタリア全土に広まり、ナポリでも19世紀後半に建てられた建物のほとんどが、ネオルネサンス様式である。[64] ナポリは不衛生な路地が多く、1884年にコレラが大規模に蔓延してしまい、1888年に、ナポリの「衛生化《リザナメント》（Risanamento）」を推進する都市計画を行う会社（Società pel Risanamento）が設立された。[65] この「リザナメント」によって、汚く路地だらけだったところが一掃された。中央駅とナポリの中心区を一直線で東西に結ぶ大通り「ウンベルト1世通り[66]（Corso Umberto I）」が建設され、その通り沿いの建物はネオルネサンス様式で統一された。合わせて、ウンベルト1世通りの中心から南北に延び、大聖堂《ドゥオーモ》に面する新しい大通り「大聖堂通り（via Duomo）」も建設された。サン・カルロ劇場とトレド通りの間にあった雑多な家屋や細い路地を取り壊して、ガラスと鉄骨を駆使した近代建築「ウンベルト1世のガレリア（Galleria Umberto I）」（1890）が建設されたのもリザナメント事業の一環であった（図41）。もちろんこの建物も例外にもれずネオルネサンス様式だ。化粧柱の石材もナポリ近郊のものではなく、中部イタリアで産出されるトラバーチンというのも、近代性の表れで象徴的である。

63 1921年にナポリ市が購入して以来、第一次隊戦没者慰霊のための霊廟として使用されている。

64 詳しくは、Buccaro, Alfredo, *Istituzioni e trasformazioni urbane nella Napoli dell'Ottocento*, Napoli, 1985. を参照。

65 リザナメントについて詳しくは、Alisio, Giancarlo, *Napoli e il risanamento: recupero di una struttura urbana*, Napoli, 1980. を参照。

66 ナポリでは通称、直線道路（レッティフィーロ Rettifilo）とも呼ばれている。

図41　エマヌエーレ・ロッコ&アントニオ・クッリ設計、ウンベルト1世のガレリア、入り口は4つの通り（サン・カルロ通り、トレド通り、サンタ・ブリジダ通り、ヴェルディ通り）に面している

図42　レイモント・ヤングのカンピ・フレグレイのリゾート区「ヴェネツィア地区」のグランドホテル設計案——レイモント・ヤング『カンピ・フレグレイとヴェネツィア地区』（1888）より

一方その同時代、ナポリで生まれた英国人建築家レイモント・ヤング（Lamont Young 1851–1929）がナポリで活躍していたが、彼は当時のイタリア国家的な建築様式とは異なり、ナポリらしい新古典主義と英国ヴィクトリア調ゴシック様式の両方の要素を持ち合わせた独自のスタイルを確立させていた。ナポリの石材トゥーフォの素地で外壁を飾った新古典主義様式のファサードの英国人女学校（現・フランス文化会館「グルノーブル研究所」1884）、ヴィクトリアン・ゴシック様式のアンセルメイヤー城（Castello Anselmeyer 1902）、都市計画家としては、ユートピア的なナポリの地下鉄計画、カンピ・フレグレイ地区のベルエポックらしい巨大グランドホテル（図42）とヴェネツィアの街を模したテーマパークを含むリゾート開発案を練ったが、いずれもあまりに大規模すぎる計画で実現しなかった。[67]

19世紀末から20世紀初頭にかけて、ナポリでは港付近の街の中心部と丘陵部が、ケーブルカー《フニコラーレ》で結ばれるようになる。旧市街とヴォメロ地区を走る3つの路線、

67　レイモント・ヤングについて詳しくは、Alisio, Giancarlo, *Lamont Young : utopia e realta nell'urbanistica napoletana dell'Ottocento*, Roma, 1984. を参照。

キアイア線（1889）、モンテサント線（1891）、中央線（1928）、そしてポジリポ地区へアクセスできるメルジェッリーナ線（1931）が開通した。[68] 同時にそのころのナポリでは、ケーブルカー《フニコラーレ》のおかげで交通の便がよくなったヴォメロ、キアイア、メルジェッリーナ、ポジリポの住宅地が開発されていき、[69] 当時の最新流行のリバティ様式（イタリア版アール・ヌーボー）や、[70] 北イタリア風ネオロマネスク様式などの折衷主義様式で、ヴィラや館《パラッツォ》が次々と建設されていった。このエリアで活躍した代表的な建築家は、キアイア地区を中心にリバティ建築を牽引したピアチェンツァ出身の建築家ジュリオ・ウリッセ・アラータ[71]（Giulio Ulisse Arata 1881–1962）と、１９２０年代から30年代にヴォメロ地区で数々の折衷的なヴィラの設計を行ったナポリ生まれのアドルフォ・アヴェーナ（Adolfo Avena 1860–1937）であった。[72]

ムッソリーニ体制下になると、ローマをはじめイタリア各地で増加した古代ローマ風の古典主義建築をシンプル化させた「ファシズム建築」が、ナポリにも建設されるようになる。最も集中したのが街の中心部にあるカリタ広場とその周辺の開発地区で、ここにもかつては細い路地と家屋がひしめき合っていたのが一掃され、規模の大きいファシズム建築で公共建築が次々と建設されていった。[73] たとえば、ボローニャの建築家、ジュゼッペ・ヴァッカーロ（Giuseppe Vaccaro 1896–1970）の中央郵便局（1928／図43）、ローマのチェーザレ・バッツァーニ（Cesare Bazzani 1873–1939）設計の港のターミナル（Stazione marittima 1936）、ナポリ出身のマルチェッロ・カニーノ（Marcello Canino 1895–1970）設計の県庁舎（Palazzo della Provincia 1936）、ナポリで生まれたアルフォンソ・グエッラの息子カミッロ（Camillo Guerra 1889–1960）の設計した傷痍軍人の家（Casa del Mutilato

68 詳しくは、Alisio, Giancarlo; Buccaro, Alfredo, *Napoli Millenovecento: dai catasti del 19. secolo ad oggi : la città, il suburbio, le presenze architettoniche*, Napoli, 2000. を参照。

69 詳しくは、Mangone, Fabio; Belli, Gemma, *Posillipo, Fuorigrotta e Bagnoli: progetti urbanistici per la Napoli del mito: 1860–1935*, Napoli, 2011; De Fusco, Renato, *Posillipo*, Napoli, 1988; Alisio, Giancarlo, *Il Vomero*, Napoli, 2000. を参照。

70 詳しくは、De Fusco, Renato, *Il floreale a Napoli*, Napoli, 1959; 1989. を参照。

71 詳しくは、Mangone, Fabio, *Giulio Ulisse Arata: opera completa*, Napoli, 1993; Scalvini, Maria Luisa; Mangone, Fabio, *Arata a Napoli tra liberty e neoeclettismo*, Napoli, 1990. を参照。

72 詳しくは、Gambardella, Alfonso, *Adolfo Avena architetto*, Napoli, 1991. を参照。

73 詳しくは、Cislaghi, Paola, *Il rione Carità*, Napoli, 1998. を参照。

1940）、ローマの大御所マルチェッロ・ピアチェンティーニ（Marcello Piacentini 1881–1960）設計のナポリ銀行本店（Palazzo del Banco di Napoli 1940／図44）などがそうである。またムッソリーニ政権期には、ナポリ経済を促進させるため、西側のフオリグロッタ地区にオルトレマーレ展示会場（Mostra d'Oltremare 1939／図45）が、前述の建築家を含むその他複数の建築家らによって建設された。[74]

　ファシズム建築全盛期にナポリで活躍した異色の建築家は、ターラントの生まれのロベルト・パーネ（Roberto Pane 1897–1987）である。パルテノペ通りにある彼の設計したナポリ大学経済学部の建物（1937）は、一見ファシズム建築のようにもみえるが、ファサードに使用された赤いレンガは古代遺跡ポンペイの住宅でよく使用される赤を彷彿とさせ、ローカルな親近感が醸し出されている。同じくパーネの設計した、ナポリの中心区とキアイア地区を結ぶ「ヴィットリアのトンネル」（1928）の西側ファサードは、地元の材料ピペルノ石を用いた古典的なナポリ・バロック風のデザインとなっていて、どちらもナポリの風土に合ったヴァナキュラーな建築といえる（図46）。というのもパーネは、ナポリとカンパーニア州の建築を専門とする建築史家でもあったため、ナポリの郷土文化と歴史にとりわけ深い造詣と愛情を持っていたからに他ならない。

　同時代の建築家でナポリ生まれのルイージ・コゼンツァ（Luigi Cosenza 1905–84）もファシズム建築には迎合せず、代表作であるナポリの魚市場（Mercato Ittico 1935）をはじめ、ナポリ大学工学部の建物[75]（1955–70）やポッツオーリのオリヴェッティ工場（1955）などにおいて、率先して合理主義建築の道を切り拓いていった。[76] コゼンツァはナポリで他にも様々な建物や都市計画の設

図43　ジュゼッペ・ヴァッカーロ設計、中央郵便局、マッテオッティ広場

図44　マルチェッロ・ピアチェンティーニ設計、ナポリ銀行本店、トレド通り

図45　オルトレマーレ展示会場、フオリグロッタ地区

計に携わり、ときにパレルモ生まれの建築家フランチェスコ・ディ・サルヴォ（Francesco Di Salvo 1913–77）と共同設計も行っている。ディ・サルヴォは戦後のナポリの様々な新市街区の造成を担当した建築家で、ナポリの近代建築界に多大な貢献をした人物である。彼の最も有名な建築作品は、ナポリの郊外セコンディリアーノのスカンピア地区にある「スカンピアの帆船《ヴェーレ》（Vele di Scampia）」（1962–75）と呼ばれる大規模集合住宅だ。[77] 底辺が長く高さの低い富士山のような三角形の白い建物で、帆船に見立てた斬新なデザインだ。帆船を意味するイタリア語「ヴェーラ（vela：単数）」が「ヴェーレ（vele：複数）」なのは、7棟建てられたためである。ル・コルビュジエの「ユニテ・ダビタシオン」の理念をモデルにしてつくられたが、[78] 巨大でモニュメンタルな白い帆船型の建物が連なる姿は、南仏ニースとカンヌの間の町ヴィルヌーヴ・ルベに

74　詳しくは、Castagnaro, Alessandro, *Architettura del Novecento a Napoli: il noto e l'inedito*, Napoli, 1998. を参照。

図46　ロベルト・パーネ設計、ヴィットリアのトンネル

75　2014年、ナポリ・フェデリコ2世大学はすべての学部（facoltà）が廃止され、学科（dipartimento）となった。

76　詳しくは、De Fusco, Renato, *Napoli nel Novecento*, Napoli, 1994; AA.VV., *Luigi Cosenza oggi: 1905–2005, a cura di Alfredo Buccaro e Giancarlo Mainini*, Napoli, 2006. を参照。

あるベデザンジュ港に面する巨大レジデンスマンションと非常によく似ている。しかしこちらはコートダジュールにある富裕層のためのリゾート建築であり、ナポリの「帆船」のそれとは対照的な最貧困層向けの住宅で、ナポリの犯罪組織カモッラが麻薬の取り引きなどを行う犯罪の温床にもなり、１９８０年の地震で被害も受けて荒れ放題となった。もはやナポリで最も治安の悪い貧民窟と化し、後年3棟が取り壊されて、今は4棟が残るのみである。この建物は、赤裸々にカモッラの暗部を描いたイタリア映画『ゴモッラ』(2008)の舞台としても登場し、戦後のナポリを象徴する最も有名な建築のひとつとなっている。

　これはある意味ナポリ王国全盛期に建った巨大建築「救貧院」を思い起こさせ、ナポリが「悪魔が棲《す》む天国」と揶揄されるのに呼応するかのように、ナポリの美しい建築がたどる不幸な運命を如実に物語っている。しかし荒廃のなかにこそ、そこにしかあり得ない美を見いだしうるのもまた事実で、それが天国と地獄が共存するナポリの街、建築、文化の最大の魅力かつ誘惑なのである。

77 １９６２年の法令１６７に従って建設されたので、ナポリではこの建物のことを通称「１６７(チェントセッサンタセッテ)」とも呼ぶことも多い。

78 Belfiore, Pasquale; Gravagnuolo, Benedetto, *Napoli: architettura e urbanistica del Novecento*, Roma-Bari, 1994, pp. 261–262.

本書の誕生まで――ヴァンヴィテッリと河村さんとの出会い

牧野宣彦

２０１１年11月、イタリアから帰国し、友人のＹさんと食事をした。そのとき彼女が一冊の本を持ってきて、素晴らしい本なのでぜひ読むようにと勧めた。それが河村英和さんの『イタリア旅行』（中公新書）だった。私はその題名を見たとき、それほど関心がわかなかった。私自身『ゲーテのイタリア紀行を旅する』（集英社新書）などを書き、またイタリア旅行に関する本は、ゲーテはじめ、モンテーニュ、ディケンズなど多くの人が書いているからだ。しかし、読んでみて驚いた。河村さんという人は、史料や文献を緻密に調べ、イタリア旅行が時代とともに変化し、現在の形態になったということを実に見事に描いていると思った。そこで私の属しているイタリアを愛する人のサークル「イタリア研究会」で講演をお願いしたいと思い、会の事務局長にメールしたら、本人が外国に住んでいるので連絡先がわからないという。あきらめずにインターネットで名前を検索してみると、名古屋のピアノ調律師の方がブログに、河村さんはナポリでの友人だったという文章を見つけた。その方にさっそくメールしたら、私の講演要請を河村さんに転送してくれ、そして本人から私に直接返事をいただいた。

その頃ＮＨＫのＢＳ番組「世界遺産　時を刻む」で、「庭――楽園のつくりかた」という回が放映された。

「かのゲーテもあのトム・クルーズも『でかい』と驚いたイタリア南部カゼルタ宮殿の庭園。

ひいおじいさんルイ14世の築いたベルサイユ宮殿を超える、地上の楽園を作ろうという野望の産物です。……もともと水のない土地に40キロも先から水を引き、３００を超える人工の滝に見事な装飾を施し、世界中の木が集められたカゼルタの庭。この壮大な事業は意外な産物も生み出します。イタリア名物のトマトやモッツァレラチーズとこの庭園の不思議な縁とは？地上の楽園を求めたカゼルタ宮殿の庭に人の夢と知恵を追います。」（番組ウェブサイトの紹介文より）

私はこの番組を見て、ナポリ王だったカルロ7世がいかに人々の事を思い、また産業を興したかを見て感動した。カルロ7世が建築家ヴァンヴィテッリに命じてカゼルタ宮殿より40キロの遠方から引いて来た水道によって、後のナポリの産物になるトマト、モッツァレッラチーズ、またイタリアで初めての織物工業などがサン・レウショに勃興した。イタリアの産業革命は一般に19世紀後半といわれているが、実は、それより1世紀以上前サン・レウショにイタリア初の水力を利用した工場が出来ていたのだった。この工場は現在でも稼働し、質のよい絹織物を生産し、ホワイトハウスにまで、製品を納入している。ヴァンヴィッテッリの建造したカゼルタ宮殿、水道橋、サン・レウショは、ユネスコの世界遺産になっている。

この素晴らしいカルロ7世の偉業と、世界最大級の宮殿をつくったヴァンヴィテッリのことを日本の人たちにぜひ伝えたいと私は思った。しかし私のイタリア語の能力では、ヴァンヴィテッリに関する文献を読み書く事は困難なので、半分あきらめていた。そんな時ナポリに長年住み、東京工業大学で建築学を専攻した河村英和さんと知り合い、この人ならヴァンヴィテッリの伝記を書くのに相応しい人だと思い、２０１２年の2月に初めてお会いした。男性の

「ひでかず」さんだと思っていたが、会ってみると驚いたことに魅力的な女性で、「えわ」さんだった。とにかくヴァンヴィテッリの話をしたらぜひやりたいという話になり、彼女の手による企画書が届いた。それを以前名刺交換したことのある鹿島出版会の編集部に企画書を持ち込んだが、ヴァンヴィテッリという名前が、日本であまり知られてないという理由で難しいという。しかし河村さんと担当者で協議を重ね、範囲を広げて『ナポリ建築王国』という題名で出版することになった。この本を読んだ方が、ナポリの建築の素晴らしさを理解していただければ幸いです。

あとがき

河村英和

本書の誕生のきっかけは、「建築家ルイージ・ヴァンヴィテッリの本をつくってみませんか？」という牧野宣彦さんの一言に始まった。それは２０１２年春のことで、長年牧野さんは、イタリアの名所旧跡やオペラハウスに関する著作活動を続けているなか、ちょうどそのころユネスコ世界遺産をテーマにしておられ、すでに50件近くあったイタリアの世界遺産をすべてくまなく訪問されていた。その世界遺産のひとつ、カゼルタの王宮を造ったヴァンヴィテッリと国王カルロ７世（のちに3世と改名）の偉業を、なかでも牧野さんはとくに高く評価されていて、ぜひとも日本でもっと広められるよう、ヴァンヴィテッリに特化した本を書いてみてはどうかと、提案されたのだ。

ナポリ・フェデリコ大学で建築史を修めた私にとっては、かつて学んだことをまとめることのできる絶好の機会と感謝し、すぐに快諾させていただいた。かれこれもう15年以上も前になるが、ナポリ・フェデリコ２世大学建築学部（現・建築学科）には、じつに沢山の種類の建築史の授業があり、建築史を専門とする20名近くの著名な先生がたが、それぞれ独自の講座を行っていた。私はここで様々な種類の建築史の講座の単位を取り、博士論文は、ナポリの都市・建築史の第一人者ジャンカルロ・アリジオ（Giancarlo Alisio）教授のもとで執筆・提出したが、それから間もない２００５年の冬、先生は心臓病で急逝され、ご葬儀は多くの人びとに惜しまれる中、ヴァンヴィテッリの息子カルロが設計したサンティッシマ・トリニタ・デイ・ペッレグリーニ教会でとり行われた。

私が在籍していたときの素晴らしい建築史家の先生がたのほとんどが、今となっては大学を定年退職されている。イタリア建築史界の権威でいらっしゃるレナート・デ・フスコ（Renato De Fusco）先生、ヴァンヴィテッリについての著作もあるチェーザレ・デ・セータ（Cesare de Seta）先生、マリア・ルイーザ・スカルヴィーニ（Maria Luisa Scalvini）先生、フランチェスコ・スタラーチェ（Francesco Starace）先生、グレゴリオ・ルビーノ（Gregorio Rubino）先生、ジュリオ・パーネ（Giulio Pane）先生、フランチェスコ・ディヴェヌート（Francesco Divenuto）先生、イリア・デリツィア（Ilia Delizia）先生、そして本書のための多くの知識を授けてくださったナポリ・バロック建築の専門家（Gaetana Cantone）ガエターナ・カントーネ先生は、ご定年後の２０１３年春に亡くなられ、近代建築史の大家であるベネデット・グラヴァニュオーロ（Benedetto Gravagnuolo）先生までもが同年夏に世を去ってしまった。

それでも私が学んでいたときから、今もなお教鞭をとられている先生も沢山いらっしゃる。レオナルド・ディ・マウロ（Leonardo Di Mauro）先生、アルフレード・ブッカロ（Alfredo Buccaro）先生、ファビオ・マンゴーネ（Fabio Mangone）先生、サルヴァトーレ・ディ・リエッロ（Salvatore Di Liello）先生、パスクワーレ・ロッシ（Pasquale Rossi）先生（のち他大学へ）、セルジョ・ヴィッラリ（Sergio Villari）先生、アレッサンドロ・カスタニャーロ（Alessandro Castagnaro）先生、テレーザ・コッレッタ（Teresa Colletta）先生で、ナポリの都市・建築史界に第一線で貢献、活躍されている方ばかりである。以上名前を書き連ねた先生方全員、ならびにナポリ・パラツォ協会のセルジョ・アッタナージオ（Sergio Attanasio）さん、その奥様でヴェスヴィオ山麓ヴィラ友の会を運営されるチェレステ・フィドーラ（Celeste Fidora）さんに、私はこの場を借りて御礼を申し上げなければならない。

ナポリの都市・建築史を紐解くにあたって、ナポリ王国版ヴェルサイユ宮殿ともいえるカゼルタ王宮の建築家ヴァンヴィテッリは重要人物の一人には違いないが、日本ではヴァンヴィテッリの名がまだ普及していない事と、他にもファンザーゴ、サンフェリーチェ、ヴァッカーロ、フーガ、ニッコリーニなど、ナポリ王国の栄華を彩ってきた建築家たちを無視することができないことから、本書は当初の企画のようなヴァンヴィテッリに限定するものではなく、このようなナポリの都市・建築の黄金期を形成した主要な建築家たちと、その作品を紹介するものとなった。

なお本書は、主にイタリア統一以前のナポリ王国時代の建築史となっているが、現代のナポリの都市と建築について、ここで少しだけ簡単に補足しておきたい。現代のナポリは日本とも繋がりがあり、１９６０年、鹿児島市と姉妹都市提携している。それは鹿児島が古くから「東洋のナポリ」とも呼ばれていたよう、海に面していてナポリと地形的によく似ており、ヴェスヴィオ山のかたちを彷彿とさせる火山の桜島もあることからだった。こうして、ナポリの丘陵地ヴォメロ地区の道路の一つは「鹿児島通り（via Kagoshima）」と命名され、１９８０年には、高層ビルの連なるナポリの中央官庁区「チェントロ・ディレッツィオナーレ（Centro Direzionale）」が、丹下健三によって設計されている。さらに２００８年には、ナポリ港の前にあるホテル・ロメオが、丹下健三の息子の丹下憲孝のデザインでファサードが一新された。

ナポリを代表する現代建築家といえば、ブルータリズムの旗手アルド・ロリス・ロッシ（Aldo Loris Rossi）や、銅細工によるアート作品で有名な建築家リッカルド・ダリージ（Riccardo Dalisi）であるが、近年ナポリの都市・建築で話題となっているのは世界的に有名な建築家やアーティストだ。たとえばナポリの中央駅新開発部分（2005–13）はドミニク・ペローの設計で、トレド通り駅などの一連の新地下鉄駅では、ヤニス・クネリス、ガエ・アウレンティ、アレッサンドロ・メンディーニ、カリム・ラシッド、アニッシュ・カプーア、ソル・ルウィットらがデザインしている。そして２０１６年完成予定とされるナポリ・アフラーゴーラの高速鉄道駅は、ザハ・ハディドの設計だという。

最後になってしまったが、筆の遅い私にいつも根気よく丁寧に対応くださった鹿島出版会の川嶋勝さんと安昌子さん、素晴らしいブックデザイナーの渡邉翔さん、そしてこの出版のきっかけをくださったばかりか、たくさんの写真を新たに撮り下ろしてくださった牧野宣彦さんには、頭を下げて心より深く御礼申し上げます。

本書に登場する現存建物（番号は258頁マップと対応）

1 カポディモンテの王宮（Reggia di Capodimonte）、現国立カポディモンテ美術館（Museo Nazionale di Capodimonte）
2 カポディモンテのサークル（Tondo di Capodimonte）
3 聖ジェンナーロのカタコンベ（Catacombe di San Gennaro）、戴冠聖母の大聖堂（Basilica dell'Incoronata Madre del Buon Consiglio）
4 王立カポディモンテの森（Real Bosco di Capodimonte）
5 天文観測所（Osservatorio astronomico）
6 ナポリの商工会議所（Palazzo della Borsa）
7 ネプチューンの噴水（Fontana del Nettuno）、別名メディーナ噴水（Fontana Medina）
8 王立フォンド劇場（Real Teatro del Fondo）、現メルカダンテ劇場（Teatro Mercadante）
9 サン・ジャコモ館（Palazzo San Giacomo）、現ナポリ市庁舎
10 バルバーヤ館（Palazzo Barbaja）
11 スペイン地区（Quartieri Spagnoli）
12 サン・フェルディナンド教会（Chiesa di San Ferdinando）、旧イエズス会の聖フランシスコ・ザビエル教会（Chiesa di San Francesco Saverio）
13 サンタ・ブリジダ教会（Chiesa di Santa Brigida）
14 新しい城（カステル・ヌオーヴォ）（Castel Nuovo）、別名「アンジュー家の要塞（Maschio Angioino）」
15 サン・カルロ劇場（Teatro di San Carlo）
16 王宮（Palazzo Reale）、王宮内の小劇場（Teatrino di corte）
17 ウンベルト1世のガレリア（Galleria Umberto I）
18 サン・フランチェスコ・ディ・パオラ教会（Chiesa di San Francesco di Paola）
19 ピッツォファルコーネのサンタ・マリア・デリ・アンジェリ教会（Basilica di Santa Maria degli Angeli a Pizzofalcone）
20 セッラ・ディ・カッサーノ館（Palazzo Serra di Cassano）
21 サンタ・マリア・エジツィアカ教会（Basilica di Santa Maria Egiziaca a Pizzofalcone）
22 ヌンツィアテッラ教会（Chiesa della Nunziatella）
23 ナポリ大学経済学部の建物
24 ヴィットリアのトンネル（Galleria della Vittoria）
25 ジガンテ（巨人）の噴水（Fontana del Gigante）、別名インマコラテッラの噴水（Fontana dell'Inmacolatella）
26 卵城（Castel dell'Ovo）
27 チェッラマーレ館（Palazzo Cellammare）
28 カラブリット館（Palazzo Calabritto）
29 パルタンナ館（Palazzo Partanna）

30 セッサ館（Palazzo Sessa）、現ゲーテ・インスティテュート

31 王立公園（Villa Reale）、現市民公園（Villa Comunale）

32 市民公園内のオーケストラボックス用東屋（Cassa armonica）

33 ルッフォ・デッラ・スカレッタ館（Palazzo Ruffo della Scaletta）

34 ヴィラ・ピニャテッリ（Villa Pignatelli）、現博物館

35 キアイアのサンタ・テレーザ教会（Chiesa di S. Teresa a Chiaia）

36 キアイアの昇天教会（Chiesa dell’Ascensione a Chiaia）

37 サン・フランチェスコ・デリ・スカリオーリ教会（Chiesa di San Francesco degli Scariori）

38 グルノーブル研究所・フランス文化会館（Istituto Francese di Napoli）

39 ヴィッラ・フロリディアーナ（Villa Floridiana）、現陶器博物館（Museo nazionale della ceramica duca di Martina）

40 ヴィラ・ルチア（Villa Lucia）

41 アンセルメイヤー城（Castello Anselmeyer）

42 セベートの噴水（Fontana del Sebeto）

43 ドンナンナ館（Palazzo Donn’Anna）

44 スキリッツィ霊廟（Mausoleo Schilizzi）

45 ヴィラ・ローズベリー（Villa Rosebery）

46 ナポリ大学工学部の建物（Palazzo della Facoltà d’Ingegneria）

47 オルトレマーレ展示会場（Mostra d’Oltremare）

48 ポッツオーリのオリヴェッティ工場

49 フィッラオ館（Palazzo Firrao）

50 サン・ジョヴァンニ・バッティスタ・デッレ・モナケ教会（Chiesa di San Giovanni Battista delle Monache）

51 サンタ・マリア・デッラ・サピエンツァ（知の聖母）教会（Chiesa di Santa Maria della Sapienza）

52 コスタンティノーポリ通りの聖マリア教会（Chiesa di Santa Maria di Costantinopoli）

53 ナポリ美術アカデミー（Accademia di belle arti di Napoli）

54 サン・カルロ・アッアレーナ教会（Chiesa di San Carlo all’Arena）

55 学問の館（Palazzo degli Studi）、現ナポリ国立考古学博物館（Museo archeologico nazionale di Napoli）

56 サン・ジェンナーロ門（Porta San Gennaro）

57 ジェス・デッレ・モナケ教会（Chiesa del Gesù delle Monache）

58 不治の病の患者ための聖母マリア病院（Ospedale di Santa Maria del Popolo degli Incurabili）、敷地内に不治の病人の薬局（Farmacia degli Incurabili）

59 サンタ・マリア・デリ・アンジェリ・アッレ・クローチ教会（Santa Maria degli Angeli alle Croci）、現ナポリ・フェデリコ2世大学の獣医学科

60 救貧院（Albergo dei Poveri）

61 ３６６穴の墓地（Cimitero delle 366 Fosse）、サンタ・マリア・デル・

ポポロの墓地（Cimitero di Santa Maria del Popolo）

62 セコンディリアーノ・スカンピア地区にある「スカンピアの帆船（Vele di Scampia）」

63 サン・ジョヴァンニ・ア・カルボナーラ教会（Chiesa di San Giovanni a Carbonara）

64 サン・ジェンナーロの祠（Edicola di San Gennaro）

65 カプア門（Porta Capuana）

66 カプアーノ城（Castel Capuano）、現司法裁判所

67 サンタ・カテリーナ・ア・フォルミエッロ教会（Chiesa di Santa Caterina a Formiello）

68 フォルチェッラ地区のサンタ・マリア・エジツィアカ（エジプトの聖母）教会（Chiesa di Santa Maria Egiziaca a Forcella o all’Olmo）

69 サンタゴスティーノ・アッラ・ゼッカ教会（Chiesa di Sant’Agostino alla Zecca）

70 ノーラ門（Porta Nolana）

71 ナポリ中央駅（Stazione Centrale di Napoli）

72 丹下健三設計の中央官庁街（Centro Direzionale）

73 サンタ・マリア・デル・ピアント教会（Chiesa di Santa Maria del Pianto）

74 サニタのサンタ・マリア教会（Chiesa di Santa Maria della Sanità）

75 カルメル会のサンタ・テレーザ・デリ・スカルツィ教会（Chiesa di Santa Teresa degli Scalzi）

76 ヴェルジニ通りの聖マリア・スックッレ・ミゼリス教会（Chiesa di Santa Maria Succurre Miseris ai Vergini）

77 サンタゴスティーノ・デリ・スカルツィ教会（Chiesa di Sant’Agostino degli Scalzi）、別名、真実の聖母マリア教会（Chiesa di Santa Maria della Verità）

78 サンフェリーチェ館（Palazzo Sanfelice）

79 スパニョーロ館（Palazzo dello Spagnolo）

80 サンテリジョ・マッジョーレ教会（Chiesa di Sant’Eligio Maggiore）

81 サンタ・クローチェ・アル・メルカート教会（Chiesa di Santa Croce al Mercato）

82 サンタ・マリア・デル・カルミネ・マッジョーレ教会（Baslica di Santa Maria del Carmine Maggiore）

83 丹下憲孝設計のホテル・ロメオ（Hotel Romeo）

84 サン・マルティーノ修道院（Certosa di San Martino）、現国立サン・マルティーノ美術館

85 サンテルモ城（Castel Sant’Elmo）

86 ヴィラ・ヴェルヴェデーレ（Villa Velvedere）

87 サンタ・マリア・ドンナレジーナ・ヴェッキア教会（Chiesa di Santa Maria Donnaregina Vecchia）

88 サンタ・マリア・ドンナレジーナ・ヌオーヴァ教会（Chiesa di Santa

Maria Donnaregina Nuova)

89 サン・ジュゼッペ・デイ・ルッフィ教会（Chiesa di San Giuseppe dei Ruffi）

90 サン・ジェンナーロのグーリア（Guglia di San Gennaro）

91 慈善施設「ピオ・モンテ・デッラ・ミゼリコルディア」（Pio Monte della Misericordia）、内部の主祭壇画はカラヴァッジョ筆《七つの慈善事業》

92 コモ館（Palazzo Como）、現フィランジェーリ美術館

93 サンセヴェーロ礼拝堂（Cappella Sansevero）

94 サングロ・ディ・サンセヴェーロ館（Palazzo Sangro di Sansevero）

95 サン・ドメニコ・マッジョーレ教会（Chiesa di San Domenico Maggiore）、内部にフランチェスコ・カラーファの墓

96 聖ドメニコのグーリア（Guglia di San Domenico）

97 サングロ・ディ・カサカレンダ館（Palazzo Sangro di Casacalenda）

98 ペトルッチ館（Palazzo Petrucci）

99 サルッツォ・ディ・コリリアーノ館（Palazzo Salluzzo di Corigliano）、現ナポリ・東洋（ロリエンターレ）大学

100 サンタンジェロ・ア・ニーロ教会（Chiesa di Sant'Angelo a Nilo）、内部にブランカッチ枢機卿の墓

101 ディオメデ・カラーファ館（Palazzo Diomede Carafa）

102 セッラーリアの噴水（Fontana della Sellaria）

103 マリリアーノ館（Palazzo Marigliano）

104 モルマンド自邸（Palazzo Mormando）

105 サン・グレゴーリオ・アルメーノ教会（Chiesa di San Gregorio Armeno）

106 サン・ロレンツォ・マッジョーレ教会（Basilica di San Lorenzo Maggiore）

107 サンティ・アポストリ教会（Chiesa dei Santi Apostoli）

108 リッカ館（Palazzo Ricca）、現ナポリ銀行古文書館

109 ジロラミーニ教会（Chiesa dei Girolamini）、別名サン・フィリッポ・ネーリ教会（Chiesa di San Filippo Neri）

110 サン・パオロ・マッジョーレ教会（Basilica di San Paolo Maggiore）

111 聖ガエターノのグーリア（Guglia di San Gaetano）

112 煉獄の魂の聖マリア教会（Chiesa di Santa Maria delle Anime del Purgatorio ad Arco）

113 スピネッリ・ディ・ラウリーノ館（Palazzo Spinelli di Laurino）

114 サンタ・マリア・マッジョーレ・アッラ・ピエトラサンタ教会（Chiesa di Santa Maria Maggiore alla Pietrasanta）

115 サン・ピエトロ・ア・マイエッラ教会（Chiesa di San Pietro a Majella）

116 ポンターノ家の礼拝堂（Cappella dei Pontano）

117 サンティ・セヴェリーノ・エ・ソッシオ教会（Chiesa di Santi Severi-

no e Sossio）

118 サンティ・マルチェッリーノ・エ・フェスト教会（Chiesa dei Santi Marcellino e Festo）

119 ジェス・ヴェッキオ（旧イエズス）教会（Chiesa del Gesu Vecchio）、修道院部分は現在ナポリ・フェデリコ２世大学キャンパス

120 フィロマリーノ・デッラ・ロッカ館（Palazzo Filomarino della Rocca）、現イタリア歴史学研究所

121 サンタ・キアーラ教会（Basilica di Santa Chiara）、修道院にマヨルカタイルの回廊

122 ジェス・ヌオーヴォ（新イエズス）教会（Chiesa del Gesù Nuovo）、旧サンセヴェリーノ館（Palazzo Sanseverino）

123 インマコラータ（無原罪）のグーリア（Guglia dell'Immacolata）

124 ピニャテッリ・ディ・モンテレオーネ館（Palazzo Pignatelli di Monteleone）

125 カラーファ・デッラ・スピーナ館（Palazzo Carafa della Spina）

126 グラヴィーナ公爵フェルディナンド・オルシーニの館（Palazzo Orsini di Gravina）、通称グラヴィーナ館（Palazzo Gravina）、ナポリ・フェデリコ２世大学建築学科（旧建築学部）

127 モンテオリヴェートの噴水（Fontana di Monteoliveto）

128 サンタンナ・デイ・ロンバルディ教会（Chiesa di Sant'Anna dei Lombardi）、内部にドメニコ・フォンターナの墓

129 サンタ・マリア・デッライウート教会（Chiesa di Santa Maria dell'Aiuto）

130 サンタ・マリア・ラ・ノーヴァ教会（Chiesa di Santa Maria la Nova）

131 ペンネ館（Palazzo Penne）

132 ジュッソ館（Palazzzo Giusso）、現ナポリ東洋（ロリエンターレ）大学

133 カラーファ・ディ・マッダローニ館（Palazzo Carafa di Maddaloni）

134 ドリア・ダングリ館（Palazzo Doria d'Angri）

135 スピリト・サント教会（Basilica dello Spirito Santo）

136 サンティッシマ・トリニタ・デイ・ペッレグリーニ教会（Chiesa della Santissima Trinità dei Pellegrini）、ペッレグリーニ病院の敷地の内部

137 スピネッリ・ディ・タルシア館（Palazzo Spinelli di Tarsia）

138 フォーロ・カロリーノ（Foro Carolino）（現・ダンテ広場）

139 トラブッコ館（Palazzo Trabucco）

140 マッステッローネ館（Palazzo Mastellone）

141 大聖堂（Duomo）、内部にサン・ジェンナーロの礼拝堂（Reale Cappella del Tesoro di San Gennaro）、サンタ・レスティトゥイータ聖堂（Basilica di Santa Restituita）

142 サン・ジョルジョ・デイ・ジェノヴェージ教会（Chiesa di San Giorgio dei Genovesi）

143 フォンディ館（Palazzo Fondi）

144 ダクイーノ・ディ・カラマニコ館（Palazzo d'Aquino di Caramanico）
145 ジョルダーノ館（Palazzo Giordano）
146 リエート館（Palazzo Lieto）
147 カヴァルカンティ館（Palazzo Cavalcanti）
148 ナポリ銀行本店（Palazzo del Banco di Napooli）
149 ベリオ館（Palazzo Berio）

150 コロンナ・ディ・スティリアーノ館（Palazzo Colonna di Stigliano）
151 中央郵便局（Posta Centrale）
152 港のターミナル（Stazione marittima）
153 インマコラテッラ館（Palazzo dell'Immacolatella）
154 魚市場（Mercato Ittico）
155 傷痍軍人の家（Casa del Mutilato）

『ナポリ建築王国』関連マップ
番号は252頁リストと対応

↖ローマへ
カゼルタ
ナポリ
ヴェスヴィオ火山
ポッツオーリ
フザーロ湖
ナポリ湾
ポンペイ
イスキア島
ポルティチ
エルコラーノ
トッレ・デル・グレコ
トッレ・アンヌンツィアータ
カステッラマーレ・
ディ・スタビア
ポジターノ
ソレント
カプリ島
アマルフィ
ペストゥムへ→
カンパニア州ナポリ県関連域地図
↑62
モン
84, 85
ヴォメロ地区
86
59
40 41
35
38
62
36
キアイア地区
33, 34
28–30
37
32
31
42
←46–48
↙43–45
フォリグロッタ地区
ポジリポ地区

河村英和　Ewa KAWAMURA
東京大学大学院人文社会系研究科特任准教授、イタリア建築・都市・美術史、ホテル・観光史
1972年生まれ。東京工業大学工学部建築学科卒業。ナポリ・フェデリコ2世大学建築学部建築史科博士課程建築批評・建築史コース修了、Ph.D。
著書に『Alberghi storici dell'sola di Capri』Edizioni La Conchigilia、『Il Quisisana. Biografia del Grand Hotel di Capri』Edizioni La Conchigilia、『カプリ島――地中海観光の文化史』白水社、『イタリア旅行――「美しい国」の旅人たち』中公新書、『観光大国スイスの誕生――「辺境」から「崇高なる美の国」へ』平凡社新書、『タワーの文化史』丸善出版など。

ナポリ建築《けんちく》王国《おうこく》
「悪魔《あくま》の棲《す》む天国《てんごく》」をつくった建築家《けんちくか》たち

二〇一五年一〇月二〇日　第一刷発行

著　者　河村英和《かわむらえわ》
発行者　坪内文生
発行所　鹿島出版会
〒一〇四－〇〇二八　東京都中央区八重洲二－五－一四
電話　〇三－六二〇二－五二〇〇　振替　〇〇一六〇－二－一八〇八八三

デザイン　渡邉翔　　印刷　三美印刷　　製本　牧製本

©Ewa KAWAMURA 2015, Printed in Japan
ISBN 978-4-306-04628-3　C3052

落丁・乱丁本はお取り替えいたします。
本書の無断複製（コピー）は著作権法上での例外を除き禁じられています。
また、代行業者等に依頼してスキャンやデジタル化することは、
たとえ個人や家庭内の利用を目的とする場合でも著作権法違反です。

本書の内容に関するご意見・ご感想は左記までお寄せ下さい。
URL：http://www.kajima-publishing.co.jp/
e-mail：info@kajima-publishing.co.jp